淀山湖镇村志

XINGFU CUNZHI

# 兴复村志

《兴复村志》编委会 编

苏州大学出版社
Soochow University Press

## 淀山湖镇村志编纂委员会
（2013年4月）

名誉主任　徐敏中
主　　任　李　晖
副 主 任　张晓东　顾　剑　吕善新
委　　员　王　强　吴新兴　赵雪元　吴玉光　冯伟雄
　　　　　黄　珏　王文奎　张兴生　汤雪林　孙卫忠
　　　　　李　尧　周国平

## 淀山湖镇村志编纂委员会办公室
（2013年4月）

主　　任　吕善新
副 主 任　王　强　吴新兴　张品荣
成　　员　夏小棣　陈海萍

## 淀山湖镇村志编纂委员会
（2016年8月）

名誉主任　李　晖
主　　任　罗　敏
副 主 任　许顺娟　张晓东　王　强　张　俭　吕善新
委　　员　孙　倩　吴新兴　顾永元　顾金林　朱进荣
　　　　　顾德华　陆志斌　曹振华　程　赟　朱建华
　　　　　凌军芳　李　尧　顾宇峰　张卫青　柴彩根
　　　　　顾春花　凌云中

## 淀山湖镇村志编纂委员会办公室
（2016年8月）

主　　任　吕善新
副 主 任　孙　倩　吴新兴　张品荣
成　　员　夏小棣　陈海萍　王忠林

2009年4月29日中共苏州市纪委、昆山市纪委领导和淀山湖镇党委、政府领导毛纯猗、宋德强等到村视察

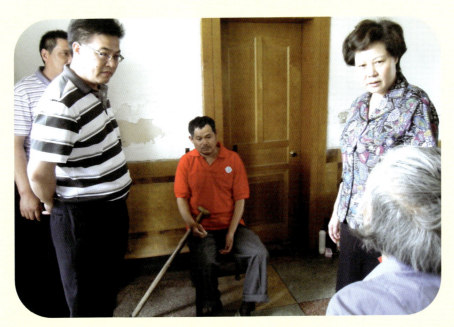

2010年5月15日 淀山湖镇党委书记徐敏中慰问四残病人

领导关怀

兴复村党总支、村委会办公楼（2012年8月摄）

兴复村党总支、村委会成员合影（2015年5月摄）
左起：姚云良、黄小明、许永弟、黄珏、顾凤鸣、汤婷

淀山湖镇医务人员为村民免费体检(2010年5月摄)

昆山市医务人员为村民免费体检(2011年5月摄)

富民合作社厂房打工楼（2011年8月摄）

民营昆山臻乐门食品有限公司企业一角（2011年8月）

水稻机插秧(2011年6月摄)

水稻机插秧准备就绪(2011年6月摄)

水稻收割机(2012年11月摄)

小麦联合收割机(2011年6月摄)

盈湖九曲桥（2011 年 9 月摄）

污水中转站（2008 年 3 月摄）

兴复村区域内盈湖路（2012年10月摄）

兴复村区域内公交车站（2012年10月摄）

兴复村区域内万园路（2012年10月摄）

兴复村区域内永利路（2012年10月摄）

碛碘塘农桥（2011年7月摄）

碛碘塘农房（2011年7月摄）

西洋村东桥(2011年7月摄)

西洋村南桥(2011年7月摄)

兴复村域内富力湾房产(2010年9月摄)

兴复村域内淀山湖花园(2012年8月摄)

兴复村域内高尔夫球场(2010年9月摄)

兴复村域内玉兔房产(2010年9月摄)

潭西村拆迁后搬迁至淀辉社区香馨家园(2012年10月摄)

潭西村拆迁后搬迁至马安新村(2012年10月摄)

度城潭全景图(2011年10月摄)

淀山湖一角(2011年10月摄)

兴复村百姓戏台（2012年6月摄）

室外健身场一角（2012年6月摄）

《血帕奇冤》剧照(一)

《血帕奇冤》剧照(二)

《血帕奇冤》剧照(三)

《血帕奇冤》剧照(四)

马家浜文化时期陶片

良渚文化时期陶片

东周时期陶片

宋代陶片、瓷片

宋代碗内底花纹

宋代碗底花纹

## 兴复村荣誉

兴复村区域图

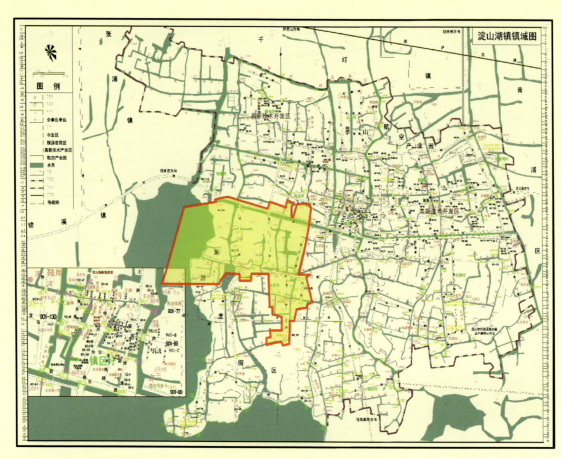

兴复村在淀山湖镇位置图

兴复村在昆山市位置图

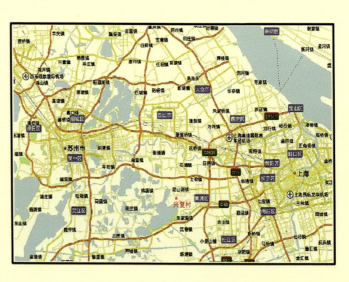

兴复村在长江口区位置图

# 序

盛世修志,旺地修志,这是中华民族的优良传统,也是中华民族光辉灿烂文化的组成部分。

2001年8月由原复新、复利、复明村合并组成的兴复村,地处淀山湖镇(淀东镇、淀东公社)西南、淀山湖边,傍依度城潭。兴复村历史悠久,物华天宝,人杰地灵,是典型的江南鱼米之乡。新中国成立后,在上级党委和政府的领导下,经过几届村领导的不懈努力,农村面貌发生了翻天覆地的变化,村民的生活水平不断提高,精神面貌焕然一新。

《兴复村志》经历了三年多的修编历程,数易其稿,终于问世。它体现了村的繁荣昌盛,社会安宁和谐,村民安居乐业。它犹如一幅浓缩的乡村画卷,记录了在中国共产党的领导下,兴复村半个多世纪翻天覆地的变化。《兴复村志》不仅记述了当代农村社会发展的轨迹,保存了丰富的史料,而且对于全村人民,特别是青少年是一部难得的爱家乡、爱祖国、爱社会主义的通俗教材,是子孙后代研究家乡自然环境和社会发展的纪实材料,将给今人和后人深刻的启迪与有益的借鉴。

《兴复村志》详实地记载了兴复村的发展和变化,记述了部分人物的事迹,具有较强的时代特点和鲜明的地方特色,为子孙后代留下了宝贵的精神财富,它将激励着我们永远向前。

兴复村编纂志书是个先例,由于资料不全,档案缺失,志书中难免存有疏漏、错误之处,恳请读者批评指正。

我们相信,有中国共产党的正确领导,有各级人民政府的大力支持,通过全体村民不断的努力,家乡将会更加繁荣昌盛,生活将会更加美满幸福。

以此为序,祝《兴复村志》成功问世。

兴复村党总支委员会书记 许永弟
兴复村村民委员会主任 黄 珏
2016年3月5日

# 凡 例

一、本志以马列主义、毛泽东思想、邓小平理论和"三个代表"重要思想为指导,运用辩证唯物主义和历史唯物主义观点,坚持实事求是地记述史实,在资政、教化、存史等方面为社会主义物质文明和精神文明建设服务。

二、本志纵贯古今,详今略古,上限不限,下限止于2012年,个别延伸到2016年8月。

三、本志由述、记、志、传、图、表、录诸体构成,以志为主。大事记以编年体为主,辅以记事本末体。

四、志书由序、概述、大事记、专志、后记组成。以序为宗,概述、大事记为纲,列卷首,设章、节、目。根据需要目下设子目,以类叙事,以时为序,横排门类,纵述史实,卷末缀后记。

五、本志记述地域范围,为2001年年底兴复村所辖区域。凡属区域内发生的人和事,尽量采摘,力求完备,以显全貌。

六、本志记载人物遵循"生不立传"的原则。凡在本村域内对村发展有较大影响者均以传入志,烈士按生年排序,以英名录入志,在世人物的突出事迹以事,系人的生年为序入志,在革命年代对中国革命做出贡献和牺牲的普通百姓也辟章节入志。

七、地名、政区及机构均用当时名称。

八、本志纪年方法,清代及其以前的朝代年号用汉字书写,民国用民国年号,用汉字书写,其后括号内注明公元纪年。每节首次出现均括注公历,中华人民共和国成立后采用公元纪年。"新中国成立前后"以1949年10月1日为界。

九、数据均以阿拉伯数字著录。统计数据,以统计部门为主,统计部门缺项的,采用主管部门数据。度量衡表述,新中国成立前按当时习惯记录,新中国成立后除耕地面积仍采用"亩"外,均使用国际标准。人民币除注明旧币者,均为新币。

十、本志资料来源于志书、档案、书刊、报纸、史料及口碑材料,经考证核实选用,为节省篇幅不再注明出处。

# 目 录

概　述 ································································································· 1

大事记 ································································································· 5

第一章　建置区域 ················································································ 16

　　第一节　地理 ················································································· 16
　　第二节　建置沿革 ·········································································· 17
　　第三节　区划 ················································································· 18
　　第四节　自然村落 ·········································································· 19
　　　　一、潭西村 ················································································ 19
　　　　二、东洋村 ················································································ 22
　　　　三、南枉泾村 ············································································ 23
　　　　四、碛䃮塘村 ············································································ 24
　　　　五、西洋村 ················································································ 27

第二章　自然环境 ················································································ 30

　　第一节　地貌 ················································································· 30
　　第二节　河流湖泊 ·········································································· 31
　　　　一、湖泊 ···················································································· 31
　　　　二、河流 ···················································································· 34
　　第三节　土壤结构 ·········································································· 37
　　第四节　气候 ················································································· 38
　　　　一、四季特征 ············································································ 38
　　　　二、气温 ···················································································· 39

|  |  |  |
|---|---|---|
| 三、降水、湿度 | | 39 |
| 四、日照 | | 39 |
| 五、风 | | 40 |
| 六、雷、霜、雪 | | 40 |
| 七、水灾 | | 40 |
| 第五节 物候 | | 41 |
| 一、常见植物 | | 41 |
| 二、适宜养殖的动物 | | 42 |
| 三、常见动物物候 | | 45 |
| 四、树木发育、生长期 | | 45 |
| 第三章 人口 | | 46 |
| 第一节 人口总量 | | 47 |
| 第二节 人口变动 | | 49 |
| 一、人口迁移 | | 49 |
| 二、自然增长 | | 55 |
| 第三节 人口构成 | | 57 |
| 一、民族 | | 57 |
| 二、性别 | | 58 |
| 三、年龄 | | 58 |
| 四、姓氏 | | 61 |
| 五、文化程度 | | 63 |
| 六、职业（劳动力） | | 70 |
| 第四节 人口控制 | | 76 |
| 第四章 村庄建设 | | 79 |
| 第一节 基础设施建设 | | 80 |
| 一、农房建设 | | 80 |
| 二、道路、桥梁建设 | | 82 |
| 三、供电 | | 84 |
| 四、供水 | | 86 |
| 第二节 公共服务建设 | | 86 |

一、学校 ………………………………………………………… 86
　　二、商贸集市 …………………………………………………… 87
　　三、社区医疗服务站 …………………………………………… 87
　　四、文体活动设施 ……………………………………………… 87
　　五、老年活动室 ………………………………………………… 89
　　六、房地产开发 ………………………………………………… 89
　第三节　环境保护 …………………………………………………… 90
　　一、改水 ………………………………………………………… 90
　　二、绿化清淤 …………………………………………………… 90
　　三、畜禽管理 …………………………………………………… 90
　　四、保洁队伍建设 ……………………………………………… 90
　　五、环卫设施建设 ……………………………………………… 91
　　六、整治小化工厂 ……………………………………………… 92
　第四节　创建卫生村 ………………………………………………… 92
　　一、村庄整治改造 ……………………………………………… 92
　　二、环境整治 …………………………………………………… 92
　　三、卫生管理 …………………………………………………… 93
　　四、健康教育 …………………………………………………… 93
　　五、消灭蚊、蝇、鼠等害虫 …………………………………… 93
　　六、食品卫生 …………………………………………………… 94
　　七、卫生室建设 ………………………………………………… 94

第五章　村级经济 ………………………………………………………… 95
　第一节　生产关系变革 ……………………………………………… 96
　　一、土地私有制 ………………………………………………… 96
　　二、土地改革 …………………………………………………… 98
　　三、农业合作化 ………………………………………………… 98
　　四、人民公社 …………………………………………………… 100
　　五、家庭联产承包责任制 ……………………………………… 103
　　六、规模经营 …………………………………………………… 103
　第二节　生产经营管理 ……………………………………………… 110
　　一、作物栽培与管理 …………………………………………… 110

　　二、品种改良 ......114
　　三、分配管理 ......117
　　四、农机农具 ......137
　　五、农业科技 ......145
第三节　多种经营 ......145
　　一、瓜类种植 ......145
　　二、桑蚕生产 ......145
　　三、其他经济作物 ......146
　　四、水产养殖 ......147
　　五、畜禽养殖 ......162
　　六、林业绿化 ......163
第四节　农田水利 ......165
　　一、河道建设 ......165
　　二、圩堤建设 ......165
　　三、防洪抗旱 ......166
第五节　工业 ......168
　　一、村（大队）办企业 ......168
　　二、民营企业 ......169
　　三、租地入驻企业 ......171
第六节　商业 ......171

第六章　生活保障 ......173

第一节　村民日常生活 ......174
　　一、衣 ......174
　　二、食 ......174
　　三、住 ......174
　　四、行 ......176
第二节　养老保险 ......181
第三节　医疗保险 ......183
第四节　土地补偿 ......183
第五节　动迁安置 ......185

## 第七章　文体卫生 ······ 191

### 第一节　幼托　小学 ······ 191
一、幼托 ······ 191
二、小学 ······ 192

### 第二节　医疗 ······ 193
消灭血吸虫病 ······ 194

### 第三节　文化体育 ······ 200
附：兴复村文艺宣传队名单 ······ 201
一、农村体育 ······ 202
二、传统少年儿童游戏活动 ······ 202

## 第八章　古迹 ······ 210

## 第九章　村民忆事 ······ 212

### 第一节　村民公共记忆的大事 ······ 212
一、昆山、杨湘泾地区解放 ······ 212
二、土地改革 ······ 213
三、抗美援朝　保家卫国 ······ 214
四、农业合作化运动 ······ 214
五、粮食统购统销 ······ 214
六、高举"总路线、大跃进、人民公社""三面红旗" ······ 217
七、"农业学大寨"运动 ······ 217
八、学习毛主席著作群众运动 ······ 218
九、知识青年上山下乡运动 ······ 219
十、农村社会主义教育运动（"四清"运动） ······ 219
十一、潭西村沉船事故 ······ 220

### 第二节　传说 ······ 221
一、度城潭 ······ 221
二、缺指阿狗 ······ 222
三、姚阿毛智退清兵 ······ 222
四、母子龙与白龙桥 ······ 223

五、神秘的度城潭 …………………………………………………… 224
六、潭西姚家的传说 …………………………………………………… 225

### 第三节　村民习俗 …………………………………………………… 227
一、岁时习俗 …………………………………………………………… 227
二、礼仪习俗 …………………………………………………………… 229
三、生活习俗 …………………………………………………………… 230

### 第四节　语言 ………………………………………………………… 233
一、方言俗语 …………………………………………………………… 233
二、谚语 ………………………………………………………………… 236
三、歇后语 ……………………………………………………………… 238

## 第十章　基层组织 …………………………………………………… 239

### 第一节　中国共产党兴复村基层组织 ……………………………… 240
一、中共复新、复利、复明高级农业生产合作社支部委员会 ……… 240
二、中共复新大队、复利大队、复明大队支部委员会 ……………… 240
三、中共复新村、复利村、复明村支部委员会 ……………………… 241
四、中共复利联合村支部委员会 ……………………………………… 241
五、中共兴复村支部委员会 …………………………………………… 241
六、中共兴复村总支委员会 …………………………………………… 242

### 第二节　村民委员会 ………………………………………………… 246
一、行政村和自然村 …………………………………………………… 247
二、大队管理委员会、革命委员会和村民委员会 …………………… 248
三、兴复村村民委员会 ………………………………………………… 249

### 第三节　村经济合作社 ……………………………………………… 252

### 第四节　群众团体 …………………………………………………… 253
一、青年组织（共青团） ……………………………………………… 253
二、妇代会（妇联） …………………………………………………… 254

### 第五节　民兵组织 …………………………………………………… 255

### 第六节　其他组织 …………………………………………………… 256
一、残疾人工作小组 …………………………………………………… 256
二、戏曲团队 …………………………………………………………… 256
三、老年协会 …………………………………………………………… 256

第七节　兴复村各类章程、制度、工作职责 …………………… 257
　　一、各类章程 ………………………………………………… 257
　　二、各类制度 ………………………………………………… 275
　　三、群众团体工作职责 ……………………………………… 281

第十一章　人物 ……………………………………………………… 284

第一节　兴复村古代望族 ………………………………………… 284
第二节　人物传 …………………………………………………… 285
　　一、兴复村古代名人录 ……………………………………… 285
　　二、现代英雄录 ……………………………………………… 286
第三节　人物简介 ………………………………………………… 287
　　一、黄家征 …………………………………………………… 287
　　二、朱金泉 …………………………………………………… 287

第十二章　荣誉 ……………………………………………………… 288

第一节　集体荣誉 ………………………………………………… 288
第二节　个人荣誉 ………………………………………………… 289

索　引 ………………………………………………………………… 291
《兴复村志》修编人员名录 ………………………………………… 295
后　记 ………………………………………………………………… 296

# 概　述

2001年8月由原复新、复利、复明村合并组成以振兴三复为名的兴复村,位于淀山湖镇西南端,淀山湖之滨,距镇2 500米左右,傍依度城潭,西与锦溪镇隔湖相望,公路、河港交错,永利路、盈湖路、万园路、黄浦江路通贯全境,塘江、小千灯浦、朝山港穿村而过,水陆交通十分便利。

兴复村东邻永新村,南接度城村,西临淀山湖、度城潭,北连民和村。2012年,兴复村有504户1 742人,21个村民小组。兴复村曾获江苏省卫生村、苏州市创建整治村、苏州市建设健康城市先进村、苏州市生态村、苏州市建设社会主义新农村示范村、苏州市"民主法治"示范村、昆山市村民自治模范村、"全国亿万农民健康促进行动"苏州市先进村、昆山市"民主法治示范村"等荣誉称号。

## 一

兴复村隶属于昆山市淀山湖镇。区域内有五个自然村,分别是潭西村、西洋村、东洋村、碛碾塘村和南横泾村。新中国成立后的农业合作化时期,潭西村成立复新高级农业生产合作社,西洋村成立复利高级农业生产合作社,东洋村、碛碾塘村、南横泾村成立复明高级农业生产合作社。1958年人民公社化后,分别改称复新大队、复利大队、复明大队。1983年政社分设后,改称复新村、复利村和复明村。

兴复村地处江苏省东南部,属北亚热带季风气候区,四季分明,光照充足,雨水充沛,无霜期长,年平均气温16.1℃左右。

兴复村域内江河纵横,土地肥沃,地势平坦。自然坡度小,属淀泖半高田地区。2012年村域面积530.64公顷,折合7 955.68亩;其中陆地面积约380.06公顷,合5 700亩,水域面积约150.58公顷,合2 255.68亩;其中耕地面积91.40公顷,合1 371亩。

兴复村人民历代吃苦耐劳,勤奋淳朴。农业生产以种植水稻、三麦、油菜为

主。新中国成立前,受封建土地所有制束缚,且交通闭塞,人民生活极其贫困。新中国成立后,在中国共产党和人民政府的领导下。经过土地改革、农业合作化等农村生产关系的变革,特别是中国共产党第十一届三中全会之后,随着改革开放的不断深入,人民生活逐步改善。2012年,村民人均净收入达20 248元。

## 二

兴复村域,历史悠久。据考证,度城潭周围村庄在四千年前的良渚文化时期,先人们已经在这一带生产、生活,繁衍生息。

据历史记载,本村行政隶属关系多有变动,自宋以来,属昆山县㳺川乡第七保,宣统元年(1909年)实行地方自治,属杨湘乡。新中国成立初,兴复村域隶属关系亦多变,或属茜墩区,或为淀东区,或为县属杨湘乡、淀东公社。1962年以后方趋稳定,仅名称改变而已。

兴复村人民有着光荣的斗争历史。在70多年前的抗日战争时,南横泾村民倪再青、倪小苟父子俩在战火中抢渡新四军;在抗美援朝战场上,潭西村村民黄佩林用炸弹绑扎在身上,跳上美军坦克与美军士兵同归于尽,壮烈牺牲。他们不愧为兴复村人民的优秀儿女,永远值得后人缅怀和学习。

## 三

兴复村历代是以种植水稻、三麦、油菜为主的单一农业经济。村民长期以来积累了丰富的农作物栽培经验。新中国成立前,受封建土地所有制的束缚,加上历代统治者横征暴敛,不理农事,不修水利,十年九灾,再加上血吸虫病肆虐,严重影响了农业生产的发展。上好年成,水稻亩产不足150千克,小麦亩产徘徊在40~50千克,油菜籽亩产仅10千克左右。

新中国成立后,实行土地改革,组织互助合作,随着生产关系的变革,农业先进技术的推广和应用,农田水利设施的兴建,农业机械化程度的提高,农业生产发生了翻天覆地的变化,产量连年上升。

党的十一届三中全会后,不断加大农村改革的力度,改变了经济体制和经营方式,给农业生产注入了新的活力。1983年实行家庭联产承包责任制。20世纪90年代初,积极稳妥地推行农地适度经营模式。1993年开始对农业产业结构进行调整,打破"以粮为纲"的单一生产格局,积极发展多种经营,使产业结构不断优化,以养殖业为主的副业生产不断增长。

改革开放以来,农业经济发展,农民收入提高,农村居住条件不断改善,家家住楼房,人均住房面积已超50平方米,中高档电器进入寻常百姓家,电瓶车、三轮电瓶车、轿车、卡车已成为村民的交通和运输工具。城乡差别逐步缩小,农村城镇化格局已初步形成。

## 四

兴复村历来以农业为主,工业和商业十分薄弱。新中国成立前,兴复村所辖5个自然村中没有一家工厂,也没有一户经商。新中国成立后,最早从20世纪60年代,兴复村村域内原各大队相继从开办粮饲加工厂起步,逐渐兴办小型企业。商业也从无到有,从供销社双代店开始到个体经商户的出现,从此村民摆脱了单一的农业经济状况。

## 五

新中国成立前,兴复村教育事业十分薄弱,区域内仅有一所西杨村小学。新中国成立初,各自然村都办了初级小学,解决了村民子女入学难的问题,同时通过夜校、冬学等形式,对青壮年进行扫盲。到1958年,青壮年文盲基本扫除。适龄儿童小学入学率达100%。随着人们对教育的重视,各村先后办起了幼托班、幼儿班,学龄前教育加速发展。

淀山湖地区是江南典型的水网地区,还是血吸虫病流行的重灾区。由于血吸虫病的危害,兴复村区域内的行泾村沦为无人村,广大村民饱受血吸虫病的危害。新中国成立后,在党的领导下,医疗卫生保健事业快速发展,特别重视对血吸虫病的预防和治疗,经过20多年的努力,到1976年基本消灭了血吸虫病。

20世纪60年代,各大队办了合作医疗,到21世纪,农村医疗合作社制度不断完善和提高,并实行大病风险基金制度,做到大病不出镇、小病不出村。

新中国成立前,群众文体活动没有正规场所,更没有专门机构,都是群众自行组织,自发开展活动。新中国成立后,各村组织了农村俱乐部,广大村民积极参加文艺宣传队,自编、自演结合本地的文艺节目;还排演了大型古装戏。兴复村专门建造了"农民戏台"。文艺宣传队有固定人员,有固定排练场所,不定期为村民演出,并和兄弟村交流,交换演出。

21世纪初,村里十分重视群众体育活动。大力开展全民健身活动,先后成立了篮球队、老年舞蹈队。在上级的支持下,添置了运动器材、健身器材,修建了篮球场,体育活动有了很大的发展。

## 六

兴复村属典型的江南农村,新中国成立前村民住房条件较差,道路设施简陋。20世纪60年代开始,村民逐步改造了农房,从建造五橼深平房到楼房,基本实现家家住楼房。不少村民购买了城镇商品房,住房条件得到极大改善。

新中国成立前,由于当时条件的限制,村民出行路少、桥少。村与村之间是泥土路,雨天泥泞不堪,很是不便。随着社会经济的发展,政府致力于道路建设,从铺石灰氮下脚料开始,进一步拓宽改造成砂石路。20世纪90年代开始,政府大力投入资金,修建水泥路、沥青路等高等级公路。兴复村区域内先后修建的永利路、盈湖路、南苑路、新乐路横贯东西,黄浦江路、万园路纵贯南北,交通十分方便。

1993年,淀山湖镇在镇区内划出三大功能区——镇区、工业小区和旅游度假区。兴复村被划归旅游度假区内,对原有各自然村进行全面整治,先后改造南横泾村、碛碛塘村,修建道路,种植绿化,河道清淤。村容村貌得到极大的改善,一个水乡绿色生态村已经形成。2009年,兴复村被苏州市确定为绿色生态村。

回顾过去,展望未来,兴复村人民意气风发,再接再厉,与时俱进,努力把兴复村建设得更加繁荣昌盛,人民生活将更加美满幸福。

# 大 事 记

## 新石器时代

### （4000年前）

富力湾房产置业公司在施工过程中，苏州市、昆山市两级文物单位对施工工地进行了考古挖掘，发现了各种各样的陶片、玉片等碎片残迹，经考证，认定属马家浜文化和良渚文化两个时期的文物，证明兴复村村域境内4000年前已有人类活动。

## 唐

### 乾符六年（879年）

兴复村与度城村（历史上潭西村、西洋村隶属度城村）接壤，度城为农民起义军领袖黄巢所筑。1958年曾把度城潭水抽干，在湖底发现石井、石街，并出土陶器、陶罐等文物。

## 南宋

### 隆兴二年（1164年）

江浙有豪强户，围湖造田（淀山湖），埋塞流水，造成水患。平江府委陈弥作实地考察研究解决，陈弥作先治十浦，后开通围田还湖13处。

### 淳熙十三年（1186年）

罗点任浙西常平提举，时淀山湖南北两岸为华亭、昆山两县豪强户占湖为田，流水被堵塞。罗点躬身相视，奏请开浚淀山湖，获准。农户闻讯竟欢，不等告示到，就自动集合劳动力，自带口粮掘凿开通，导除积水，退田还水。

# 明

### 正统七年(1442年)

夏,大水。七月十七日,飓风拔苗。

### 成化十七年(1481年)

九月,淫雨成灾,连郡田稼灭没,野有饿殍。

### 正德四年(1509年)

七月七日,大雨倾一昼夜,禾尽淹。

### 嘉靖二十四年(1545年)

是年大旱,河渠皆涸,野多饿殍。

### 嘉靖四十年(1561年)

春,雨雪不止,四、五月又淫雨,江湖涨溢,禾苗尽淹。村民外出逃荒,饿死甚多。

### 万历三十六年(1608年)

四、五月,连续下雨50天,大水淹没农田。

### 天启四年(1624年)

夏大水后大旱,民饥。是年十二月地震。

### 崇祯十四年(1641年)

夏大旱,吴淞江皆涸,民大疫,死者相枕藉,斗米银三钱。秋蝗,民以榆皮为食。

# 清

### 顺治四年(1647年)

是年大旱,民饥,石米银四两。

### 顺治七年(1650年)

夏,大水,四皆不收。死亡甚众,米价涨,石米银四两五钱。除夕,雷。

### 顺治十五年(1658年)

八月二十二日,昆山南部发生地震(相当于里氏5级),兴复村域在震区内。

### 雍正九年(1731年)

昆山淞南、茜墩发生相当于里氏5级地震。兴复村域在震区内。

### 雍正十二年(1734年)

八月十七日至十九日,雨三昼夜,田间微红。虫灾,大饥。石米银三千五百。翌年,灾后大疫。饥民病死于道,入秋始止。

### 光绪十八年(1892年)

十一月,冰冻淀山湖、赵田湖,冰厚二尺余,人可在冰上行走,二旬后始解冻。

### 宣统元年(1909年)

新、昆两县推行地方自治。

## 中华民国

### 民国二年(1913年)

2月,清丈局对全县土地实行正式丈量,并在杨湘泾、金家庄乡建立清丈分局。

### 民国七年(1918年)

7月,对井亭、杨湘泾乡完成土地复丈。

### 民国二十年(1931年)

7月上旬,降雨129毫米,灾象已成,下旬又降雨276毫米,全县受灾农田33万亩。兴复村境内同样受灾严重。

### 民国二十七年(1938年)

3月,日军在复光村等地扫荡,烧杀抢掠,杀害西洋村村民范阿林、陈文四,潭西村村民杨文奎三人。

### 民国三十一年(1942年)

7月1日,日伪在太湖东南地区开始第一阶段第一期"清乡",昆山南部兴复村域被划为"清乡"地区。

### 民国三十八年(1949年)

5月前,县实行"民众组训",撤淀湖区,设5个督导区,杨湘泾为第五督导区。辖杨湘、井亭、玉溪、茜墩、石浦、淀东6乡。兴复村域属淀东乡。

## 中华人民共和国

### 1949年

5月13日,昆山解放,县长刘同温出示布告,宣布昆山县人民政府成立。

7月13日,暴雨,江水倒灌成灾,粮田被淹,为近30年内所罕见。兴复村域村民积极投入抗涝救灾。

10月1日,中华人民共和国成立。

11月,建淀东区,辖杨湘、井亭、淀东3乡。

### 1950年

1月,淀东乡辖金湖、度潭、杨湘、叶荡、双护、庙泾、小泾、永安、复兴9个小乡,69个行政村。兴复属度潭乡。9月底土地改革全面展开。

### 1951年

1月,淀东区成立淀东供销合作社,兴复村境内民众踊跃入股。

3月,淀东区全面结束土地改革。

4月,县人民政府首次发放农贷2.5万元(折新币)支持贫困户购置灌溉农具。

6月,全区开展捐献飞机、大炮运动,支援抗美援朝,掀起参军热潮。青年参加体检,兴复村域内有4人入伍。

### 1952年

2月,华东卫生部医疗预防大队,以及昆山县卫生院、血防站、区卫生所医务人员组成的治疗组,到淀东区杨湘、度城、金家庄、小泾等乡,治疗血吸虫病。

是月,苏南行政公署卫生医疗预防大队40余人,到淀东区开展血吸虫病的宣传教育和粪便管理工作。

### 1953年

3月,淀东成立选举委员会,开展首次人口普查。

### 1954年

5月18日至7月24日,连续降雨66天,水位猛涨,超过警戒水位3.4米,达3.88米,粮田受淹,兴复村域各自然村村民全力投入排涝抗灾。

### 1955年

1月1日,开始建立户口登记制度。

2月24日,贯彻执行国务院关于发布新人民币命令。明确新、旧币折合比率为1∶10 000。

7月,配合全县开展肃清反革命运动。

9月14日,全县统一行动,逮捕反革命分子。

11月,实行粮食"三定一奖"到户,即定产、定购、定销、超产奖励。

12月,兴复村域内各自然村建立高级合作社3个,基本完成农业社会主义改造,并开展群众性党内整风运动。

## 1956年

8月1日,兴复村域内各自然村受台风暴雨袭击,台风风力在10级以上。

## 1957年

6月20日至7月9日,连续暴雨,雨量达266.8毫米,内河水涨,超过1949年最高水位,兴复村域部分粮田受淹。

## 1958年

4月1日起,掀起干河灭螺运动。度城潭水被抽干。

7~8月,上海第一、第二医学院医疗队到淀东区,和淀东区医务人员一起用锑钾三天疗法治疗血吸虫病人。

10月,实行政社合一,建立人民公社。

11月,得到上海第二医学院仁济医院支持,对晚期血吸虫病人施行脾脏切除手术。

是月,开挖石杨河。

12月,兴复村域内各自然村投入大炼钢铁运动,到处建"小高炉"。

## 1959年

3月下旬,县委召开"三级"干部会议,传达中央郑州会议精神,纠正"无偿调拨农民财产的错误",并进行退赔。

11月中旬,由于干旱、草荒和瞎指挥,造成农业减产。在反右倾高指标、高征购的压力下,购粮过了头,社员先后发生断粮,出现浮肿病等非正常情况。在县委指示下,逐步得到纠正和处理,恢复生产。

## 1960年

8月2~5日,受7号台风影响,连降暴雨。

## 1961年

5月,传达贯彻中共中央《农村人民公社工作条例(修正草案)》(即《农业六十条》),实行农业"三包(包工、包本、包产)一奖(超产奖)"制。

8月,按上级规定,退回农民自留田,按耕地面积的5%比例,重划自留田。

## 1962年

3月,确定"三级所有,队为基础"的管理方式。

9月6日,第14号台风过境,一昼夜降雨达230毫米,部分低洼田受淹。

## 1964年

9月25日,兴复村域各农业大队首批接收苏州市初高中毕业生插队落户。

## 1965年

7月15日,"社教"工作团进驻兴复村各大队,社会主义教育运动全面推开。至1966年3月结束。

10月,江苏省血防研究所在淀东公社培训不脱产保健员,在医务人员指导下,以大队为单位,普查普治血吸虫病人。

## 1966年

9月9日,收听中共中央《关于无产阶级文化大革命决定》的广播。

10月,"红卫兵""造反派"上街横扫"四旧"(旧思想、旧风俗、旧文化、旧习惯),文物、字画等多遭损毁。

## 1967年

1月,淀东公社"文化大革命"全面展开。

7~10月,各行各业成立"战斗队""造反司令部"等,揪斗"走资本主义道路当权派",各级党组织处于瘫痪状态。

## 1968年

3月,公社成立革命委员会。各单位成立革命领导小组。

## 1969年

4月,各大队成立革命委员会。

9月,县、公社、大队成立"群专组",实行所谓"全面专政",关押迫害了一批干部、群众。

## 1971年

7月,农村推行大建"土圆仓",每个生产队至少建1~2个。

## 1972年

2月,批判林彪反党集团。

12月,开展"批林批孔"和进行党的基本路线教育。

## 1975年

6月21日至7月初,连续降雨374.6毫米,7月11日水位上涨到3.4米。兴复村域部分农田受灾。

## 1976 年

1月8日,周恩来总理逝世,全体村民万分悲痛,连续几天自发组织悼念活动。

6月,潭西村发生度城潭沉船事故,潭西村村民徐宝菊、徐桂菊不幸溺亡。

9月18日,兴复村域村民收听北京举行毛泽东主席逝世追悼大会实况。

10月,兴复村域村民热烈欢呼粉碎"四人帮"反党夺权阴谋的伟大胜利。

## 1978 年

1月1日,淀东南分位河开挖工程完工。

7~9月,出现历史上罕见高温,最高气温达37.9℃。35℃左右高温持续40天,其间降雨量仅242.1毫米,兴复村域村民投入抗旱工作。

## 1979 年

4月,贯彻中共中央《关于地主、富农分子摘帽问题和地、富子女成分问题的决定》的意见,地、富分子全部摘帽,地、富子女重新定成分。

10月,兴复村境内下乡务农知识青年全部调回城镇,重新安排工作。

## 1980 年

7月,公社对在"文化大革命"中的"冤、假、错"案全面进行平反纠错。

## 1982 年

是年,复明大队、复利大队、复光大队联合办了复联砖瓦厂。

## 1983 年

6月20日至7月18日,历时29天的梅雨期,雨天14天,降雨236.3毫米,出现持续高水位,持续30天水位超过3米。

6月,废社设乡,大队改称村。

10月,复新村先行试点,全面实行以农户为单位的家庭联产承包责任制。

是年,复光、复明大队联合办了光明石灰厂,生产生石灰。

## 1984 年

5月,淀东乡召开第十届人民代表大会,选举乡长、副乡长,兴复村辖区内的复新大队、复利大队、复明大队有代表参加大会。

10月,复利大队、复明大队全面实行以农户为单位的家庭联产承包责任制。

## 1987 年

是年,复明电子厂开业,主要产品为拉力、压力传感器,电子秤。

## 1989 年

2月,镇区至金家庄公路竣工,翌年12月1日开通农村班车。这是昆山开通公共汽车的第一条村级公路,兴复村域境内设复明、复利2个公交车站。

## 1990 年

4月27日,苏州市水利局批准建造千东圩(位于兴复、度城两村交界处)庙前港站闸工程,闸孔径6米,配套6立方米/秒排灌站,公路桥梁工程总投资108万元,6月开工,翌年8月竣工。

## 1991 年

6月,遭洪涝灾害,河水暴涨,村民全力抗灾抢险。

是年,在三复砖瓦厂旧址开办昆山第一丝绸厂。

## 1992 年

7月10日,江苏省政府苏政复〔1994〕50号文件批准,昆山旅游度假区淀山湖旅游度假中心享受江苏省省级开发区同等政策,明确四至,东起兴复村境内复明和永义,南临淀山湖,西至锦溪镇,北至石杨河,规划面积12.38平方千米。

## 1993 年

3月26日,经江苏省政府批准,昆山市淀东镇更名为淀山湖镇。兴复村区划不变。

## 1996 年

11月9日,晚上9时56分,南黄海发生6.1级地震,兴复村域有震感。地震发生后,村民聚集在外,秩序井然。复明村一村民受惊吓,诱发心脏病,不幸病故。

## 1997 年

8月18日,11号强台风袭击,农作物一定程度受损。

## 1999 年

6月11日,河水上涨至吴淞高程3.37米,超警戒水位,联圩全部关闸,排灌站、机泵全部启动排水。

7月1日,下午5点半,外河水位达吴淞高程4米,是有史记载以来的最高水位,稻田、鱼塘被淹,各级政府带领全体人民抗涝救灾。

## 2000 年

1月11~13日,全村党员干部参加1999年度冬训,学习党的十五届四中全会与中央经济工作会议精神,接受唯物论、无神论教育,听取有关农村政策方面的专题报告。

5月18日,第二届富豪中国高尔夫公开赛在兴复村境内旭宝高尔夫球场举行,144名职业选手参赛,英格兰选手西蒙·戴森夺冠。

12月28日,参加镇党委年度冬训活动,学习党的十五届五中全会精神、"三个代表"重要思想和有关农村政策。

## 2001年

8月,由复新村、复利村、复明村合并组建兴复村。

8月26日,兴复村召开建村后第一次党员会议。

9月27日,举行兴复村第七届村民委员会选举。

## 2003年

1月11日,兴复村举行党员、老干部代表、组长会议,研究部署"土地赔偿"问题。

11月,兴复村获"昆山市人民调解工作先进单位"荣誉称号。

## 2004年

2月10日,召开党员大会,传达部署社保工作。

10月29日,兴复村支部改选。

12月2日,举行兴复村第八届村民委员会选举。

12月26日,兴复村召开党员、村民组长会议,落实"土地补偿"问题。

## 2005年

4月1日,组织村民"万人看昆山"活动。

8月27日,兴复村两委召开队长会议,研究鱼塘发包问题。

## 2006年

1月1日起,国家不再征收农业税,一个在中国存在了2600多年的古税种宣告终结。

5月14日,兴复村召开全体党员会议,通报"南柱泾"新农村改造方案。

7月26日,兴复村第一届残疾人协会第一次会员会议召开,选举产生残疾人协会管理小组成员。

12月,南柱泾自然村整治工作动工,至2007年10月30日全部结束。

是年,兴复村建造打工楼,占地2.98亩,建房50间,建筑面积2930平方米,总投资246万元。

## 2007年

3月,碛碶塘自然村村庄整治开始,至10月30日全面完成。

## 兴复村志

6月10日,兴复村党总支换届选举,选举新一届总支部书记、委员。书记:许永弟,副书记:黄珏,委员:姚云良、徐玉新。

7月25日,兴复村业余戏曲演出队成立。

10月,兴复村建标准厂房,占地15亩,建筑面积4342平方米,总投资482.48万元。

11月8日,选举产生兴复村淀山湖镇第十届人民代表大会代表,郭秀凤、黄珏、朱永生当选。

### 2008年

1月16日,昆山市委书记张国华到村看望、慰问贫困家庭及困难党员干部。

2月27日,兴复村组织村业余演出队参加镇文广站组织的戏曲周演出比赛。

3月,兴复村获"2007年度苏州市建设健康城市先进村"荣誉称号。

4月,兴复村获"昆山市民主法治示范村"荣誉称号。

5月15~16日,兴复村发动村干部、党员、私营业主等对四川特大地震受灾地区捐款捐物。

6月,兴复村村委会基础设施改造,共改造房屋建筑面积902平方米,建一座无公害厕所,总投资176万元。

6月13日,市、镇组织医务人员到兴复村为60~65周岁老年人免费体检。

7月18日,兴复村组织村业余演出队开展戏曲下乡活动。

11月19日,兴复村村民代表大会通过2009年度鱼塘发包方案。

### 2009年

1月,兴复村被授予"昆山市农村精神文明建设特色村"荣誉称号。

2月21日,兴复村业余文艺演出队参加镇文广站组织的戏曲周演出活动。

3月8日,市长管爱国到兴复村调研。

4月20日,昆山市"欢乐文明百村行"文艺演出队到兴复村演出。

4月28日,兴复村两委会召开部分村民代表会议,部署"土地流转"工作。

4月29日,镇党委书记宋德强陪同苏州市纪检领导到兴复村考察。

5月29日,兴复村举办纪念计生协会成立30周年活动。

6月8日,兴复村组织村民参加全民健身月活动。

7月23日,兴复村组织村业余演出队开展送戏下乡活动。

9月,兴复村在唐泾建占地1.78亩、建筑面积930平方米的邻里中心,总投资108.43万元。

10月28日,兴复村召开村民大会,通过2010年鱼塘发包方案。

12月,兴复村被授予"苏州市生态村"荣誉称号。

是月,兴复村被授予"昆山市十佳卫生村"荣誉称号。

## 2010年

2月8日,兴复村召开土地流转成立村土地股份合作社听证会。

3月2日,兴复村业余演出队参加镇举办的戏曲周演出比赛。

6月,兴复村篮球队参加昆山市村级篮球比赛,荣获第一名。

6月7日,昆山市人民医院医务人员到村为老人免费体检。

6月16日,副镇长胡刚到兴复村召开"公推直选"会议。

6月19日,兴复村老年体操队参加镇老年人体操比赛。

6月22日,兴复村组织村民参加全民健身月活动。

8月16日,兴复村两委领导慰问残疾人员。

8月29日,兴复村举行村爱心助学金发放仪式。

10月13日,兴复村适龄青年参加镇征兵体检。

12月19日,第十届村民委员会换届选举大会召开,产生新一届村民委员会组成成员。

## 2011年

2月,兴复村被苏州市委、市政府授予"苏州市建设社会主义新农村示范村"荣誉称号。

3月1日,选举并产生镇第十五届党代会代表,许永弟、徐玉新、许生明当选。

5月16日,兴复村老年太极拳小组参加镇老龄委举办的太极拳会操。

6月23日,昆山市纪委书记曹萍、镇党委书记徐敏中、新闻记者到兴复村召开调研座谈会。

10月8日~11月23日,兴复村在昆山市档案局的指导下,争创江苏省档案工作二级单位。

11月,兴复村被苏州市司法局、民政局授予"民主法治示范村"荣誉称号。

## 2012年

2月20日,淀山湖镇选举委员会审核确认朱永生、徐玉新、黄珏三位同志为淀山湖镇第十八届人民代表大会代表。

3月9日,兴复村土地股份合作社成立。

6月,兴复村百姓戏台开始建造,同年9月27日完工。

7月21日,兴复村监督委员会成立大会召开,选举产生兴复村监督委员会组成成员。

9月23日,兴复村第十六次妇女代表大会胜利召开。

# 第一章 建置区域

兴复村所辖区域范围，历史上无统一名称，均以各自然村相称，包括潭西（原复新村）、西洋村（原复利村）、东洋村、碛碘塘、南柾泾（原复明村）。历史上潭西、西洋村属度城自然村。2001年8月由原复新村、复利村、复明村三村组建成兴复村，"兴复"意为振兴三复，故名兴复村。设21个村民小组，共504户，总人口1 780人，其中男性887人，女性893人。

## 第一节 地 理

兴复村位于淀山湖镇西南，距淀山湖镇区2 500米，东与永新村、杨湘泾村接壤，南靠旭宝高尔夫球场、度城村，西临淀山湖，北连民和村。黄浦江路南路、万园路由南往北，永利路、盈湖路自东向西贯穿其中。

兴复村地形呈L形，东西宽约2.12千米，南北长约2.5千米，区域面积约5.31平方公里，合530.64公顷，折合7 955.68亩，地势平坦，自然坡度小，陆地面积约380.06公顷，合5 700亩，占总面积的71.62%；水域面积150.58公顷，合2 255.68亩，占总面积的28.38%。

## 第二节 建置沿革

史载自宋以来,度城潭地区地属昆山县㵼川乡第七保,直至清宣统元年(1909年),推行地方自治,次年(1910年)建杨湘泾乡,兴复村域属杨湘泾乡、杨湘区等,关系多变。民国时期一度为区、乡、闾建制,后为区、乡(镇)、保、甲制度。

1949年7月,废保、甲制,建区、乡(镇)、村。1956年撤区并乡。1958年,实行政社合一,撤乡建人民公社,下设生产大队、生产小队。1962年以后,方趋稳定,仅名称变更而已。1983年,废社设乡,恢复乡(镇)制,下设村民委员会,次年改生产队为村民小组。

兴复村域所辖潭西、西洋村、东洋村、碛碛塘、南枉泾自然村,历史上隶属关系多变。

南宋嘉定十年(1217年),潭西、西洋村、东洋村、碛碛塘、南枉泾属昆山县㵼川乡第七保。

清宣统年间,潭西、西洋村、东洋村、碛碛塘、南枉泾属杨湘泾乡。

民国三十年(1941年),潭西、西洋村、东洋村、碛碛塘、南枉泾属县第五区度城乡。

新中国成立后,潭西、西洋村、东洋村、碛碛塘、南枉泾属淀东区淀东乡。

1950年1月,潭西、西洋村、东洋村、碛碛塘、南枉泾属淀东区度潭乡。

1956年8月,潭西、西洋村、东洋村、碛碛塘、南枉泾属杨湘乡度城中乡度潭小乡。

1958年10月,潭西、西洋村、东洋村、碛碛塘、南枉泾属淀东人民公社二营。

1962年,潭西属淀东公社复新大队,西洋村属淀东公社复利大队,东洋村、碛碛塘、南枉泾属淀东公社复明大队。

1983年6月,潭西属淀东乡复新村,西洋村属淀东乡复利村,东洋村、碛碛塘、南枉泾属淀东乡复明村。

1988年5月,潭西属淀东镇复新村,西洋村属淀东镇复利村,东洋村、碛碛塘、南枉泾属淀东镇复明村。

1993年3月,潭西属淀山湖镇复新村,西洋村属淀山湖镇复利村,东洋村、碛碛塘、南枉泾属淀山湖镇复明村。

2001年8月,潭西、西洋村、东洋村、碛碾塘、南柱泾属淀山湖镇兴复村。

## 第三节 区 划

兴复村域互助合作化时期,先后组建了72个互助组、6个初级社、3个高级社。1958年10月成立淀东人民公社,兴复村域属淀东公社二营,下辖复新、复利、复明三个大队,1983年6月政社分设,兴复村域区有复新、复利、复明三个行政村(大队),三个行政村共有21个村民组(生产队)。

1995～2007年,复新村由于富力湾房地产开发项目需要,分三批民房拆迁至晟泰新村、淀辉新村、马安新村、香馨佳园等地,户籍不变,仍属兴复村第16、17、18、19、20、21村民小组。2001年8月实行行政区划调整,撤复新、复利、复明三个行政村,组建兴复村,下辖21个村民小组,至2012年年底兴复村下辖21个村民小组未变。

表1-3-1　兴复村各村民小组排列与区域调整前行政村村民小组排列对照表

| 调整后 | 调整前 | 调整后 | 调整前 | 调整后 | 调整前 |
| --- | --- | --- | --- | --- | --- |
| 兴复1组 | 复明1组 | 兴复8组 | 复利1组 | 兴复16组 | 复新1组 |
| 兴复2组 | 复明2组 | 兴复9组 | 复利2组 | 兴复17组 | 复新2组 |
| 兴复3组 | 复明3组 | 兴复10组 | 复利3组 | 兴复18组 | 复新3组 |
| 兴复4组 | 复明4组 | 兴复11组 | 复利4组 | 兴复19组 | 复新4组 |
| 兴复5组 | 复明5组 | 兴复12组 | 复利5组 | 兴复20组 | 复新5组 |
| 兴复6组 | 复明6组 | 兴复13组 | 复利6组 | 兴复21组 | 复新6组 |
| 兴复7组 | 复明7组 | 兴复14组 | 复利7组 | | |
| | | 兴复15组 | 复利8组 | | |

表 1-3-2　　　　　　　　　　兴复村域各历史时期行政区划对照表

| 村名 | 2012年年底 | | 区域调整后 | | 区域调整前 | | | 互助合作化时期 | | |
|---|---|---|---|---|---|---|---|---|---|---|
| | 村民组别 | 搬迁情况 | 村民组数 | 村民组别 | 村名 | 村民组数 | 村民组别 | 互助组数 | 初级社名 | 高级社名 |
| 南柱泾 | 1,2 | | 2 | 1,2 | 复明 | 2 | 1,2 | | 复明 | 复明 |
| 碛碛塘 | 3,4,5 | | 3 | 3,4,5 | | 3 | 3,4,5 | | 复塘 复平 | |
| 东洋村 | 6,7 | | 2 | 6,7 | | 2 | 6,7 | | 复东 | |
| 西洋村 | 8,9,10,11,12,13,14,15 | | 8 | 8~15 | 复利 | 8 | 1~8 | | 复利 | 复利 |
| 潭西 | 16,17,18,19,20,21 | 晟泰新村 淀辉锦园 香馨佳园 马安新村 | 6 | 16~21 | 复新 | 6 | 1~6 | | 复新 | 复新 |

## 第四节　自然村落

兴复村由原复新村、复利村、复明村三村合并而成,下辖 5 个自然村,即潭西村、西洋村、东洋村、碛碛塘村和南柱泾村。

### 一、潭西村

潭西村位于淀山湖镇驻地杨湘泾西南 3 000 米处的淀山湖东岸,因在度城潭西故名潭西,属淀山湖镇兴复村。村呈不规则正方形,东西南北各 250 米,村落面积 93.75 亩,耕地面积 1 300 亩,总面积 1 393.75 亩。全村民房沿河而建,南部分河东、河西,成竖埭竹节状;北部分河南、河北,成横埭竹节状。

2012 年,全村共有 140 户,508 人,其中男性 248 人,女性 260 人。户主有 28 个姓氏(不含集体户),其中姚姓 23 户,王姓 20 户,金姓 11 户,朱姓 11 户,顾姓 9 户,张姓 6 户,徐姓 6 户,黄姓 7 户,冯姓 5 户,俞姓 4 户,吴姓 5 户,姜姓 4 户,汤姓 4 户,郑姓 2 户,李姓 4 户,杨姓 2 户,许姓 2 户,盛姓 2 户,曹姓 2 户,郭姓 1 户,茅姓 1 户,方姓 1 户,沈姓 1 户,何姓 1 户,周姓 2 户,谈姓 1 户,缪姓 1 户,庞姓 1 户,集体 1 户。

全村以农业为主,种植水稻、三麦和油菜,部分村民务工。1995~2007 年,因淀山湖镇房地产开发用地,村民房屋分四批拆迁,自然村落消失,全部失地面积为1 393.75亩。村民迁往淀山湖镇安上村马安新村、淀辉锦园、晟泰新村和香馨佳园。

表1-4-1　　　　　　兴复村(原复新村)变迁情况一览表　　　　　单位:户

| 批次 | 搬迁户数 | 搬迁时间 | 迁往新址 |
| --- | --- | --- | --- |
| 第一批 | 22 | 1996 | 晟泰新村 |
| 第二批 | 40 | 2003 | 淀辉锦园 |
|  | 21 | 2003 | 马安新村 |
| 第三批 | 52 | 2007 | 香馨佳园 |
| 总计 | 135 |  |  |

沿革:民国三十年(1941年),属县第五区度城乡;新中国成立后,属淀东区淀东乡;1950年1月,属淀东区度潭乡;1956年8月,属杨湘乡度城中乡度潭小乡;1958年,属淀东公社二营,为复新高级社;1962年,属淀东公社,为复新大队;1983年6月,属淀东乡,为复新村;1988年5月,属淀东镇为复新村;1993年3月,属淀山湖镇,为复新村;2001年8月,属淀山湖镇兴复村,为第16、17、18、19、20、21组。

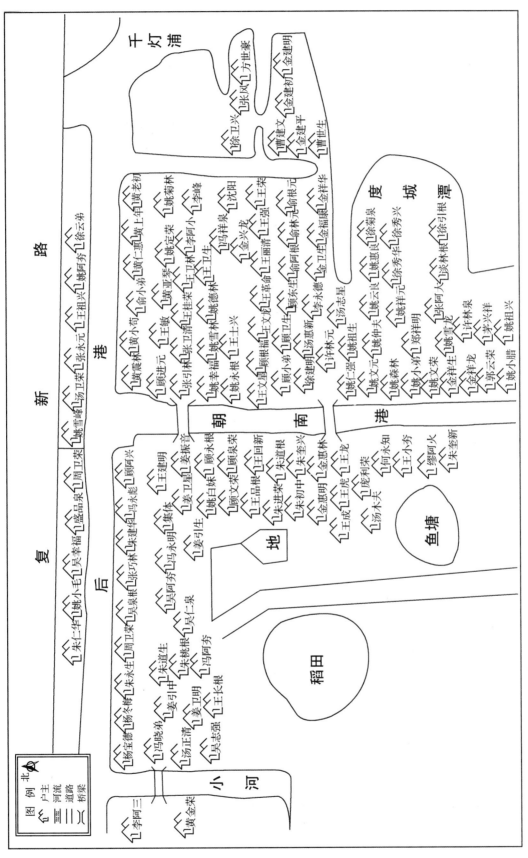

潭西村民房分布图

## 二、东洋村

村西由行泾江、文湾江、东洋村江交汇成一三角洋,东洋村因位于三角洋东面而得名。东洋村位于淀山湖镇驻地杨湘泾西南2 500米处,属淀山湖镇兴复村。村呈东西向长条形状,东西长350米,南北宽150米,村落面积78亩,耕地面积460亩,总面积538亩。村民房屋沿河而建,分河南、河北两部分。2012年,全村共有52户,177人,其中男性90人,女性87人。有15个姓氏,其中陈姓15户,顾姓2户,朱姓10户,王姓3户,杨姓5户,黄姓1户,张姓2户,徐姓1户,何姓2户,沈姓6户,唐姓2户,李姓1户,程姓1户,倪姓1户。

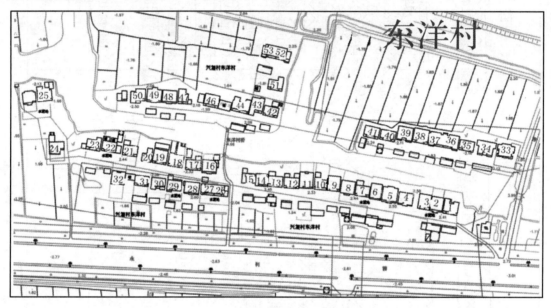

**东洋村民房分布图**

东洋村门牌号与户主对照表

1 陈永明　2 陈华生　3 顾金根　4 何红林　5 王引元　6 朱福明　7 张世荣　8 唐小弟
9 唐金夫　10 沈金芳　11 沈引芳　12 李宏弟　13 顾炳夫　14 陈福生　15 沈小弟
16 朱金土　17 朱金龙　18 陈文元　19 陈永兴　20 陈平生　21 朱全泉　22 沈取英
23 沈取金　24 陈大夯　25 沈阿夯　26 陈全荣　27 朱瑞珍　28 沈全福　29 陈毛生
30 王凤英　31 陈小夯　32 陈道生　33 何向东　34 王桂琴　35 陈永文　36 张春荣
37 倪品荣　38 朱金泉　39 陈小弟　40 王引林　41 徐建东　42 杨忠林　43 黄杏娟
44 陈阿林　46 朱菊荣　47 朱阿夯　48 朱菊光　49 朱培华　50 程福元　51 杨兴元、杨建忠
52 杨建明　53 杨进兴

全村以农业为主,种植水稻、三麦和油菜,部分村民务工。

沿革:南宋嘉定十年(1217年),属昆山县胥川乡第七保;清宣统年间属杨湘泾乡;民国三十年(1941年),属县第五区度城乡;新中国成立后,属淀东区淀东乡;

1950年1月,属淀东区度潭乡;1956年8月,属杨湘乡度城中乡度潭小乡;1958年,属淀东公社二营,为复明高级社;1962年,属淀东公社,为复明大队;1983年6月,属淀东乡复明村;1988年5月,属淀东镇复明村;1993年,属淀山湖镇复明村;2001年,属淀山湖镇兴复村,为第6、7组。

## 三、南柱泾村

南柱泾村位于淀山湖镇驻地杨湘泾西南2 500米处。村呈东西长条形状,东西距离250米,南北距离100米,村落面积37亩,耕地面积529亩,总面积566亩。全村民房沿南柱泾港而建,分河南、河北两部分。全村共有45户,182人,其中男性95人,女性87人。有10个姓氏,其中倪姓12户,顾姓8户,朱姓10户,王姓2户,周姓4户,蔡姓4户,沈姓3户,刘姓2户,吴姓1户,金姓1户。

**南柱泾村民房分布图**

南柱泾村门牌号与户主对照表

1 朱荣　2 倪福生　3 朱卫新　4 顾兴生　5 刘卫明　6 倪卫东　7 倪品芹　8 蔡进夫　9 蔡建荣　10 沈卫弟　11 倪小妹　12 倪翠荣　13 朱卫荣　14 朱卫生　15 顾阿小　16 顾杏元　17 黄仁珍　18 倪其昌　19 倪品元　20 倪建平　21 蔡建珍　22 蔡进兴　23 沈龙弟　24 顾林生　25 沈文娥　26 冯英琴　27 朱荣根　28 金健元　29 顾荣庆　30 顾荣生　31 顾德其　32 张品元　33 倪进福　34 王卫祥　35 王建才　36 周卫林　37 周卫荣　38 吴建华　39 周祖万　40 顾建新　41 朱良生　42 朱金根　43 朱进根　44 朱德良　45 倪学明

全村以农业为主,种植水稻、三麦和油菜,部分村民务工。

沿革:南宋嘉定十年(1217年),属昆山县㳘川乡第七保;清宣统年间属杨湘泾乡;民国三十年(1941年),属县第五区度城乡;新中国成立后,属淀东区淀东乡;1950年1月,属淀东区度潭乡;1956年8月,属杨湘乡度城中乡度潭小乡;1958年,属淀东公社二营复明高级社;1962年,属淀东公社复明大队;1983年6月,属淀东乡复明村;1988年5月,属淀东镇复明村;1993年,属淀山湖镇复明村;2001年,属淀山湖镇兴复村,为第1、2组。

## 四、碛碘塘村

因位于碛碘西面、塘江两岸而得名。碛碘塘村位于淀山湖镇驻地杨湘泾西南2 000米处,村呈东西长条形竹节状,东西长450米,南北宽150米,村落面积100亩,耕地面积760亩,总面积860亩。村民房屋沿碛碘塘江而建,主要分河南、河北两部分,村东另有部分房屋建于朝山港西岸。全村共有92户,308人,其中男性157人,女性151人。有20个姓氏,其中黄姓40户,姜姓8户,顾姓7户,童姓1户,祝姓3户,夏姓2户,盛姓2户,张姓6户,翁姓4户,朱姓2户,杨姓2户,邵姓1户,唐姓3户,蔡姓1户,沈姓1户,周姓2户,何姓3户,徐姓1户,钟姓1户,姚姓2户。

碛礵塘村东段民房分布图

**碛碶塘村西段民房分布图**

碛碶塘村门牌号与户主对照表

1 黄振明　2 顾三夯　3 顾永林　4 黄祖新　5 张　杰　6 唐文革　7 夏建荣　8 杨建荣

9 张金虎　10 张星夫　11 顾建荣　12 张胜龙　13 姜坤元　14 小店　15 姜雪明

16 黄承志　17 翁雪荣　18 黄荣元　19 翁雪林　20 徐林根　21 朱雪生　22 顾明生

23 翁雪兴　24 翁红兴　25 夏建祥　26 张胜其　27 朱小弟　28 黄承洋　29 黄承海

30 黄承娥　31 杨祥荣　32 邵云林　33 唐荣生　34 顾建根　35 盛建青　36 盛建国

37 黄家胜　38 黄祖荣　39 黄春雷　40 黄惠国　41 黄承早　42 黄进德　43 黄惠中

44 黄培德　45 黄承郁　46 黄承禄　47 姜福明　48 钟海妹　49 沈国荣　50 黄家松

51 黄家华(原)　52 黄雄　53 黄家良　54 黄玉龙　55 黄兴龙　56 祝全龙　57 唐文荣

58 黄祖明　59 姚小妹　60 顾建英　61 黄承昌　62 黄承祥　63 姚八妹　64 张爱妹

65 黄小强　66 周渭滨　67 黄家晓　68 黄耀亮　69 周渭源　70 黄家华　71 姜三林

72 何仁德　73 黄承兴　74 黄惠明　75 黄培华　76 黄家相　77 姜惠林　78 姜文元

79 黄承祖　80 黄礼峰　81 何建祥　82 祝惠娥　83 黄小弟　84 姜取英　85 黄桂荣

86 祝耿龙　87 蔡菊妹　88 黄雁秋　89 黄承康　90 黄承良　91 顾建兴　92 姜品才

93 何福弟

全村以农业为主,种植水稻、三麦和油菜,部分村民务工。

沿革:南宋嘉定十年(1217年),属昆山县泮川乡第七保;清宣统年间属杨湘泾乡;民国三十年(1941年),属县第五区度城乡;新中国成立后,属淀东区淀东乡;1950年1月,属淀东区度潭乡;1956年8月,属杨湘乡度城中乡度潭小乡;1958年,属淀东公社二营复明大队;1962年,属淀东公社复明大队;1983年6月,属淀东乡复明村;1988年5月,属淀东镇复明村;1993年,属淀山湖镇复明村;2001年,属淀山湖镇兴复村,为第3、4、5组。

## 五、西洋村

东边由行泾江、文湾江、东洋村村口交汇成三角洋,村落位于此三角洋西边而得名。西洋村位于淀山湖镇驻地杨湘泾西南2 800米处,村呈不规则长方形,形似一匹奔马,东西长700米,南北宽350米,村落面积360亩,耕地面积2 203亩,总面积2 563亩。村民房屋沿文湾江而建,东部分河南、河北,西部沿南北向文湾江而建,分河东、河西两部分。全村共有186户,608人,其中男性296人,女性312人。有30个姓氏,其中顾姓37户,钟姓31户,徐姓20户,许姓13户,陈姓16户,庞姓11户,周姓10户,马姓6户,沈姓1户,刘姓1户,李姓2户,苏姓1户,金姓2户,丁姓3户,何姓6户,单姓4户,朱姓4户,姚姓1户,施姓1户,褚姓3户,王姓1户,冯姓1户,范姓1户,梅姓1户,黄姓2户,赵姓1户,高姓1户,夏姓2户,倪姓1户,姜姓1户。图中189户由集体房(户)2户,重复号1户,实际有186户。

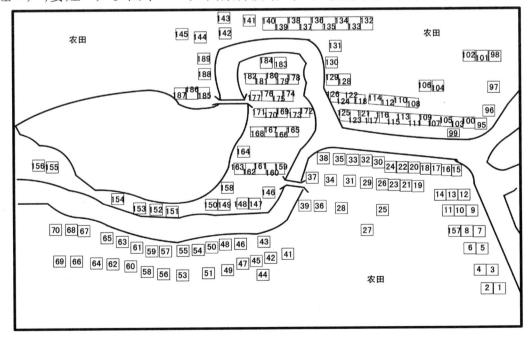

西洋村民房分布图(一)

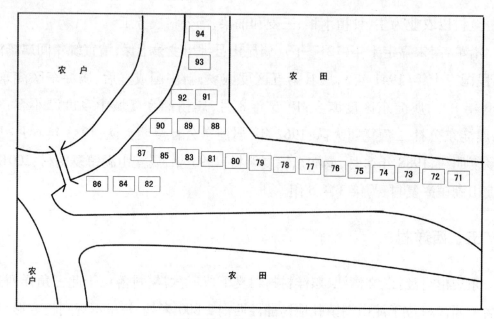

西洋村民房分布图(二)

### 西洋村门牌号与户主对照表

1 许阿二　2 顾生林　3 顾胜利　4 庞菊平　5 单小妹　6 李玄　7 苏幸福　8 庞小苟

9 马文明　10 何阿憨　11 集体房　12 许士明　13 顾品其　14 钟佩林　15 许乃荣

16 何生荣　17 何苗荣　18 丁红菊　19 何秀明　20 何秀根　21 马文青　22 马文元

23 钟卫华　24 李阿大　25 何阿勤　26 钟华　27 集体房　28 马永康　29 丁金峰

30 丁渭明　31 顾彩菊　32 马良球　33 金林根　34 钟根林　35 钟宝兴　36 钟秀明

37 许勇峰　38 许福明　39 钟阿三　41 许林耀　42 顾素宝　43 钟金龙　44 钟国华

45 陈采兴　46 夏松亭　47 陈雪林　48 顾庆东　49 陈利生　50 沈明华　51 陈幸福

52 陈三民　53 钟桃元　54 姚祥元　55 陈慧新　56 钟祥林　57 李幼强　58 钟祥弟

59 许玉星　60-1 周奎荣　60 钟祥根　61 顾克强　62 褚龙泉　63 钟阿四　64 施金光

65 周虎林　66 钟雪明　67 钟洁明　68 周华元　69 集体房　70 集体房　71 顾祖甲

72 顾兴林　73 倪彩英　74 夏玉珍　75 顾祥林　76 许永弟　77 钟菊茂　78 钟阿小

79 顾德华　80 顾元兴　81 顾品兴　82 顾再林　83 顾祖德　84 徐金元　85 顾兴元

86 徐海兵　87 顾志义　88 徐宝兴　89 徐祥弟　90 徐永元　91 徐会兴　92 徐会祥

93 徐桂英　94 黄士勇　95 顾云龙　96 徐金荣　97 顾志龙　98 顾卫民　99 顾火荣

100 赵丽英　101 顾卫中　102 顾志明　103 陈桂芳　104 黄云龙　105 徐大年

106 丁渭海　107 姜炳坤　108 单小夯　109 黄承芬　110 顾菊根　111 徐菊全

112 梅卫青　113 徐福元　114 徐云林　115 黄小明　116 朱月明　117 顾祥弟

118 顾德田、顾军　119 朱阿五　120 徐会林　121 顾品菊　122 徐海林　123 顾元顺

124 陈惠其　125 庞贤祥　126 徐杏勤　127 钟建德　128 钟建林　129 钟海菊　130 许正明

| | | | | | |
|---|---|---|---|---|---|
| 131 周奎星 | 132 钟建初 | 133 钟建国 | 134 庞志荣 | 135 庞万青 | 136 庞小青 |
| 137 周奎其 | 138 庞美林 | 139 庞阿三 | 140 庞志洪 | 141 庞祥其 | 142 钟首元 |
| 143 朱金才 | 144 许阿二 | 145 刘代兄 | 146 周大元 | 147 许玉林 | 148 徐桂菊 |
| 149 顾阿四 | 150 顾祥根 | 151 顾小弟 | 152 褚阿龙 | 153 陈首宗 | 154 许玉妹 |
| 155 周虎生 | 156 褚小龙 | 157 单散桐 | 158 顾祥连 | 159 徐培中 | 160 马良明 |
| 161 金凤祥 | 162 单大夯 | 163 顾月星 | 164 陈士林 | 165 顾洪其 | 166 陈惠新 |
| 167 陈飞荣 | 168 陈桂兴 | 169 钟建华 | 170 陈惠祖 | 171 陈惠中 | 172 冯林英 |
| 173 庞菊林 | 174 钟建良 | 175 王素珍 | 176 钟渭明 | 177 冯小妹 | 178 钟建新 |
| 179 周阿荀 | 180 钟英明 | 181 顾祥林 | 182 钟阿四 | 183 王学农 | 184 许士德 |
| 185 范炳勤 | 186 何永明 | 187 庞祥贤 | 188 钟召德 | 189 钟阿小 | |

全村以农业为主,种植水稻、三麦和油菜,部分村民务工。

沿革:南宋嘉定十年(1217年),属昆山县泮川乡第七保;清宣统年间属杨湘泾乡;民国三十年(1941年),属县第五区度城乡;新中国成立后,属淀东区淀东乡;1950年1月,属淀东区度潭乡;1956年8月,属杨湘乡度城中乡度潭小乡;1958年,属淀东公社二营,为复利大队;1962年,属淀东公社,为复利大队;1983年6月,属淀东乡,为复利村;1988年5月,属淀东镇,为复利村;1993年,属淀山湖镇,为复利村;2001年,属淀山湖镇兴复村,为第8、9、10、11、12、13、14、15组。

# 第二章 自然环境

兴复村位于昆山市淀山湖镇西南边缘，淀山湖泊东北侧，东连永新村、杨湘泾村，西依淀山湖和度城村，南接度城村、永新村，北与民和村、杨湘泾村接壤。

兴复村地处长江三角洲太湖流域，为长江冲积平原，地势平坦，自然坡度小，陆地高度（吴淞零点）为3.2~3.8米，大部分为平原半高田地区。但原复明村朱春荡南北部分田块在2.2~2.3米之间，地势较低，易受洪涝灾害影响。

境内湖荡密布，河港纵横交错。有淀山湖、度城潭、朱春荡，是极好的天然水库。新中国成立前靠自然的河流湖荡，解决水路交通运输与农田灌溉、泄洪等，由于河湖自然分布不合理，因而遇到严重的水旱灾害，一时难于解决泄洪与灌溉，造成低洼田受淹成灾，高层田块干旱受灾。

兴复村属北亚热带海洋性气候，四季分明，日照充足，雨量充沛，无霜期长，适宜各种作物的生长，但因冬、夏季风进退早迟、强度不一，温度和降水年际变化较大，旱涝、高温、大风、霜冻等气象灾害也时有发生。

## 第一节　地　貌

兴复村位于长江三角洲太湖流域，淀山湖地区东边，陆地为河流分割成圩，属长江冲积平原，现代地貌从发育到形成经过漫长时期，表面平坦，一般高度为3.2~3.8米，土壤为黄泥土。

兴复村地形呈L形，东西距离约2.5千米，南北约3千米，地势平坦，自然坡度小。2012年区域面积为530.64公顷,其中耕地面积91.40公顷、园地面积4.13公顷、村庄等235.91公顷,交通用地48.02公顷,农用设施0.60公顷,总陆地面积为380.06公顷,占总面积的71.62%,水域面积150.46公顷,约占总面积的28.38%。境内主要水系南北有朝山港、小千灯浦河;东西有塘江、西洋村港穿境而过,给兴复村泄洪、灌溉、水路交通运输提供了便利。另外,境内南北向有万园路、黄浦江南路,东西向有盈湖路、永利路、南苑路贯穿全境,陆上交通四通八达。

改革开放以来,朝山港以东开发为恒海房产、淀山湖花园小区。万园路以西,发展成富力湾别墅区,黄浦江路西面开发为玉兔房产,耕地面积逐步缩小。

## 第二节 河流湖泊

### 一、湖泊

度城潭,又名度城湖,位于原复光、复新、复利三个村的交界处,潭南岸紧靠古城度城,为昆山八大名湖之一,呈椭圆形,原湖面面积234亩(16.05公顷)。2012年面积129亩,比原来减少105亩。

淀山湖一角,淀山湖亦名薛淀湖,位于昆山市西南部淀山湖镇西南边缘,与上海市青浦县交界,又与大市镇、锦溪镇东南部相连。全湖面积63平方千米,平均水位2.36米,水深2.5米,蓄水量1.6亿立方米。淀山湖北岸约40千米湖岸线属昆山市,水面约占23 025亩(1 535.26公顷),占总水面的24.37%,是淀泖水系的吐纳之宗,具有调蓄灌溉、养殖与航运之利。

西纳太湖之水,自白蚬港经急水港入湖,北通吴淞江,南经上海市青浦县境内拦路港流入黄浦江入东海。沿淀山湖北岸属淀山湖境内有原金湖、淀金、淀山、淀湖、复月、永义、永安7个行政村。

村域位于北淀山湖(又名赵田湖),淀山湖的初春,柳丝低垂,新草绽绿,湖面朦胧;盛夏,苇叶犹如绿云飘荡在湖岸线间;深秋,野鸭悄然凫游湖面;严冬,结冰断航,遥望湖面犹如一面未磨的古镜。四季的景观像一幅幅淡雅的水墨画,诱人留恋。清馨的空气,碧澄的湖水,宁静的田园,这水上桃源,令人神往。历代名人雅士,都曾来此游访,在美景中陶醉,欣然命笔,留下美丽的诗画。

南宋淳熙十一年(1184年)状元卫泾《过淀山湖》:

疏星残月尚朦胧,闲入烟波一棹风。
始觉舟移杨柳岸,直疑身到水晶宫。
乌鸦天际墨千点,白鹭滩头玉一丛。
欸乃一声回首处,青山横在有无中。

明成化二年(1466年)进士陆容《同游薛淀湖》其二:

箫鼓凌晨发画舟,风情不减少年游。
九峰青拥晴云出,一水光涵大地浮。
泉石旧踪寻野寺,烟霞余癖寄芳洲。
十年叨兴簪缨列,肉食犹惭乏远谋。

明永乐年间(1403—1424年)淀湖之阳隐士孙俊《淀湖八咏》:

淀湖风景讶天成,水秀山明万古情。
岚树光中禅刹耸,(鳌峰烟寺)
浪花堆里客帆轻。(薛淀风帆)
数行征雁横秋月,(雁横秋月)
几个闲鸥浴晚汀。(鸥泛晴波)
洲渚鱼蓑披雪豹,(渔蓑钓雪)
野田农耒带云耕。(农耒耕耘)
春回杨柳摇金色,(杨柳春风)
风度蒹葭作雨声。(蒹葭雨声)
此情此景吟不尽,仙游何必到蓬瀛。

淀山湖和度城潭(湖)这两个湖泊,是兴复村重要的泄洪交通要道,度城潭(湖)20世纪60年代末到70年代初,曾由淀东公社渔业大队养鱼。从1988年起,由于土地批租和各类建设用地、部分河道、河段填埋,废弃了一些河、浜、溇。90年代末,因建万园路,度城潭沿潭东岸填埋了一块水域面积;2005~2012年,因修万园路拓宽和富力湾房产开发,又填埋了部分湖面;潭西岸富力湾房屋也填埋了一些湖面,使原来的湖面积减少了40%。

20世纪70~80年代度城潭里捕鱼忙(1987年10月摄)

度城潭,相传唐末黄巢曾率兵到此筑城挖壕(1987年12月摄)

度城潭(2012年11月摄)

20世纪80~90年代度城潭蟹簖(1989年10月摄)

度城蟹(1989年10月摄)

淀山湖自然风光(一)

淀山湖自然风光(二)

## 二、河流

### 1. 西洋村港

东接碛碾塘西港(又名菜丛港),向西在村中分流,一支向南绕村向西注入度城潭,全长约1千米,宽约20米;另一支向北绕村向西到底成浜,名大田浜。

### 2. 小千灯浦

在西洋村西侧流入度城潭,境内全长约2 000米,宽约40米,其中在西洋村北有一支流向东500米成浜,名曰石头浜。

### 3. 火烧泾港

南从复明朝山港流出,经西洋村港向北500米,再折回东流回朝山港。

### 4. 文湾江

西起西洋村尼阿堂庙,东至东洋村,全长300米,宽约25米。1993~1994年因建复兴公路取土需要,北岸开挖近20米,河面加宽。

### 5. 行泾港

南起东洋村,北至黄泥泾江,全长1 300米,宽约40米。

### 6. 黄泥泾港

东起大娄江,西至小千灯浦,全长2 500米,宽约30米。

### 7. 大溇江

南起东洋村,北至黄泥泾港,全长1 300米,河面平均宽约35米。其中有一支流向东200米到底成浜,名为五圣溇;往北又有一支在朱春荡处向东300米直通朝山港,1964年因修筑渠道,筑填截断成浜。

### 8. 栅桥港

西起朝山港,东至朝南港,全长约1 500米,宽约35米,因淀山湖花园小区规划,2011年原河西段填埋,向北移约100米重新开挖,成为淀山湖花园小区的内河。

### 9. 夏家鱼塘

位于西洋村西南端,面积约40亩(2.67公顷),西洋村北鱼塘面积约20亩(1.33公顷),均由复利村经营。

西洋村小鱼塘:位于西洋村西南端,夏家鱼塘西面,面积约20亩(1.33公顷),由新阳村经营。

### 10. 南柱泾港

西起小千灯浦,向东穿过南柱泾村入朝山港,汇合流入淀山湖,全长约800米,宽约25米。

### 11. 碛碨港

又名东塘江,为过境河。

### 12. 横溇港

西起小千灯浦,向东切入到底成浜,全长约1 500米。

### 13. 东洋村港

北起分位河,向东千米处折向东在东洋村中流过,流入朝山港,全长1 500米,宽约35米。

### 14. 碛碨塘西港

南起西塘港,向北与西洋村港汇合。

### 15. 腰溇港

西起小千灯浦,向东20米分流一支向南再向东成浜,另一支向东到底成浜。

### 16. 碛碨塘新开港

西起村庄江南西,沿村庄往东约500米至村庄东头向北20米注入东塘江。该河于1951年由人工开挖,2006年因村庄改造被填没。

### 17. 三复厂下泥塘

位于东洋村北面,面积40亩(2.67公顷),由原复联砖瓦厂挖土后形成,由复明村经营。

**18. 潭西后港**

西起淀山湖,向东经潭西村流入度城潭。1994年建造"东方游乐园游泳池",在淀山湖入口处堵截断流成浜。2008年后,富力湾房产开发,陆续被填埋。

**19. 潭西港**

又名王字溇,北起潭西后港,向南在潭西村中流过,流入庙前港,全长约600米。2008年后,富力湾房产开发,陆续被填埋。

**20. 潭西西港**

又名吴家溇,北起潭西后港,向南在近400米处折向西流入淀山湖,全长近千米。由于富力湾房产开发,2008年后陆续被填埋。

**21. 庙前港**

在村南自西向东流入度城潭,全长300米。是联结淀山湖与度城潭的重要水道。

**22. 斜路港**

西起淀山湖,东至小千灯浦,全长400米。由于富力湾房产开发,2008年后陆续被填埋。

**23. 四家浜**

东起小千灯浦,向西流入淀山湖,全长200米。2008年后陆续被填埋。

**24. 丰产河**

1972开挖,东西走向,全长300米。2008年后陆续被填埋。

**25. 朱春荡**

位于西洋村北约500米,水域面积约30亩;西与大娄江相连,东通朝山港。原来荡内水草茂盛,鱼肥虾壮,水鸟游弋其水面,荡滩上蒲草、芦苇丛生,是典型的湿地。1964年,由于修筑渠道、填江筑坝而截断。20世纪60年代末,由原复明大队6队在荡北边围圩15亩,种茭白;后改种水稻,20世纪90年代开挖成鱼塘。

**26. 杨树溇**

南起碛澳村西,向北500米左右折向东,700米左右接朝山港。在50年代初期,朝山港西岸出口处,筑坝基断流,1964~1965年,修筑渠道,东西向段中筑两条坝基,中间一段与泥江溇连成一鱼塘,西段成浜,东段也成鱼塘。其中南北段于1993年筑黄浦江路南路路基时被填没,在紧靠路基东重挖一条河。

**27. 泥江溇**

南起碛澳塘村,北接杨树溇,其中左离南段200米左右处一分支向东150米,再折向南 150 米左右到小鱼池边成浜,俗称"蟹兰斗"。

#### 28. 大鱼池

紧靠碛磩塘村东北,面积约 6 亩。

#### 29. 小鱼池

大鱼池东与大鱼池以土坝为界。面积约 4 亩,随着塘内养鱼,土坝消失,大小鱼池连成一池。

#### 30. 乌龟溇

在大鱼池与小鱼池交界北侧,面积约 1 亩,以产乌龟获名。90 年代初,开挖鱼塘,随之消失。

#### 31. 蔡家溇

西起朝山港向东,在约 1 500 米处分为两支,一支向北 200 米成浜,另一支继续向东经碛磩后村与朝南港相连。其中在永益村段因筑渠道,填土断流成浜,成为恒海房产区内河。

#### 32. 葫芦浜

西出口于小千灯浦港,向东约 400 米,到底成浜。

#### 33. 中行浜

在葫芦浜北,西出口于小千灯浦港,向东约 500 米到底成浜。

#### 34. 北浜

在葫芦浜北,西出口于小千灯浦港,向东约 400 米到底成浜。

#### 35. 黄泥泾江浜

在北浜北,1958 年建民主站时,截断黄泥泾港而形成。

## 第三节　土壤结构

根据 1982 年昆山县第二次土壤普查资料,兴复村域主要土属为黄泥土,具体为:

复新大队:普查面积 1 261.3 亩,其中黄泥土 1 069.3 亩,占 84.8%;青紫土 192 亩,占 15.2%。

复利大队:普查面积 1 862 亩,其中黄泥土 1 730 亩,占 92.9%;粉沙底黄泥土 80 亩,占 4.3%;青紫土 52 亩,占 2.8%。

复明大队:普查面积1 642.5亩,其中黄泥土1 342.5亩,占81.7%;乌底黄泥土200亩,占12.2%;粉沙底黄泥土100亩,占6.1%。

土壤养分较丰富,根据农化土样分析结果,土壤有机质含量平均为3.35%、全氮0.199%、全磷0.148%、速效钾(K)91PPM,但缺磷严重,土壤速效磷(P)含量为4.7PPM,适宜种植水稻、三麦、油菜等各种作物。

## 第四节 气 候

兴复村域地处江苏省东南部,属北亚热带南部季风气候区,四季分明,冬冷夏热,光照充足,雨水充沛,无霜期长。但也因各年冬、夏季风进退早迟,强度不一,温度和降水的年际变化较大,旱涝、高温、大风、霜冻等气象灾害时有发生。

根据近30年(1980～2009年)气象资料统计,年平均气温为16.1℃,极端最高气温38.7℃,极端最低气温-8.0℃。年平均降水量1 133.3毫米,最多年降水量1 522.4毫米,最少年降水量826.1毫米,年平均降水日数124天,最多年降水日数144天,最少年降水日数99天。年平均日照时数1 974.8小时,最多年日照时数2 307.4小时,最少年日照时数1 643.4小时,年平均日照百分率为45%。年平均相对湿度为79%。年平均初霜日11月13日,终霜日3月26日,年平均无霜日230天。年平均风速3.1米/秒,冬季盛行东北—西北风,夏季盛行东南风,年最多风向为东南风。

### 一、四季特征

春季(3～5月)气温逐步回升,雨水逐渐增多。春季平均气温14.7℃,平均降水量264.2毫米,占全年总降水量的23.3%,平均日照时数503.1小时,占全年总日照时数的25.5%,春季有时有"倒春寒"和连阴雨天气发生。

夏季(6～8月)是一年中最热的季节,平均气温26.6℃,夏季日最高气温≥35℃的天数历年平均有8.1天。夏季降水量平均为508.7毫米,比春季增加近一倍,占全年总降水量的44.9%。初夏有一段集中降水时段,称为"梅雨期",一般在6月中旬入梅,7月上旬末出梅。"梅雨期"过后受副热带高压控制,进入盛夏高温天气,日照强烈,总日照为585.8小时,占全年总日照的29.7%。8～9月台风季节,热带风暴(台风)造成大风、暴雨危害。

秋季(9~11月)气温开始逐渐下降,雨水减少,秋季平均气温为18.0℃,近5年来秋季气温持续偏高,平均值均在19.0℃以上。秋季总降水量平均207.6毫米,占全年总降水量的18.3%,个别年份有秋旱发生。前期由于副热带高压势仍较强,有时出现"秋老虎"天气,但高温持续时间不长。后期由于冷空气开始活跃,气温明显下降。秋季总日照时数500.1小时,占全年总日照时数的25.3%。

冬季(12月~次年2月)主要受大陆冷高压控制,寒冷少雨。冬季平均气温为5.0℃,各年差异较大,最高冬季平均气温达7.1℃,最低2.6℃。近年来随全球气候变暖,冬季出现暖冬概率增加,近十年来,冬季平均气温有8年高于历史平均值。冬季少雨,平均降水量148.8毫米,占全年总降水量的13.1%。冬季总日照时数为400.7小时,占全年总日照时数的20.3%。

## 二、气温

昆山近30年(1980~2009年)平均气温为16.1℃,最高年平均气温17.8℃,出现在2007年,最低年平均气温14.6℃,出现在1980年,年际变幅达3.2℃。四季中最热7月平均气温为28.2℃,最冷1月平均气温为3.7℃。由于气候变暖,统计最近10年的平均气温比20世纪90年代升高了1.0℃,比20世纪80年代升高了2.0℃。夏季最高气温≥35℃的高温天数,20世纪80年代平均仅2.7天,20世纪90年代为6.9天,最近10年达14.8天,并多次出现极端最高气温38℃以上的酷热天气。如2007年7月24日至8月3日连续11天的高温天气。相反,冬季常出现暖冬天气,冬季平均气温近10年比20世纪80年代升高了2.0℃。

## 三、降水、湿度

历年平均降水量为1 133.3毫米,年际差异较大,最多年降水量达1 522.4毫米(1991年),最少年降水量为826.1毫米(1992年)。统计全年总降水日数,历年平均为124天,最高年份1980年达144天,最少年份1995年仅99天。月降水日数最多的为6月份,1月份为最少。历年平均相对湿度79%,各年变化差异不大,最大为84%(1984年),最小为69%(2005年)。

## 四、日照

本地光照条件优越,历年平均日照时数1 974.8小时,最多年日照时数2 307.4小时(1983年),最少年日照时数1 643.4小时(2007年),夏季每天日照时数长达13~14小时,冬季每天日照时数长达9~10小时。平均日照百分率为45%。一年中以7、8月份最多,日照百分率可达50%~52%,6月份最少,日照百分率仅为36%。

## 五、风

历年平均风速为3.1米/秒,各年变化在2.0~3.6米/秒之间。春季风速较大,秋季风速较小。一日中以瞬时风速大于17米/秒(8级)以上为大风日,统计历年平均出现大风日数为5.6天。夏季出现大风的概率较高,冬季较少。

## 六、雷、霜、雪

历年平均雷暴日数为28.8天,最多年份达48天,最少年份仅21天。雷暴较多集中在6~8月份,占全年雷暴日数的65.5%,个别年份冬季也会有雷暴天气出现。雷暴平均初日为3月18日,最早为1月15日(2002年),平均终日为10月2日,最晚在12月7日(1992年)。本地处于淀山湖沿岸,受淀山湖小气候影响,出现冰雹、龙卷风等极端灾害气候影响较少。

历年平均初霜日为11月13日,最早出现初霜在10月25日(1992年),最迟出现初霜在12月5日(1994年)。终霜平均日期为3月27日,最早终霜为2月25日,最迟为4月16日。历年平均无霜期230天,最长达264天(2004年),最短为191天(1992年)。

历年平均初雪日为1月4日,终雪日为2月27日,最迟终雪日为4月24日(1980年),统计全年降雪日数平均为7天,2008年降雪日数多达16天。2007年则未降雪。历年中仅在1985年和2008年出现较大积雪,最大积雪深度分别达20~23厘米,造成雪灾。

## 七、水灾

较大水灾出现过11次之多,分别是1949年、1950年、1951年、1952年、1954年、1957年、1962年、1975年、1980年、1983年、1999年。因各种原因,灾害情况资料缺失,无法进行详细罗列。仅举例1954年:水位达3.88米,兴复村境内受涝5 320亩,占农田总数的80%,水稻普遍减产,严重的由于水稻长期浸泡,以致绝收。

1999年6月30日至7月1日,雨量大而猛,时间集中,昼夜降雨量达145毫米,水位上涨达4米,超1954年3.88米最高水位。兴复村干部群众在镇抗旱防汛指挥部的统一领导下,复明围圩发挥巨大作用,围圩内,各排涝站开足马力排涝,围圩内农田、鱼塘未受到损失。仅不在围圩内的部分水稻、鱼塘受淹。据统计受淹面积300亩左右,受淹鱼塘50亩左右。各村抢险排涝迅速到位,此次经济损失较小。

## 第五节 物 候

兴复村域气候属亚热带湿润气候区,年平均气温16.1℃,冬无严寒,夏无酷暑,适宜各种生物的生长。

### 一、常见植物

#### 1. 林木

区域内普遍生长的林木是:杨树、柳树、乌桕、槐树、桑树、朴榆、榉榆、白桃树、荆树、桃树、枣树、橘树、银杏树、松树、柏树、柞树、檀树、黄杨树、冬青树。新中国成立后,引进了水杉、泡桐、刺槐、枫杨、香檀树、雪松、塔柏、梧桐、白玉兰、广玉兰、腊梅、桂花、龙柏、马尾松、五斜松、冬青、鸟不宿、红叶李、樱花等各种树木。

#### 2. 竹类

区域内常见的有蒲基竹、五月季、红头笋,也有少量名贵竹子,如慈好竹、芦杖竹等。

#### 3. 农作物

区域内主要种植的粮食作物为水稻(籼稻、粳稻、糯稻)、三麦(小麦、大麦、元麦),及玉米(珍珠米)、山芋等杂粮。

#### 4. 蔬菜作物

(1) 茎叶类

青菜(又名土菜、小白菜、鸡毛菜)、雪里蕻、韭菜、菠菜、荠菜、蓬蒿菜、金花菜、紫云英(汉草、红花草)、苋菜、小葱、大蒜、白菜(茭菜、黄芽菜)、卷心菜、包菜、花菜、芹菜、生菜、蒿笋等。

(2) 野生茎叶类

马兰头、枸杞、金花菜、野菜(荠菜)。

(3) 种植的块茎或块根类植物

萝卜(白萝卜、红萝卜、心里美)、胡萝卜、大头菜、马铃薯(洋山芋、土豆)、芋芹、慈姑、洋葱、茭白、大蒜头、藕、红薯(山芋)。

(4) 果实类

种植的有茄子、辣椒、菜椒(甜椒)、黄瓜、丝瓜、冬瓜、生瓜、地瓜、壮瓜、南瓜、西红柿(番茄)、西瓜、香瓜等。野生的有芡实(鸡头、鸡头米)、菱(三角菱、馄饨菱、腰菱)等。

### 5. 油料作物

油菜、大豆、芝麻、向日葵。

### 6. 豆类作物

蚕豆、毛豆、扁豆、豇豆(长豆)、赤豆(红豆)、绿豆、刀豆、荷兰豆、豌豆等。

### 7. 食用菌类

蘑菇、平菇、金针菇、白木耳等。

### 8. 药用类

佩兰叶、益母草(苦草)、苏梗(紫苏)、枸杞、车前草、马齿苋、地骨皮、蒲公英、荷叶、莲子、白菊花、野薄荷、半边莲、地丁草、金钱草、芦根、桑梓、桑叶、香橼、臭梧桐、女贞子、艾莲、百合、芦荟等。

### 9. 花草类

月季花、玫瑰花、鸡冠花、凤仙花、菊花、海棠花、一串红、美人蕉、芭蕉、牡丹、广玉兰、白玉兰、迎春花、水仙花、千年红(百日红)、六月雪、夜来香、夜饭花、牵牛花、紫罗兰、天竹、文竹、仙人掌、仙人球、杜鹃、茶花、绣球花、万年青、太阳花、吊兰、蟹爪兰、宝石花、荷花、马蹄筋、蝴蝶花、蔷薇、紫薇、野菊花、金银花等。

### 10. 水生植物

水浮莲、水葫芦、水花生、绿萍、浮萍、鞭子草、水游筋草、菖蒲、芦苇等。

### 11. 杂草

茅草、牛筋草、鬼大蒜、拉拉藤、小蓟草、将军头、稗草、三角草、野荸荠、鸭舌头草、猪鬃草、胡莲头、香飘、水凤仙等。

## 二、适宜养殖的动物

### 1. 家畜

耕牛、菜牛、奶牛、山羊、绵羊、猪、兔、狗、猫等。

### 2. 家禽

鸡(草鸡、三黄鸡、白蜡克、乌骨鸡)、鸭(蛮鸭、朝鸭、山鸭)、鹅、鸽、鹌鹑等。

### 3. 禽

麻雀、喜鹊、老鸹(乌鸦)、大雁、野鸭、野鸡、鸽子、布谷鸟(杜鹃鸟)、白头翁、啄木鸟、猫头鹰、燕子、鹭鸶、白料等。

### 4. 鼠类

黄鼬(黄鼠狼)、田鼠、刺猬、蝙蝠等。

### 5. 蛇

乌青蛇、水蛇、赤练蛇、黄灰地扁蛇(蝮蛇)、竹叶青、青蛇等。

### 6. 水生动物

鲫鱼、白鲢、花鲢(鳙鱼)、草鱼、鳜鱼、黑鱼、黄牛鱼、菜花鱼(塘里鱼)、银鱼、螃鲅鱼、鳌鲦鱼、哥郎鱼、鳊鱼、鲤鱼、头嘴鱼、鲈鱼、白水鱼、黄槽鱼、浜鱼、黄鳝、鳗鲡、泥鳅、甲鱼(鳖)、乌龟、河蚌、田螺、螺蛳、河蟹、河虾、罗氏沼虾、龙虾、螃蟹、小虾米等。

### 7. 昆虫

蜜蜂(家蜂、铁头胡蜂、长脚胡蜂)、蚕、天牛(羊轧)、蝴蝶、蜻蜓、蝉(知了)、蜈蚣(百脚)、蟋蟀、螳螂、蜗牛、地鳖虫、金龟子、刺毛虫、红蛉子、蚱蜢、蝗虫、纺织娘、蝼蛄、蜘蛛、萤火虫、蚂蚁(家蚁、白蚁、臭蚂蚁)、蚊子、蚊柏子、苍蝇、跳蚤、虱子(瘪虱、臭虱)、螟虫、灶鸡、水蛭(蚂蟥)、地老虎、守宫(壁虎)、蚜虫、行军虫、稻飞虱等。

表2-5-1　　　　　兴复村域内常见农作物及蔬菜生长季节一览表

| 品种 | 播种期 | 收获期 | 采种期 |
|---|---|---|---|
| 单季晚稻(中粳、晚粳) | 小满前一周 | 霜降 | |
| 中熟(春性)小麦(杨麦) | 霜降前后一周 | 芒种前后 | |
| 中晚熟(甘蓝型)胜利油菜 | 秋分前一周 | 小满前后 | |
| 火青菜(小白菜) | 小暑~大暑 | 立秋~秋分 | |
| 秋青菜(长萁) | 立秋~秋分 | 寒露~小寒 | |
| 冬常菜(矮萁) | 寒露前后 | 大寒~雨水 | 小满 |
| 三月白、四月白 | 寒露~霜降 | 惊蛰~清明 | 芒种 |
| 五月白 | 大雪~大寒 | 谷雨~立夏 | 芒种~夏至 |
| 鸡毛菜(小白菜) | 雨水~秋分 | 播后30天左右 | |
| 油菜苋 | 寒露~霜降 | 春分~清明 | 芒种 |
| 油塌菜 | 秋分~寒露 | 小雪~立春 | 芒种 |

续表

| 品种 | 播种期 | 收获期 | 采种期 |
| --- | --- | --- | --- |
| 芥菜 | 秋分~寒露 | 清明~谷雨 | 夏至头 |
| 雪里蕻(雪菜) | 秋分~寒露 | 春分~谷雨 | 芒种 |
| 春卷心菜 | 寒露 | 谷雨~芒种 | 夏至 |
| 菠菜 | 立秋~小雪 | 白露~春分 | 芒种 |
| 春菠菜 | 雨水~春分 | 清明~谷雨 | |
| 秋芹菜 | 夏至~处暑 | 秋分~清明 | 小暑 |
| 春苋菜 | 清明~立夏 | 立夏~小暑 | 立秋 |
| 秋苋菜 | 大暑~立秋 | 处暑~秋分 | |
| 荠菜(野菜) | 立秋~寒露 | 白露~春分 | 立夏 |
| 榨菜(娃娃菜) | 寒露前3天 | 春分~谷雨 | 夏至 |
| 雍菜 | 清明~立夏 | 夏至~处暑 | 寒露 |
| 韭菜 | 春分~清明 | 全年可收 | 立夏 |
| 葱头 | 白露后 | 芒种~夏至 | 大暑 |
| 大蒜头 | 处暑~秋分 | 小满~芒种 | 芒种 |
| 慈姑 | 春分~清明 | 寒露~春分 | 春分前 |
| 茭白(早晚) | 分根(清明~谷雨) | 5~6月春茭<br>9~10月秋茭 | 冬至~立春 |
| 莴苣(早晚) | 寒露、冬至前后 | 清明~小满 | 芒种~立夏 |
| 秋莴苣 | 立秋前后(催芽播种) | 霜降~小雪 | |
| 早萝卜(圆) | 立秋~白露 | 秋分~小雪 | 芒种 |
| 晚萝卜(长) | 处暑~秋分 | 寒露~雨水 | 芒种 |
| 胡萝卜 | 大暑~立秋 | 霜降~惊蛰 | 小暑 |
| 本地萝卜 | 立秋~秋分 | 立冬 | 夏至 |
| 芋艿 | 清明前后 | 白露~霜降 | |
| 40~50天花菜 | 芒种 | 处暑~白露 | 谷雨~立夏 |
| 80~100天花菜 | 夏至后7天 | 霜降~冬至 | 芒种 |
| 番茄 | 小雪~大雪 | 小满~大暑 | 大暑 |
| 茄子、甜椒、辣椒 | 冬至~小寒 | 芒种~霜降 | 立秋 |
| 秋金花头 | 小暑~白露 | 立秋~惊蛰 | 小满 |
| 春金花头 | 雨水~惊蛰 | 清明~立夏 | |
| 黄瓜 | 惊蛰~春分 | 小满~小暑 | 小暑 |

续表

| 品种 | 播种期 | 收获期 | 采种期 |
|---|---|---|---|
| 秋黄瓜 | 大暑前后 | 白露~寒露 | 寒露 |
| 冬瓜 | 雨水~惊蛰 | 夏至~秋分 | 白露 |
| 南瓜 | 惊蛰~春分 | 夏至~处暑 | 大暑 |
| 菜瓜、生瓜、香瓜 | 春分~清明 | 小暑~立秋 | 大暑 |
| 丝瓜 | 春分前后 | 夏至~霜降 | 立秋 |
| 春刀豆 | 清明前后 | 芒种~夏至 | 夏至 |
| 秋刀豆 | 立秋前后3天 | 秋分~霜降 | |
| 早豇豆 | 春分~清明 | 夏至~立秋 | 小暑 |
| 晚豇豆 | 芒种~小暑 | 立秋~寒露 | 处暑 |
| 早毛豆 | 清明前后 | 夏至~小暑 | 大暑 |
| 中晚毛豆 | 谷雨~芒种 | 大暑~立冬 | 秋分~立冬 |
| 扁豆 | 清明~谷雨 | 小暑~霜降 | 霜降 |
| 荷兰豆 | 小寒~大寒 | 谷雨~芒种 | 夏至 |
| 青豌豆 | 寒露~霜降 | 立夏~芒种 | 夏至 |
| 春土豆 | 立春~春分 | 芒种~小暑 | |
| 秋土豆 | 处暑 | 立冬~小雪 | |
| 生菜 | 立秋后 | 寒露~霜降 | |

## 三、常见动物物候

表2-5-2　　1983~1987年观察平均物候期，鸟类及昆虫始见、始鸣期一览表

| 名称 | 蜜蜂 | 家燕 | 蝉 |
|---|---|---|---|
| 始见期始鸣期 | 3月17日 | 4月14日 | 6月28日 |

## 四、树木发育、生长期

表2-5-3　　　　　　　　树木发育、生长期一览表

| 树种 | 芽始发 | 展叶盛期 | 开花盛期 | 种子脱落 | 落叶始期 |
|---|---|---|---|---|---|
| 榆树 | 3月5日 | 4月7日 | 3月14日 | 4月28日 | 11月11日 |
| 槐树 | 4月5日 | 4月23日 | 5月10日 | 9月9日 | 11月14日 |
| 楝树 | 4月14日 | 5月2日 | 5月19日 | | |

# 第三章 人 口

21世纪初,富力湾房产置业公司在施工过程中,在原复新村挖掘出各种各样的陶器、玉器、工艺品及农耕器具等。据考古学家认定,属于马家浜文化和良渚文化两个时期的文物,兴复村的历史可以追溯到新石器时代。据放射性碳素测定并经校正,距今约5 300年到4 000年。证明兴复村境内,早在4 000~5 000年前,就有人群居住、生产、繁衍生息。

旧中国广大人民受"早生儿子早得福""多子多孙幸福多"和"重男轻女"等封建思想的影响,早婚、多育、间隔过密等现象极为普遍,加上一夫多妻等封建婚姻制度,生育处于无政府状态,无法控制人口。

新中国成立后的1950年5月,国家颁发《中华人民共和国婚姻法》,废除封建婚姻,实行一夫一妻制,同时规定男女的法定结婚年龄,早婚现象渐趋消失。随着人民生活水平的不断提高,卫生医疗条件得到改善,尤其是严重危害人民健康的血吸虫病被消灭,人民健康长寿,人口增长迅猛。1982年把计划生育列为基本国策,才控制了人口过猛增长的势头。

兴复村(原复新村、复利村、复明村)在计划生育、控制人口过快增长工作中,取得了较好的成绩,一对夫妻只生一个孩子的政策得到落实。20世纪90年代中期到2012年,人口自然增长率出现负增长。1992年,复明村、复利村分别被昆山市委、市政府授予"计划生育先进村"荣誉称号。

## 第一节 人口总量

新中国成立初期,人口总量较少。兴复村所辖 5 个自然村共有 316 户,1 268 人,其中男 653 人,女 615 人,劳动力 646 人。

表 3-1-1　　　　　　　　　　1949 年兴复村域人口统计表　　　　　　　　单位:户、人

| 村名 | 户数 | 人数 | 男 | 女 | 劳动力 |
|---|---|---|---|---|---|
| 南枉泾 | 25 | 106 | 55 | 51 | 48 |
| 碛碾塘 | 56 | 254 | 140 | 114 | 127 |
| 东洋村 | 26 | 98 | 55 | 43 | 67 |
| 西洋村 | 119 | 434 | 224 | 210 | 245 |
| 潭西 | 90 | 376 | 179 | 197 | 159 |
| 合计 | 316 | 1 268 | 653 | 615 | 646 |

1990 年,人口普查统计:复新村 162 户,553 人,其中男 264 人,女 289 人。复利村 189 户,737 人,其中男 357 人,女 380 人。复明村 194 户,779 人,其中男 383 人,女 396 人。

2000 年,人口普查统计:复新村 151 户,457 人,其中男 232 人,女 225 人。复利村 192 户,585 人,其中男 289 人,女 296 人。复明村 199 户,675 人,其中男 341 人,女 334 人。

2012 年年底,兴复村共有 527 户,1 742 人,其中男 862 人,女 880 人。

表 3-1-2　　　　　　　　　　2012 年兴复村域自然村人口统计表　　　　　　　　单位:户、人

| 村名 | 总户数 | 总人口 | 其中 | |
|---|---|---|---|---|
| | | | 男 | 女 |
| 潭西 | 140 | 508 | 248 | 260 |
| 西洋村 | 179 | 608 | 296 | 312 |
| 东洋村 | 52 | 177 | 90 | 87 |
| 南枉泾 | 47 | 182 | 95 | 87 |
| 碛碾塘 | 88 | 308 | 157 | 151 |

表3-1-3　兴复村（原复利村、复明村、复新村）三次人口普查统计表　　　　单位：户、人

| 年份 | 复新村 | | | | 复利村 | | | | 复明村 | | | |
|---|---|---|---|---|---|---|---|---|---|---|---|---|
| | 总户数 | 总人口 | 其中 | | 总户数 | 总人口 | 其中 | | 总户数 | 总人口 | 其中 | |
| | | | 男 | 女 | | | 男 | 女 | | | 男 | 女 |
| 1982 | 141 | 579 | 270 | 309 | 193 | 766 | 371 | 395 | 184 | 767 | 382 | 385 |
| 1990 | 162 | 553 | 264 | 289 | 189 | 737 | 357 | 380 | 194 | 779 | 383 | 396 |
| 2000 | 151 | 457 | 232 | 225 | 192 | 585 | 289 | 296 | 199 | 675 | 341 | 334 |

表3-1-4　1984～2001年兴复村（原复新村、复利村、复明村）人口统计表　　　　单位：户、人

| 年份 | 复新村 | | | | 复利村 | | | | 复明村 | | | |
|---|---|---|---|---|---|---|---|---|---|---|---|---|
| | 总户数 | 总人口 | | | 总户数 | 总人口 | | | 总户数 | 总人口 | | |
| | | 合计 | 其中 | | | 合计 | 其中 | | | 合计 | 其中 | |
| | | | 男 | 女 | | | 男 | 女 | | | 男 | 女 |
| 1984 | 144 | 569 | 262 | 307 | 166 | 750 | 355 | 395 | 189 | 750 | 375 | 375 |
| 1985 | 143 | 572 | 266 | 306 | 166 | 751 | 356 | 395 | 193 | 748 | 373 | 375 |
| 1986 | 143 | 570 | 264 | 306 | 167 | 746 | 359 | 387 | 188 | 745 | 379 | 375 |
| 1987 | 156 | 567 | 265 | 302 | 170 | 740 | 359 | 381 | 191 | 770 | 384 | 386 |
| 1988 | 167 | 563 | 272 | 291 | 197 | 735 | 359 | 376 | 198 | 773 | 382 | 391 |
| 1989 | 164 | 549 | 265 | 284 | 190 | 731 | 356 | 375 | 202 | 772 | 378 | 394 |
| 1990 | 162 | 553 | 264 | 289 | 189 | 737 | 357 | 380 | 194 | 779 | 383 | 396 |
| 1991 | 151 | 543 | 256 | 287 | 179 | 734 | 356 | 378 | 200 | 790 | 392 | 398 |
| 1992 | 151 | 534 | 255 | 279 | 183 | 724 | 363 | 371 | 192 | 781 | 388 | 393 |
| 1993 | 161 | 536 | 256 | 280 | 183 | 716 | 352 | 364 | 192 | 774 | 381 | 393 |
| 1994 | 161 | 539 | 259 | 280 | 186 | 713 | 352 | 361 | 191 | 767 | 381 | 386 |
| 1995 | 157 | 534 | 255 | 279 | 191 | 713 | 355 | 358 | 192 | 771 | 387 | 384 |
| 1996 | 174 | 530 | 259 | 271 | 183 | 663 | 330 | 333 | 190 | 759 | 382 | 377 |
| 1997 | 154 | 503 | 247 | 256 | 196 | 643 | 321 | 322 | 203 | 730 | 369 | 361 |
| 1998 | 152 | 498 | 247 | 251 | 194 | 627 | 311 | 316 | 202 | 716 | 362 | 354 |
| 1999 | 153 | 474 | 238 | 236 | 194 | 593 | 294 | 299 | 199 | 682 | 341 | 341 |
| 2000 | 151 | 457 | 232 | 225 | 192 | 585 | 289 | 296 | 199 | 675 | 341 | 334 |
| 2001 | 151 | 455 | 229 | 226 | 191 | 580 | 285 | 295 | 198 | 668 | 340 | 328 |

表 3-1-5　　　　　　　　　2002~2012 年兴复村人口统计表　　　　　单位:户、人

| 年份 | 总户数 | 总人口 | | |
|---|---|---|---|---|
| | | 合计 | 其中 | |
| | | | 男 | 女 |
| 2002 | 539 | 1 689 | 841 | 848 |
| 2003 | 544 | 1 688 | 840 | 848 |
| 2004 | 545 | 1 701 | 848 | 853 |
| 2005 | 542 | 1 712 | 854 | 858 |
| 2006 | 543 | 1 752 | 871 | 881 |
| 2007 | 543 | 1 752 | 871 | 881 |
| 2008 | 540 | 1 743 | 863 | 880 |
| 2009 | 536 | 1 740 | 864 | 876 |
| 2010 | 534 | 1 737 | 864 | 873 |
| 2011 | 529 | 1 738 | 859 | 879 |
| 2012 | 527 | 1 742 | 862 | 880 |

## 第二节　人口变动

### 一、人口迁移

近半个多世纪以来,兴复村所辖 5 个自然村人口变动较大。20 世纪 50 年代中后期,为人口自然增长的第一次高峰,人口增长较快。1960~1962 年三年自然灾害期间,人口出现负增长。80 年代中期至 90 年代初期,为人口自然增长又一较快的时期。1963 年、1964 年,苏州干部、职工到本地安家落户、知识青年下乡插队,人口机械增长较快。

表 3-2-1　　　　　兴复村(原复利村、复明村、复新村)安家落户名录

| 户主姓名 | 全户人口 | 落户地点 | 落户时间 | 现状 |
|---|---|---|---|---|
| 龚阿兴 | 6 | 复新 4 队 | 1963 | 未返城 |
| 张明山 | 5 | 复新 5 队 | 1963 | 未返城 |
| 徐荣生 | 3 | 复明 3 队 | 1963 | 未返城 |
| 许定才 | 3 | 复明 5 队 | 1963 | 未返城 |
| 陈友富 | 1 | 复明 7 队 | 1963 | 病亡 |
| 白志荣 | 1 | 复明 6 队 | 1963 | 返城 |
| 张家宽 | 2 | 复明 1 队 | 1963 | 迁出 |
| 陈福田 | 2 | 复明 2 队 | 1963 | 返城 |
| 何德宝 | 1 | 复明 3 队 | 1963 | 返城 |
| 许学成 | 6 | 复利 1 队 | 1963 | 未返城 |
| 夏元庆 | 4 | 复利 2 队 | 1963 | 未返城 |
| 张炳泉 | 2 | 复利 6 队 | 1963 | 迁出 |
| 张梦杰 | 4 | 复利 7 队 | 1963 | 未返城 |

表 3-2-2　　　　　兴复村(原复利村、复明村、复新村)插队知识青年名录

| 姓名 | 性别 | 家庭所在城镇 | 落户地 当时名 | 落户地 现名 | 插队年月 | 返城年月 | 备注 |
|---|---|---|---|---|---|---|---|
| 王钰英 | 女 | 苏州 | 复明 | 兴复村南柱泾 1 组 | 1964.10 | 1972 | |
| 毛梅娟 | 女 | 苏州 | 复明 | 兴复村南柱泾 1 组 | 1964.10 | 1972 | |
| 朱奇华 | 女 | 苏州 | 复明 | 兴复村南柱泾 1 组 | 1964.10 | 1972 | |
| 鲍志超 | 男 | 苏州 | 复明 | 兴复村南柱泾 1 组 | 1964.10 | 1972 | |
| 朱卫成 | 男 | 苏州 | 复明 | 兴复村南柱泾 1 组 | 1964.10 | 1972 | |
| 史　明 | 男 | 苏州 | 复明 | 兴复村南柱泾 1 组 | 1964.10 | 1972 | |
| 贝渊智 | 男 | 苏州 | 复明 | 兴复村南柱泾 1 组 | 1964.10 | 1972 | |
| 王凤贤 | 女 | 苏州 | 复明 | 兴复村南柱泾 2 组 | 1964.10 | 1972 | |
| 张钰英 | 女 | 苏州 | 复明 | 兴复村南柱泾 2 组 | 1964.10 | 1972 | |
| 钱秋英 | 女 | 苏州 | 复明 | 兴复村南柱泾 2 组 | 1964.10 | 1972 | |
| 王树刚 | 男 | 苏州 | 复明 | 兴复村碛磢塘 3 组 | 1964.10 | 1973 | |
| 吴德宝 | 男 | 苏州 | 复明 | 兴复村碛磢塘 3 组 | 1964.10 | 1973 | |
| 许红钰 | 男 | 苏州 | 复明 | 兴复村碛磢塘 3 组 | 1964.10 | 1973 | |
| 王新民 | 男 | 苏州 | 复明 | 兴复村碛磢塘 3 组 | 1964.10 | 1973 | |

续表

| 姓名 | 性别 | 家庭所在城镇 | 落户地 | | 插队年月 | 返城年月 | 备注 |
|---|---|---|---|---|---|---|---|
| | | | 当时名 | 现名 | | | |
| 姚玉英 | 女 | 苏州 | 复明 | 兴复村磏碛塘4组 | 1964.10 | 1974 | |
| 陆美珍 | 女 | 苏州 | 复明 | 兴复村磏碛塘4组 | 1964.10 | 1974 | |
| 陈美荣 | 女 | 苏州 | 复明 | 兴复村磏碛塘4组 | 1964.10 | 1974 | |
| 邢梅仙 | 女 | 苏州 | 复明 | 兴复村磏碛塘5组 | 1964.10 | 1974 | |
| 潘巧英 | 女 | 苏州 | 复明 | 兴复村磏碛塘5组 | 1964.10 | 1978 | |
| 袁　强 | 女 | 苏州 | 复明 | 兴复村磏碛塘5组 | 1964.10 | 1974 | |
| 李志昱 | 女 | 苏州 | 复明 | 兴复村东洋村6组 | 1964.10 | 1978 | |
| 庄步忆 | 女 | 苏州 | 复明 | 兴复村东洋村6组 | 1964.10 | 1977 | |
| 钱曙云 | 女 | 苏州 | 复明 | 兴复村东洋村6组 | 1964.10 | 1977 | |
| 李小毛 | 男 | 苏州 | 复明 | 兴复村东洋村7组 | 1964.10 | 1977 | |
| 徐朝俊 | 男 | 苏州 | 复明 | 兴复村东洋村7组 | 1964.10 | 1978 | |
| 杨进杰 | 男 | 苏州 | 复明 | 兴复村东洋村7组 | 1964.10 | 1978 | |
| 濮荣俊 | 男 | 苏州 | 复明 | 兴复村东洋村7组 | 1964.10 | 1977 | |
| 高大弟 | 男 | 淀山湖 | 复利 | 兴复村西洋村 | 1964.10 | | 病故 |
| 高海南 | 男 | 苏州 | 复利 | 兴复村西洋村 | 1968.03 | 1978.05 | |
| 谢惠新 | 男 | 苏州 | 复利 | 兴复村西洋村 | 1968.03 | 1978.05 | |
| 唐永林 | 男 | 苏州 | 复利 | 兴复村西洋村 | 1968.03 | 1978.05 | |
| 郁佰庆 | 男 | 苏州 | 复利 | 兴复村西洋村 | 1968.03 | 1978.05 | |
| 郁维仁 | 男 | 苏州 | 复利 | 兴复村西洋村 | 1968.03 | 1978.05 | |
| 周板英 | 女 | 苏州 | 复利 | 兴复村西洋村 | 1968.03 | 1978.05 | |
| 高小英 | 女 | 苏州 | 复利 | 兴复村西洋村 | 1968.03 | 1978.05 | |
| 孙天航 | 女 | 苏州 | 复利 | 兴复村西洋村 | 1968.03 | 1975.06 | |
| 周正华 | 男 | 苏州 | 复利 | 兴复村西洋村 | 1968.03 | 1978 | |
| 袁根发 | 男 | 苏州 | 复利 | 兴复村西洋村 | 1968 | 1978 | |
| 凌立农 | 男 | 苏州 | 复利 | 兴复村西洋村 | 1968 | 1978 | |
| 王瑞珍 | 女 | 苏州 | 复利 | 兴复村西洋村 | 1968 | 1978 | |
| 钱　青 | 女 | 苏州 | 复利 | 兴复村西洋村 | 1968 | 1978 | |
| 钱　朋 | 男 | 苏州 | 复利 | 兴复村西洋村 | 1968 | 1978 | |
| 汪苏达 | 男 | 苏州 | 复利 | 兴复村西洋村 | 1968 | 1978 | |
| 姚　静 | 女 | 苏州 | 复利 | 兴复村西洋村 | 1968 | 1978 | |

续表

| 姓名 | 性别 | 家庭所在城镇 | 落户地 当时名 | 落户地 现名 | 插队年月 | 返城年月 | 备注 |
| --- | --- | --- | --- | --- | --- | --- | --- |
| 潘会忠 | 女 | 苏州 | 复利 | 兴复村西洋村 | 1968 | 1978 | |
| 沈纯杰 | 男 | 苏州 | 复利 | 兴复村西洋村 | 1968 | 1978 | |
| 宗卫林 | 男 | 苏州 | 复利 | 兴复村西洋村 | 1968 | 1978 | |
| 王文芳 | 女 | 苏州 | 复利 | 兴复村西洋村 | 1968 | 1978 | |
| 沈玲玲 | 女 | 苏州 | 复利 | 兴复村西洋村 | 1968 | 1978 | |
| 糜美珍 | 女 | 苏州 | 复新 | 兴复村潭西 | 1968 | 1975 | |
| 周寇妹 | 女 | 苏州 | 复新 | 兴复村潭西 | 1968 | 1975 | |
| 翟丽丽 | 女 | 苏州 | 复新 | 兴复村潭西 | 1968 | 1975 | |
| 顾金林 | 男 | 苏州 | 复新 | 兴复村潭西 | 1968 | 1975 | |
| 汪金华 | 男 | 苏州 | 复新 | 兴复村潭西 | 1968 | 1971 | |
| 郑家才 | 男 | 苏州 | 复新 | 兴复村潭西 | 1968 | 1975 | |
| 金世根 | 男 | 苏州 | 复新 | 兴复村潭西 | 1968 | 1975 | |
| 马桂宝 | 女 | 苏州 | 复新 | 兴复村潭西 | 1968 | 1975 | |
| 王永琴 | 女 | 苏州 | 复新 | 兴复村潭西 | 1968 | 1975 | |
| 杨小兔 | 男 | 苏州 | 复新 | 兴复村潭西 | 1968 | 1975 | |
| 俞利芳 | 女 | 苏州 | 复新 | 兴复村潭西 | 1968 | 1975 | |
| 庞定能 | 女 | 苏州 | 复新 | 兴复村潭西 | 1968 | 1975 | |
| 俞德芳 | 女 | 苏州 | 复新 | 兴复村潭西 | 1968 | 1975 | |
| 吴敏南 | 女 | 苏州 | 复新 | 兴复村潭西 | 1968 | 1974 | |
| 许开贤 | 男 | 苏州 | 复新 | 兴复村潭西 | 1968 | 1974 | |
| 唐桂芳 | 女 | 苏州 | 复新 | 兴复村潭西 | 1968 | 1975 | |
| 谢玉英 | 女 | 苏州 | 复新 | 兴复村潭西 | 1968 | 1975 | |
| 傅林丽 | 女 | 苏州 | 复新 | 兴复村潭西 | 1968 | 1974 | |

21世纪初,政策性农转非、"购买"城镇户口、婚姻迁入迁出、学生升学、青年应征入伍等因素,使人口出现了较大变动。

表3-2-3　　　　兴复村(原复新村、复利村、复明村)人口迁移统计表　　　　单位:人

| 年份 | 村名 | 迁入 | | | | | 迁出 | | | | |
|---|---|---|---|---|---|---|---|---|---|---|---|
| | | 合计 | 省内迁入 | 省外迁入 | 移入 | 调入 | 合计 | 迁移省内 | 迁移省外 | 移出 | 调出 |
| 1984 | 复新 | 3 | 2 | | 1 | | 9 | 2 | 2 | 5 | |
| | 复利 | 1 | | | 1 | | 3 | 1 | | 2 | |
| | 复明 | 2 | | 1 | 1 | | 3 | | | 3 | |
| 1985 | 复新 | 1 | | | 1 | | 3 | | | 3 | |
| | 复利 | 11 | | 1 | 2 | 8 | 16 | | 1 | 7 | 8 |
| | 复明 | 5 | | 1 | 4 | | 9 | 1 | | 8 | |
| 1986 | 复新 | 2 | 1 | | 1 | | 8 | 1 | 2 | 5 | |
| | 复利 | 13 | 2 | 1 | 4 | 6 | 21 | 3 | 1 | 11 | 6 |
| | 复明 | 18 | 1 | | 6 | 11 | 25 | 4 | | 10 | 11 |
| 1987 | 复新 | 10 | 1 | 3 | 3 | 3 | 9 | | 1 | 5 | 3 |
| | 复利 | 13 | 1 | | 1 | 11 | 25 | | 2 | 12 | 11 |
| | 复明 | 24 | | | 10 | 14 | 19 | | | 5 | 14 |
| 1988 | 复新 | 28 | | | 3 | 25 | 37 | 1 | | 11 | 25 |
| | 复利 | 24 | | | 7 | 17 | 30 | 2 | | 11 | 17 |
| | 复明 | 22 | | | 10 | 12 | 22 | 1 | 1 | 8 | 12 |
| 1989 | 复新 | 7 | 1 | | 3 | 3 | 26 | 1 | | 22 | 3 |
| | 复利 | 10 | | | 6 | 4 | 25 | | 2 | 19 | 4 |
| | 复明 | 14 | 1 | 2 | 7 | 4 | 19 | | 1 | 14 | 4 |
| 1990 | 复新 | 8 | | 3 | 3 | 2 | 7 | 1 | 2 | 2 | 2 |
| | 复利 | 13 | 1 | 1 | 5 | 6 | 14 | 4 | 1 | 3 | 6 |
| | 复明 | 17 | 2 | | 10 | 5 | 14 | 1 | 1 | 7 | 5 |
| 1991 | 复新 | 1 | | | 1 | | 6 | 2 | 1 | 3 | |
| | 复利 | 5 | | 1 | 3 | 1 | 11 | | 3 | 7 | 1 |
| | 复明 | 9 | | | 8 | 1 | 7 | | | 6 | 1 |
| 1992 | 复新 | 10 | | | 2 | 8 | 23 | 5 | | 10 | 8 |
| | 复利 | 8 | | 1 | 5 | 2 | 20 | 10 | 1 | 7 | 2 |
| | 复明 | 6 | | | 3 | 3 | 18 | 9 | 1 | 5 | 3 |
| 1993 | 复新 | 4 | | | 2 | 2 | 4 | | | 2 | 2 |
| | 复利 | 4 | | 1 | | 3 | 12 | 4 | 2 | 3 | 3 |
| | 复明 | 3 | | | 2 | 1 | 11 | 3 | 2 | 5 | 1 |

续表

| 年份 | 村名 | 迁入 | | | | | 迁出 | | | | |
|---|---|---|---|---|---|---|---|---|---|---|---|
| | | 合计 | 省内迁入 | 省外迁入 | 移入 | 调入 | 合计 | 迁移省内 | 迁移省外 | 移出 | 调出 |
| 1994 | 复新 | 7 | | 1 | 3 | 3 | 8 | 1 | | 4 | 3 |
| | 复利 | 9 | 2 | 1 | 6 | | 9 | 3 | | 6 | |
| | 复明 | 7 | | 1 | 6 | | 12 | 5 | | 7 | |
| 1995 | 复新 | 0 | | | | | 1 | 1 | | | |
| | 复利 | 0 | | | | | 2 | 1 | 1 | | |
| | 复明 | 1 | | 1 | | | 2 | 2 | | | |
| 1996 | 复新 | 1 | 1 | | | | 2 | 2 | | | |
| | 复利 | 0 | | | | | 5 | 5 | | | |
| | 复明 | 2 | 1 | 1 | | | 3 | 3 | | | |
| 1997 | 复新 | 2 | 2 | | | | 3 | 3 | | | |
| | 复利 | 4 | 1 | 3 | | | 6 | 6 | | | |
| | 复明 | 2 | | 2 | | | 11 | 10 | 1 | | |
| 1998 | 复新 | 0 | | | | | 4 | 4 | | | |
| | 复利 | 0 | | | | | 6 | 4 | 2 | | |
| | 复明 | 0 | | | | | 9 | 7 | 2 | | |
| 1999 | 复新 | 2 | | 2 | | | 5 | 5 | | | |
| | 复利 | 0 | | | | | 5 | 4 | 1 | | |
| | 复明 | 0 | | | | | 7 | 5 | 2 | | |
| 2000 | 复新 | 1 | | 1 | | | 6 | 4 | 2 | | |
| | 复利 | 3 | 1 | 2 | | | 8 | 6 | 2 | | |
| | 复明 | 3 | 1 | 2 | | | 6 | 5 | 1 | | |
| 2001 | 复新 | 2 | 2 | | | | 1 | 1 | | | |
| | 复利 | 2 | 1 | 1 | | | 4 | 4 | | | |
| | 复明 | 0 | | | | | 5 | 4 | 1 | | |
| 2002 | 兴复 | 7 | 4 | 3 | | | 12 | 11 | 1 | | |
| 2003 | 兴复 | 6 | 3 | 3 | | | 2 | 2 | | | |
| 2004 | 兴复 | 11 | 7 | 4 | | | 2 | 1 | 1 | | |
| 2005 | 兴复 | 11 | 7 | 4 | | | 1 | 1 | | | |
| 2006 | 兴复 | 9 | 9 | | | | 0 | | | | |

续表

| 年份 | 村名 | 迁入 | | | | | 迁出 | | | | |
|---|---|---|---|---|---|---|---|---|---|---|---|
| | | 合计 | 省内迁入 | 省外迁入 | 移入 | 调入 | 合计 | 迁移省内 | 迁移省外 | 移出 | 调出 |
| 2007 | 兴复 | 9 | 9 | | | | 0 | | | | |
| 2008 | 兴复 | 4 | 2 | 2 | | | 0 | | | | |
| 2009 | 兴复 | 7 | 5 | 2 | | | 1 | | 1 | | |
| 2010 | 兴复 | 2 | 1 | 1 | | | 1 | 1 | | | |
| 2011 | 兴复 | 6 | 1 | 5 | | | 3 | | 3 | | |
| 2012 | 兴复 | 3 | | 3 | | | 0 | | | | |

## 二、自然增长

1986年，复新村出生5人，死亡1人；复利村出生12人，死亡9人；复明村出生16人，死亡3人，自然增长20人。1989年，复新村出生7人，死亡2人；复利村出生15人，死亡4人；复明村出生14人，死亡10人，自然增长20人。

20世纪90年代中期至2012年，自然增长率出现负增长。1997年，复新村出生5人，死亡1人；复利村出生3人，死亡8人；复明村出生4人，死亡3人，自然增长为-5人。

1984~2012年，人口自然增长情况，见表3-2-4。

表3-2-4  1984~2012年兴复村（原复新村、复利村、复明村）人口自然增长统计表　单位：人

| 年份 | 村名 | 出生 | 死亡 | 自然增长数 |
|---|---|---|---|---|
| 1984 | 复新 | 1 | 4 | -3 |
| | 复利 | 2 | 4 | -2 |
| | 复明 | 2 | 9 | -7 |
| 1985 | 复新 | 6 | 1 | 5 |
| | 复利 | 10 | 4 | 6 |
| | 复明 | 6 | 4 | 2 |
| 1986 | 复新 | 5 | 1 | 4 |
| | 复利 | 12 | 9 | 3 |
| | 复明 | 16 | 3 | 13 |
| 1987 | 复新 | 5 | 6 | -1 |
| | 复利 | 12 | 7 | 5 |
| | 复明 | 19 | 8 | 11 |

续表

| 年份 | 村名 | 出生 | 死亡 | 自然增长数 |
| --- | --- | --- | --- | --- |
| 1988 | 复新 | 11 | 5 | 6 |
| | 复利 | 6 | 6 | 0 |
| | 复明 | 9 | 6 | 3 |
| 1989 | 复新 | 7 | 2 | 5 |
| | 复利 | 15 | 4 | 11 |
| | 复明 | 14 | 10 | 4 |
| 1990 | 复新 | 11 | 8 | 3 |
| | 复利 | 11 | 4 | 7 |
| | 复明 | 12 | 8 | 4 |
| 1991 | 复新 | 4 | 9 | −5 |
| | 复利 | 9 | 6 | 3 |
| | 复明 | 13 | 4 | 9 |
| 1992 | 复新 | 9 | 5 | 4 |
| | 复利 | 4 | 2 | 2 |
| | 复明 | 7 | 4 | 3 |
| 1993 | 复新 | 4 | 2 | 2 |
| | 复利 | 9 | 9 | 0 |
| | 复明 | 7 | 6 | 1 |
| 1994 | 复新 | 5 | 1 | 4 |
| | 复利 | 3 | 6 | −3 |
| | 复明 | 4 | 6 | −2 |
| 1995 | 复新 | 4 | 4 | 0 |
| | 复利 | 7 | 7 | 0 |
| | 复明 | 11 | 5 | 6 |
| 1996 | 复新 | 2 | 3 | −1 |
| | 复利 | 5 | 6 | −1 |
| | 复明 | 9 | 8 | 1 |
| 1997 | 复新 | 5 | 6 | −1 |
| | 复利 | 3 | 8 | −5 |
| | 复明 | 4 | 3 | 1 |

续表

| 年份 | 村名 | 出生 | 死亡 | 自然增长数 |
| --- | --- | --- | --- | --- |
| 1998 | 复新 | 3 | 3 | 0 |
|  | 复利 | 2 | 7 | -5 |
|  | 复明 | 2 | 2 | 0 |
| 1999 | 复新 | 1 | 2 | -1 |
|  | 复利 | 2 | 1 | 1 |
|  | 复明 | 3 | 4 | -1 |
| 2000 | 复新 | 1 | 4 | -3 |
|  | 复利 | 1 | 3 | -2 |
|  | 复明 | 3 | 3 | 0 |
| 2001 | 复新 | 0 | 3 | -3 |
|  | 复利 | 3 | 7 | -4 |
|  | 复明 | 3 | 5 | -2 |
| 2002 | 兴复 | 5 | 14 | -9 |
| 2003 | 兴复 | 4 | 10 | -6 |
| 2004 | 兴复 | 7 | 10 | -3 |
| 2005 | 兴复 | 11 | 17 | -6 |
| 2006 | 兴复 | 3 | 14 | -11 |
| 2007 | 兴复 | 3 | 14 | -11 |
| 2008 | 兴复 | 6 | 18 | -12 |
| 2009 | 兴复 | 8 | 17 | -9 |
| 2010 | 兴复 | 8 | 15 | -7 |
| 2011 | 兴复 | 16 | 13 | 3 |
| 2012 | 兴复 | 13 | 15 | -2 |

## 第三节 人口构成

### 一、民族

兴复村原为单一汉族聚居区,2012年总人口1 742人中,兴复村仅2组黄俞华

(女)1人为壮族,1987年6月婚姻迁入,其余均为汉族。

## 二、性别

人口男女性别,有些年份有些村女性略多于男性。

表3-3-1　　1990年、2000年复新村、复利村、复明村人口普查性别构成统计表　单位:户、人

| 年份 | 复新村 | | | | | | |
| --- | --- | --- | --- | --- | --- | --- | --- |
| | 总户数 | 总人口 | 其中 | | 男女占总人口(%) | | 性别比 |
| | | | 男 | 女 | 男 | 女 | 女=100 |
| 1990 | 162 | 553 | 264 | 289 | 47.7 | 52.3 | 92.30 |
| 2000 | 151 | 457 | 232 | 225 | 50.8 | 49.2 | 104.10 |

| 年份 | 复利村 | | | | | | |
| --- | --- | --- | --- | --- | --- | --- | --- |
| | 总户数 | 总人口 | 其中 | | 男女占总人口(%) | | 性别比 |
| | | | 男 | 女 | 男 | 女 | 女=100 |
| 1990 | 189 | 737 | 357 | 380 | 48.4 | 51.6 | 92.3 |
| 2000 | 192 | 585 | 289 | 296 | 49.4 | 50.6 | 96.1 |

| 年份 | 复明村 | | | | | | |
| --- | --- | --- | --- | --- | --- | --- | --- |
| | 总户数 | 总人口 | 其中 | | 男女占总人口(%) | | 性别比 |
| | | | 男 | 女 | 男 | 女 | 女=100 |
| 1990 | 194 | 779 | 383 | 396 | 49.2 | 50.8 | 96 |
| 2000 | 199 | 675 | 341 | 334 | 50.5 | 49.5 | 102 |

## 三、年龄

从2010年、2011年、2012年三年统计可以看出,计划生育政策得到很好的落实,社会安定,人民生活水平提高,医疗条件改善,人均寿命增加。18岁以下人数变化不大,但是60岁以上在总人口中的比例逐年增大。2010年为26%,2011年为26.8%,2012年为28.07%,已处于老龄化结构。2012年高龄老人中,女性人数多于男性人数。

表 3-3-2　　　　　　　2010~2012 年兴复村人口年龄构成统计表　　　　　　　单位:人

| 年龄＼年份 | 2010 | 2011 | 2012 |
|---|---|---|---|
| | 总人数 | 总人数 | 总人数 |
| 18 岁以下 | 145 | 143 | 148 |
| 18~35 岁 | 306 | 308 | 308 |
| 35~60 岁 | 834 | 822 | 797 |
| 60 岁以上 | 452 | 465 | 489 |
| 合计 | 1 737 | 1 738 | 1 742 |
| 60 岁以上占总人口比(%) | 26 | 26.80 | 28.07 |

表 3-3-3　　　　　　　2012 年年底兴复村 80 周岁及以上高龄老人名录

| 村民组别 | 姓名 | 性别 | 出生年月 |
|---|---|---|---|
| 1 | 顾阿娥 | 女 | 1921.12.08 |
| 1 | 刘友良 | 男 | 1926.02.04 |
| 1 | 朱桂娥 | 女 | 1927.11.09 |
| 1 | 顾征求 | 男 | 1928.03.10 |
| 2 | 倪钰东 | 男 | 1924.09.14 |
| 2 | 周再良 | 男 | 1928.02.13 |
| 2 | 周雪观 | 男 | 1931.09.04 |
| 2 | 顾巧英 | 女 | 1931.12.20 |
| 3 | 张阿大 | 男 | 1927.11.03 |
| 3 | 黄伏宝 | 女 | 1930.06.06 |
| 3 | 陈阿玉 | 女 | 1931.06.15 |
| 3 | 顾利定 | 男 | 1932.02.09 |
| 3 | 黄品才 | 男 | 1932.06.25 |
| 4 | 沈小妹 | 女 | 1924.01.25 |
| 4 | 顾云宝 | 女 | 1925.08.09 |
| 5 | 何金秀 | 女 | 1923.12.12 |
| 6 | 朱阿妹 | 女 | 1930.01.09 |
| 7 | 陈根宝 | 女 | 1926.06.04 |
| 7 | 陈益明 | 男 | 1928.08.05 |
| 8 | 马大宝 | 男 | 1922.11.09 |
| 9 | 许雪英 | 女 | 1922.12.24 |

续表

| 村民组别 | 姓名 | 性别 | 出生年月 |
| --- | --- | --- | --- |
| 9 | 钟国华 | 男 | 1924.10.04 |
| 9 | 沈阿三 | 女 | 1928.02.02 |
| 9 | 顾星宝 | 女 | 1930.01.10 |
| 9 | 冯桂娥 | 女 | 1932.07.02 |
| 9 | 陈火根 | 男 | 1932.12.07 |
| 10 | 马永康 | 男 | 1927.11.15 |
| 10 | 沈云宝 | 女 | 1928.04.10 |
| 10 | 陈桂宝 | 女 | 1929.08.12 |
| 10 | 钟云娥 | 女 | 1930.08.18 |
| 10 | 方彩琴 | 女 | 1932.05.15 |
| 10 | 庞菊英 | 女 | 1932.12.10 |
| 11 | 顾洪其 | 男 | 1927.10.04 |
| 11 | 郁美菊 | 女 | 1928.08.09 |
| 11 | 钟英明 | 男 | 1932.12.29 |
| 12 | 周小妹 | 女 | 1928.09.06 |
| 13 | 顾维菊 | 女 | 1931.01.02 |
| 13 | 徐月英 | 女 | 1932.06.24 |
| 13 | 徐云根 | 男 | 1932.12.24 |
| 14 | 顾秀堂 | 男 | 1927.05.28 |
| 14 | 赵丽英 | 女 | 1929.08.10 |
| 14 | 顾彩英 | 女 | 1930.12.16 |
| 14 | 高金宝 | 女 | 1932.11.13 |
| 15 | 庞阿三 | 女 | 1932.10.15 |
| 16 | 盛小金 | 女 | 1928.02.29 |
| 16 | 朱凤金 | 女 | 1928.12.05 |
| 16 | 王全英 | 女 | 1931.08.22 |
| 17 | 姚金英 | 女 | 1926.09.25 |
| 17 | 杨杏菊 | 女 | 1928.02.23 |
| 17 | 姜阿三 | 女 | 1928.08.26 |
| 17 | 汤木英 | 女 | 1930.05.20 |

续表

| 村民组别 | 姓名 | 性别 | 出生年月 |
| --- | --- | --- | --- |
| 17 | 王爱生 | 男 | 1930.08.15 |
| 17 | 王阿大 | 女 | 1930.11.18 |
| 17 | 吴泉根 | 男 | 1931.03.10 |
| 17 | 王苟观 | 男 | 1932.03.03 |
| 17 | 杨宝德 | 男 | 1932.12.23 |
| 18 | 黄阿妹 | 女 | 1919.06.12 |
| 18 | 姚理生 | 男 | 1925.04.04 |
| 18 | 王友英 | 女 | 1925.10.11 |
| 18 | 冯金宝 | 女 | 1928.08.02 |
| 18 | 朱再元 | 男 | 1930.10.09 |
| 18 | 姚全根 | 男 | 1930.12.07 |
| 19 | 黄五宝 | 女 | 1928.01.18 |
| 19 | 金阿大 | 女 | 1928.12.04 |
| 19 | 姚阿大 | 女 | 1929.08.22 |
| 19 | 姚菊英 | 女 | 1932.09.20 |
| 19 | 顾阿八 | 女 | 1932.10.09 |
| 20 | 顾阿妹 | 女 | 1924.02.03 |
| 20 | 张凤娥 | 女 | 1927.09.15 |
| 20 | 冯根宝 | 女 | 1928.04.15 |
| 20 | 黄阿娥 | 女 | 1928.12.15 |
| 20 | 王阿小 | 男 | 1931.03.03 |
| 20 | 姚凤娥 | 女 | 1931.05.20 |
| 20 | 黄小苟 | 男 | 1931.07.27 |
| 20 | 徐引弟 | 女 | 1932.06.19 |

## 四、姓氏

2012年年末,兴复村5个自然村中,户籍人口为1 742人,分属82个姓。其中顾姓217人,黄姓151人,朱姓127人,陈姓98人,钟姓、徐姓均为89人,只有1人的姓氏有范、叶、尹等27人。

表 3-3-4　　　　　　　　兴复村人口姓氏统计表（分村）　　　　　单位：人

| 姓氏\村名 | 安 | 蔡 | 曹 | 柴 | 陈 | 程 | 褚 | 戴 | 单 | 丁 | 董 | 范 | 方 | 冯 | 高 | 龚 | 顾 | 郭 | 韩 | 何 | 胡 | 黄 | 吉 | 简 | 姜 |
|---|---|---|---|---|---|---|---|---|---|---|---|---|---|---|---|---|---|---|---|---|---|---|---|---|---|
| 南柱泾 |  | 15 |  | 1 |  |  | 1 |  |  |  |  |  | 1 | 1 |  |  | 31 | 2 |  |  | 7 |  |  |  | 1 |
| 碛礤塘 |  | 6 |  | 3 | 5 |  |  | 2 |  |  |  |  |  | 1 |  |  | 22 | 2 | 1 | 6 |  | 101 |  | 1 | 22 |
| 东洋村 |  |  |  |  | 38 | 3 |  | 1 |  |  |  |  |  | 1 |  | 1 | 18 |  |  | 4 |  | 7 |  |  |  |
| 西洋村 | 2 | 2 | 3 |  | 52 |  | 10 |  | 8 | 9 |  | 1 | 2 | 3 | 1 |  | 120 | 3 |  | 17 | 2 | 4 |  |  | 1 |
| 潭西 | 1 | 1 |  | 2 | 3 |  |  |  |  | 1 |  | 5 | 22 |  | 25 | 5 |  | 3 |  |  | 32 | 1 |  | 18 |  |

| 姓氏\村名 | 蒋 | 金 | 兰 | 李 | 梁 | 林 | 凌 | 刘 | 卢 | 陆 | 马 | 梅 | 苗 | 庙 | 缪 | 倪 | 潘 | 庞 | 钱 | 乔 | 阮 | 邵 | 沈 | 盛 | 施 |
|---|---|---|---|---|---|---|---|---|---|---|---|---|---|---|---|---|---|---|---|---|---|---|---|---|---|
| 南柱泾 |  | 2 |  |  |  | 5 |  |  | 2 |  | 1 |  |  |  |  | 39 |  | 1 |  |  |  |  | 8 |  |  |
| 碛礤塘 | 1 |  | 1 |  |  | 1 |  |  | 1 |  |  |  |  | 1 |  | 1 |  | 1 |  |  |  | 6 | 9 | 5 |  |
| 东洋村 | 1 |  |  | 4 |  |  |  | 1 |  | 1 | 2 |  |  |  |  |  |  |  |  |  |  | 1 | 14 |  |  |
| 西洋村 | 3 | 6 |  | 14 | 1 |  | 2 | 1 | 2 | 20 | 1 |  | 1 |  |  | 3 |  | 32 | 1 |  | 1 |  | 6 |  | 5 |
| 潭西 | 1 | 38 |  | 16 | 1 |  | 1 |  | 3 | 1 |  |  |  |  | 4 | 1 | 3 | 2 | 1 |  |  | 3 | 11 |  |  |

| 姓氏\村名 | 宋 | 苏 | 孙 | 谈 | 汤 | 唐 | 童 | 汪 | 王 | 韦 | 翁 | 吴 | 夏 | 辛 | 徐 | 许 | 严 | 杨 | 姚 | 叶 | 尹 | 俞 | 郁 | 袁 | 张 |
|---|---|---|---|---|---|---|---|---|---|---|---|---|---|---|---|---|---|---|---|---|---|---|---|---|---|
| 南柱泾 |  |  | 2 |  |  |  |  |  | 6 |  | 1 | 2 |  |  | 1 |  |  | 1 | 1 |  |  |  |  |  | 2 |
| 碛礤塘 | 1 | 2 |  |  | 9 | 1 |  | 5 |  | 11 | 4 | 6 |  | 1 | 2 | 1 | 8 | 3 |  |  |  | 2 |  |  | 20 |
| 东洋村 |  |  |  |  | 1 | 7 |  |  | 6 |  | 1 | 2 |  |  | 1 | 4 |  | 14 |  | 1 |  |  |  |  | 5 |
| 西洋村 |  | 1 | 3 |  |  | 4 |  |  | 14 | 1 | 3 | 2 |  |  | 59 | 30 |  | 4 | 2 |  |  |  | 1 |  | 7 |
| 潭西 |  |  | 1 | 4 | 13 | 1 |  | 1 | 47 |  |  | 15 |  |  | 24 | 8 |  | 5 | 67 | 1 | 13 | 1 |  | 1 | 15 |

| 姓氏\村名 | 赵 | 郑 | 钟 | 周 | 朱 | 祝 | 庄 |
|---|---|---|---|---|---|---|---|
| 南柱泾 | 2 |  |  | 13 | 32 |  | 1 |
| 碛礤塘 | 1 |  | 2 | 8 | 14 | 5 |  |
| 东洋村 |  |  | 1 | 2 | 32 |  |  |
| 西洋村 | 1 |  | 82 | 36 | 17 |  |  |
| 潭西 | 2 | 7 | 1 | 4 | 32 |  |  |

兴复村姓氏的地域性分布特征较明显，几大姓氏居住比较集中。顾姓主要居住于西洋村，其他各村零星分布。黄姓主要居住于碛礤塘村，钟姓、庞姓主要居住于西洋村，姚姓主要居住于潭西村。

## 五、文化程度

新中国成立前,村民文化程度极低,儿童入学率低,而且多数读不满小学六年而中途辍学。成年人大多不识字,特别是女性,连自己的姓名都不认识,不会写。文盲、半文盲占绝大多数。新中国成立初期,各村开设夜校、民校、冬学、扫盲班等,采用多种形式进行扫盲,经过多年努力,文盲、半文盲逐渐减少,但普遍文化程度不高。全日制小学的设立,儿童入学率逐年提高,特别是20世纪60年代后期,学龄儿童基本都能读完小学,但初中生、高中生还很少。70年代后期,度城中学的开办使学生上学条件得到改善,在年龄段的学生基本上都能达到初中毕业,有部分升入高中乃至大学。实行九年义务教育以来,小学、初中入学率基本上达到百分之百。因此,兴复村出现了一批大学生、高中专学生,上名牌大学、出国留学的也不乏其人。

表3-3-5　　　　　　　　　　2012年兴复村大学生名录

| 姓名 | 性别 | 家庭地址 | 录取大学校名 | 入学时间 | 毕业时间 |
| --- | --- | --- | --- | --- | --- |
| 顾莺 | 女 | 兴复村1组南柱泾 | 苏州市高级技术学校医药分校 | 2004 | 2007 |
| 倪宏芳 | 女 | 兴复村1组南柱泾 | 常州轻工职业技术学院 | 2005 | 2008 |
| 倪俊霞 | 女 | 兴复村1组南柱泾 | 江苏广播电视大学昆山学院 | 2005 | 2010 |
| 沈雪芳 | 女 | 兴复村1组南柱泾 | 镇江市高等专科学校 | 2007 | 2010 |
| 倪敏仙 | 女 | 兴复村1组南柱泾 | 南京审计学院金审学院 | 2007 | 2011 |
| 倪春怡 | 女 | 兴复村1组南柱泾 | 南京晓庄学院 | 2008 | 2012 |
| 倪宏强 | 男 | 兴复村1组南柱泾 | 南京医科大学 | 2008 | 2015 |
| 倪品荣 | 男 | 兴复村1组南柱泾 | 北京农业机械化学院 | 1964 | 1969 |
| 倪翠明 | 男 | 兴复村1组南柱泾 | 南京铁道医学院 | 1982 | 1987 |
| 顾琦玮 | 男 | 兴复村1组南柱泾 | 淮安军星科技学院 | 2008 | 2012 |
| 蔡雅娟 | 女 | 兴复村1组南柱泾 | 东北师范大学 | 2005 | 2009 |
| 倪晨杰 | 男 | 兴复村1组南柱泾 | 无锡商业职业技术学院 | 2009 | 2012 |
| 倪振华 | 男 | 兴复村2组南柱泾 | 淮安信息职业技术学院 | 2003 | 2008 |
| 朱承燕 | 男 | 兴复村2组南柱泾 | 徐州信息职业技术学院 | 2005 | 2008 |
| 倪振贤 | 男 | 兴复村2组南柱泾 | 江苏科技大学 | 2005 | 2009 |
| 顾永强 | 男 | 兴复村2组南柱泾 | 徐州工程学院 | 2008 | 2011 |
| 王丹红 | 女 | 兴复村2组南柱泾 | 南京师范大学泰州学院 | 2008 | 2012 |
| 王健 | 男 | 兴复村2组南柱泾 | 华东理工大学 | 2005 | 2009 |

续表

| 姓名 | 性别 | 家庭地址 | 录取大学校名 | 入学时间 | 毕业时间 |
|---|---|---|---|---|---|
| 倪凤燕 | 女 | 兴复村2组南柱泾 | 苏州卫生职业技术学院 | 2005 | 2009 |
| 蔡敏杰 | 男 | 兴复村2组南柱泾 | 苏州科技学院 | 2005 | 2009 |
| 杨 红 | 女 | 兴复村3组碛碛塘 | 常州工学院 | 2004 | 2008 |
| 夏 文 | 男 | 兴复村3组碛碛塘 | 建东职业技术学院 | 2008 | 2011 |
| 唐循超 | 男 | 兴复村3组碛碛塘 | 苏州工业园区职业技术学院 | 2008 | 2011 |
| 顾 婷 | 女 | 兴复村3组碛碛塘 | 南京师范大学泰州学院 | 2007 | 2011 |
| 姜晓燕 | 女 | 兴复村3组碛碛塘 | 江苏科技大学 | 2006 | 2010 |
| 黄小庆 | 男 | 兴复村3组碛碛塘 | 常州工业学院 | 2006 | 2010 |
| 翁敏历 | 男 | 兴复村3组碛碛塘 | 南通大学 | 2009 | 2012 |
| 张 杰 | 男 | 兴复村3组碛碛塘 | 江苏广播电视大学昆山学院 | 2004 | 2009 |
| 顾 燕 | 女 | 兴复村3组碛碛塘 | 南通大学 | 2005 | 2009 |
| 黄洁平 | 男 | 兴复村4组碛碛塘 | 苏州工业园区职业技术学院 | 2003 | 2008 |
| 周宇涛 | 男 | 兴复村4组碛碛塘 | 江苏广播电视大学昆山学院 | 2005 | 2010 |
| 黄志明 | 男 | 兴复村4组碛碛塘 | 江苏大学京江学院 | 2008 | 2012 |
| 姜志峰 | 男 | 兴复村4组碛碛塘 | 扬州建筑学院 | 2006 | 2009 |
| 沈 献 | 男 | 兴复村4组碛碛塘 | 南通航运学院 | 1999 | 2004 |
| 唐春燕 | 女 | 兴复村4组碛碛塘 | 南京大学 | 2007 | 2010 |
| 蔡瑜萍 | 女 | 兴复村4组碛碛塘 | 淮阴工学院 | 2005 | 2009 |
| 黄 珍 | 女 | 兴复村4组碛碛塘 | 淮阴师范学院 | 1999 | 2003 |
| 姜永斌 | 男 | 兴复村4组碛碛塘 | 南通紫琅职业技术学院 | 2006 | 2009 |
| 黄 珏 | 男 | 兴复村4组碛碛塘 | 郑州大学 | 2008 | 2010 |
| 黄 琴 | 女 | 兴复村4组碛碛塘 | 三江学院（南京） | 2001 | 2004 |
| 黄 峰 | 男 | 兴复村5组碛碛塘 | 南通大学 | 2000 | 2004 |
| 黄 兰 | 女 | 兴复村5组碛碛塘 | 南京财经大学红山学院 | 2000 | 2004 |
| 黄雅仙 | 女 | 兴复村5组碛碛塘 | 南京信息工程大学滨江学院 | 2000 | 2004 |
| 姜晓月 | 女 | 兴复村5组碛碛塘 | 江南大学太湖学院 | 2008 | 2012 |
| 姜明月 | 女 | 兴复村5组碛碛塘 | 江苏科技大学南徐学院 | 2008 | 2012 |
| 黄 钟 | 男 | 兴复村5组碛碛塘 | 江苏大学宿迁学院 | 2005 | 2009 |
| 姜顺舟 | 男 | 兴复村5组碛碛塘 | 苏州商业学校 | 2003 | 2008 |
| 黄彩霞 | 女 | 兴复村5组碛碛塘 | 江南大学太湖学院 | 2008 | 2012 |
| 黄 晶 | 女 | 兴复村5组碛碛塘 | 西南财经大学 | 2008 | 2012 |

续表

| 姓名 | 性别 | 家庭地址 | 录取大学校名 | 入学时间 | 毕业时间 |
|---|---|---|---|---|---|
| 黄礼辉 | 男 | 兴复村5组磺碘塘 | 湖南衡阳医科大学 | 2009 | 2013 |
| 黄礼峰 | 男 | 兴复村5组磺碘塘 | 中南大学(长沙) | 2004 | 2008 |
| 黄 静 | 女 | 兴复村5组磺碘塘 | 湖南衡阳医科大学 | 2004 | 2011 |
| 黄振华 | 男 | 兴复村3组磺碘塘 | 南通大学 | 2000 | 2005 |
| 张 斌 | 男 | 兴复村3组磺碘塘 | 南京航空航天大学 | 1997 | 2003 |
| 黄金珍 | 女 | 兴复村5组磺碘塘 | 镇江医学院 | 1995 | 2000 |
| 张建军 | 男 | 兴复村3组磺碘塘 | 苏州大学 | 1997 | 2003 |
| 姜伟伟 | 男 | 兴复村5组磺碘塘 | 江苏广播电视大学昆山学院 | 1995 | 2000 |
| 黄晓磊 | 女 | 兴复村5组磺碘塘 | 连云港经济财政会计学院 | 2006 | 2011 |
| 李 健 | 男 | 兴复村6组东洋村 | 扬州大学广陵学院 | 2006 | 2010 |
| 陈俏娜 | 女 | 兴复村6组东洋村 | 南通大学 | 2008 | 2012 |
| 张 婷 | 女 | 兴复村6组东洋村 | 江南大学太湖学院 | 2008 | 2012 |
| 何一萍 | 女 | 兴复村6组东洋村 | 南京中医药大学 | 2004 | 2009 |
| 陈诚 | 女 | 兴复村6组东洋村 | 苏州大学 | 2004 | 2009 |
| 唐志林 | 男 | 兴复村6组东洋村 | 淮安大学 | 2005 | 2008 |
| 沈丹红 | 女 | 兴复村6组东洋村 | 浙江大学 | 2005 | 2008 |
| 王 伟 | 男 | 兴复村6组东洋村 | 南京广播学院 | 2006 | 2010 |
| 杨怡婷 | 女 | 兴复村6组东洋村 | 昆山教师进修学校 | 2006 | 2010 |
| 王 涛 | 男 | 兴复村6组东洋村 | 吉林财经大学 | 2010 | 2014 |
| 顾 静 | 女 | 兴复村6组东洋村 | 上海浦东托普学院 | 2007 | 2010 |
| 陈 凤 | 女 | 兴复村6组东洋村 | 南通纺织职业技术学院 | 1994 | 1997 |
| 陈 薇 | 女 | 兴复村6组东洋村 | 苏州工业职业技术学院 | 1996 | 1999 |
| 朱敏华 | 女 | 兴复村6组东洋村 | 盐城师范学院 | 2007 | 2011 |
| 沈岳岚 | 女 | 兴复村6组东洋村 | 北京理工大学 | 2000 | 2010 |
| 沈引根 | 男 | 兴复村6组东洋村 | 镇江农机学院 | 1972 | 1976 |
| 朱 明 | 男 | 兴复村7组东洋村 | 九州职业技术学院 | 2006 | 2009 |
| 何 瑜 | 男 | 兴复村7组东洋村 | 淮安信息职业技术学院 | 2003 | 2008 |
| 朱翠霞 | 女 | 兴复村7组东洋村 | 昆山第一高等职业技术学院 | 2006 | 2011 |
| 程 辉 | 男 | 兴复村7组东洋村 | 徐州师范大学科文学院 | 2008 | 2012 |
| 杨丽丽 | 女 | 兴复村7组东洋村 | 江苏城市职业学院昆山办学点(苏州) | 2007 | 2012 |

续表

| 姓名 | 性别 | 家庭地址 | 录取大学校名 | 入学时间 | 毕业时间 |
|---|---|---|---|---|---|
| 朱丽萍 | 女 | 兴复村7组东洋村 | 南京航空航天大学 | 2005 | 2009 |
| 沈新 | 男 | 兴复村7组东洋村 | 合肥工业大学 | 1992 | 1997 |
| 何雪林 | 男 | 兴复村7组东洋村 | 常熟高等师范专科学校 | 1976 | 1979 |
| 陈春生 | 男 | 兴复村7组东洋村 | 无锡轻工业学院 | 1993 | 1997 |
| 陈芳 | 女 | 兴复村7组东洋村 | 华北航天工业学院 | 2002 | 2005 |
| 陈剑 | 男 | 兴复村7组东洋村 | 昆山市登云职业技术学院 | 2006 | 2009 |
| 陈洁 | 女 | 兴复村7组东洋村 | 南通旅游中等专业学校 | 2005 | 2008 |
| 陈舒君 | 男 | 兴复村7组东洋村 | 徐州医学院 | 2010 | 2015 |
| 陈琳琳 | 女 | 兴复村7组东洋村 | 沙洲职业工学院 | 2000 | 2003 |
| 陈亮 | 男 | 兴复村7组东洋村 | 南京陆军指挥学院 | 2005 | 2009 |
| 朱晓燕 | 女 | 兴复村7组东洋村 | 九州职业技术学院 | 2006 | 2009 |
| 朱晓峰 | 男 | 兴复村7组东洋村 | 苏州卫生职业技术学院 | 2004 | 2009 |
| 杨吉 | 男 | 兴复村7组东洋村 | 辽宁中医药大学 | 2010 | 2017 |
| 马春林 | 男 | 兴复村8组西洋村 | 常州纺织服装职业技术学院 | 2003 | 2008 |
| 钟健 | 男 | 兴复村8组西洋村 | 常州轻工职业技术学院 | 2004 | 2009 |
| 李志远 | 男 | 兴复村8组西洋村 | 苏州建设交通高等职业技术学院 | 2006 | 2011 |
| 何宵亮 | 男 | 兴复村8组西洋村 | 苏州建设交通高等职业技术学院 | 2006 | 2011 |
| 何栋平 | 男 | 兴复村8组西洋村 | 扬州大学 | 2008 | 2012 |
| 何宇平 | 男 | 兴复村8组西洋村 | 扬州大学 | 2008 | 2012 |
| 丁瑜 | 女 | 兴复村8组西洋村 | 江苏广播电视大学昆山学院 | 2006 | 2010 |
| 何春华 | 男 | 兴复村8组西洋村 | 苏州工业园区职业技术学院 | 1998 | 2002 |
| 张新 | 女 | 兴复村8组西洋村 | 苏州工业园区职业技术学院 | 1999 | 2003 |
| 丁盈超 | 女 | 兴复村8组西洋村 | 苏州工业园区职业技术学院 | 2005 | 2008 |
| 丁盈辉 | 男 | 兴复村8组西洋村 | 常州工业学院 | 2006 | 2011 |
| 陈丽英 | 女 | 兴复村9组西洋村 | 盐城师范学院 | 2005 | 2008 |
| 钟亭亭 | 女 | 兴复村9组西洋村 | 江苏城市职业学院昆山办学点（苏州） | 2007 | 2012 |
| 钟晓倩 | 女 | 兴复村9组西洋村 | 盐城师范学院 | 2006 | 2011 |
| 陈娟 | 女 | 兴复村9组西洋村 | 南通大学杏林学院 | 2003 | 2007 |
| 陈丽花 | 女 | 兴复村9组西洋村 | 苏州农业职业技术学院 | 1999 | 2004 |
| 陈晓丹 | 女 | 兴复村9组西洋村 | 苏州科技大学 | 2005 | 2010 |

续表

| 姓名 | 性别 | 家庭地址 | 录取大学校名 | 入学时间 | 毕业时间 |
|---|---|---|---|---|---|
| 钟薇 | 女 | 兴复村9组西洋村 | 昆山第一高等职业技术学院 | 2005 | 2009 |
| 顾月虎 | 男 | 兴复村10组西洋村 | 南京电子工业职业学院 | 2006 | 2009 |
| 顾学华 | 女 | 兴复村10组西洋村 | 昆山第一高等职业技术学院 | 2006 | 2011 |
| 许凤仙 | 女 | 兴复村10组西洋村 | 淮阴师范学院文通学院 | 2008 | 2012 |
| 陈芳芳 | 女 | 兴复村10组西洋村 | 江苏省外贸学校 | 1995 | 1997 |
| 许玉连 | 男 | 兴复村10组西洋村 | 东南大学 | 1985 | 1988 |
| 陈凤霞 | 女 | 兴复村10组西洋村 | 南通大学杏林学院 | 2005 | 2009 |
| 周超 | 男 | 兴复村10组西洋村 | 南京理工大学 | 2005 | 2009 |
| 许志刚 | 男 | 兴复村10组西洋村 | 南京理工大学泰州学院 | 2008 | 2011 |
| 李峰 | 男 | 兴复村10组西洋村 | 沈阳工业学院 | 1998 | 2001 |
| 顾惠华 | 女 | 兴复村10组西洋村 | 南京东山职业技术学院 | 2005 | 2009 |
| 周健 | 男 | 兴复村10组西洋村 | 南通职业大学 | 2006 | 2009 |
| 钟取菊 | 女 | 兴复村11组西洋村 | 苏州农业职业技术学院 | 2003 | 2008 |
| 庞精精 | 女 | 兴复村11组西洋村 | 南京化工职业技术学院 | 2007 | 2010 |
| 顾丽珍 | 女 | 兴复村11组西洋村 | 河海大学常州分校 | 2002 | 2006 |
| 钟国妹 | 女 | 兴复村11组西洋村 | 苏州医学院 | 1980 | 1985 |
| 王华峰 | 男 | 兴复村11组西洋村 | 江苏广播电视大学昆山学院 | 2001 | 2006 |
| 周瑜 | 男 | 兴复村11组西洋村 | 淮阴工学院 | 2010 | 2014 |
| 许向东 | 男 | 兴复村11组西洋村 | 南京医学院 | 1985 | 1989 |
| 陈澜 | 男 | 兴复村11组西洋村 | 重庆邮电大学 | 2005 | 2009 |
| 陈文贤 | 女 | 兴复村11组西洋村 | 南京邮电大学 | 1992 | 1996 |
| 周梅 | 女 | 兴复村11组西洋村 | 苏州大学 | 1980 | 1984 |
| 钟金华 | 男 | 兴复村11组西洋村 | 苏州大学 | 1985 | 1989 |
| 钟承华 | 男 | 兴复村11组西洋村 | 常熟高等师范专科学校 | 1987 | 1991 |
| 钟承东 | 男 | 兴复村11组西洋村 | 南京金融职业大学 | 1991 | 1995 |
| 钟红 | 女 | 兴复村11组西洋村 | 南京大学 | 2002 | 2006 |
| 顾庆南 | 男 | 兴复村11组西洋村 | 太仓师范学院 | 1979 | 1982 |
| 陈丽燕 | 女 | 兴复村11组西洋村 | 南京工程学院 | 2002 | 2006 |
| 钟晓慧 | 男 | 兴复村11组西洋村 | 江苏广播电视大学昆山学院 | 2003 | 2008 |
| 钟迎杰 | 男 | 兴复村11组西洋村 | 上海工程技术学院 | 2007 | 2011 |

续表

| 姓名 | 性别 | 家庭地址 | 录取大学校名 | 入学时间 | 毕业时间 |
|---|---|---|---|---|---|
| 钟晓洁 | 女 | 兴复村11组西洋村 | 中央财经大学技术学院 | 2006 | 2010 |
| 许天凤 | 女 | 兴复村12组西洋村 | 苏州卫生职业技术学院 | 2007 | 2012 |
| 许天文 | 男 | 兴复村12组西洋村 | 常州机电职业技术学院 | 2009 | 2012 |
| 周琪俊 | 男 | 兴复村12组西洋村 | 南通农业职业技术学院 | 2012 | 2016 |
| 钟蝶 | 女 | 兴复村12组西洋村 | 淮阴卫生高等职业技术学院 | 2013 | 2016 |
| 钟梦娇 | 女 | 兴复村12组西洋村 | 苏州职业大学 | 2011 | 2014 |
| 周峰 | 男 | 兴复村12组西洋村 | 上海应用技术学院 | 2000 | 2004 |
| 何丹倩 | 女 | 兴复村12组西洋村 | 江苏广播电视大学昆山学院 | 2008 | 2011 |
| 庞林荣 | 男 | 兴复村12组西洋村 | 江苏广播电视大学昆山学院 | 2002 | 2005 |
| 徐志坚 | 男 | 兴复村13组西洋村 | 苏州广播电视大学 | 2003 | 2008 |
| 徐倩莜 | 女 | 兴复村13组西洋村 | 江苏科技大学 | 2005 | 2009 |
| 顾耀华 | 男 | 兴复村13组西洋村 | 常州轻工职业技术学院 | 2005 | 2010 |
| 顾志浩 | 男 | 兴复村13组西洋村 | 苏州建设交通高等职业技术学院 | 2007 | 2010 |
| 徐玉洁 | 女 | 兴复村13组西洋村 | 昆山第一高等职业技术学院 | 2006 | 2011 |
| 徐迎燕 | 女 | 兴复村13组西洋村 | 无锡职业技术学院 | 2008 | 2011 |
| 徐梅军 | 男 | 兴复村13组西洋村 | 江苏大学京江学院 | 2008 | 2012 |
| 顾志强 | 男 | 兴复村13组西洋村 | 常州工业学院 | 2005 | 2010 |
| 顾璇 | 女 | 兴复村13组西洋村 | 苏州丝绸工学院 | 2003 | 2008 |
| 徐涛 | 男 | 兴复村13组西洋村 | 昆山第一高等职业技术学院 | 2004 | 2009 |
| 顾骏飞 | 男 | 兴复村13组西洋村 | 苏州工业园区职业技术学院 | 2005 | 2010 |
| 徐云 | 女 | 兴复村14组西洋村 | 江苏广播电视中等专业学校 | 2002 | 2007 |
| 顾洁 | 女 | 兴复村14组西洋村 | 南通供销学校 | 2004 | 2009 |
| 顾晶 | 男 | 兴复村14组西洋村 | 江苏省丝绸职业技术学校 | 2004 | 2009 |
| 顾雪燕 | 女 | 兴复村14组西洋村 | 苏州经贸职业技术学院 | 2007 | 2010 |
| 顾志辉 | 男 | 兴复村14组西洋村 | 武汉大学 | 2003 | 2008 |
| 顾凤鸣 | 男 | 兴复村14组西洋村 | 中央广播电视大学 | 2013 | 2015 |
| 顾燕青 | 女 | 兴复村14组西洋村 | 韩国大学 | 2007 | 2012 |
| 徐浩 | 男 | 兴复村14组西洋村 | 盐城工学院 | 2008 | 2012 |
| 徐雪娟 | 女 | 兴复村14组西洋村 | 南通职业技术学院 | 2003 | 2008 |

续表

| 姓名 | 性别 | 家庭地址 | 录取大学校名 | 入学时间 | 毕业时间 |
| --- | --- | --- | --- | --- | --- |
| 钟建刚 | 男 | 兴复村15组西洋村 | 常州信息职业技术学院 | 2003 | 2008 |
| 庞 纯 | 男 | 兴复村15组西洋村 | 哈尔滨工程大学威海分校 | 2002 | 2006 |
| 庞春辉 | 男 | 兴复村15组西洋村 | 常州工学院 | 2004 | 2008 |
| 庞玲娟 | 女 | 兴复村15组西洋村 | 江苏广播电视大学昆山学院 | 2001 | 2004 |
| 庞静瑜 | 女 | 兴复村15组西洋村 | 江苏广播电视大学昆山学院 | 2011 | 2014 |
| 钟建军 | 男 | 兴复村15组西洋村 | 苏州大学 | 1983 | 1987 |
| 顾康康 | 男 | 兴复村16组潭西 | 苏州广播电视大学 | 2004 | 2009 |
| 金 艺 | 女 | 兴复村16组潭西 | 江苏广播电视大学昆山学院 | 2006 | 2011 |
| 金卫林 | 男 | 兴复村16组潭西 | 苏州农业学校 | 1975 | 1977 |
| 缪 婷 | 女 | 兴复村16组潭西 | 江苏联合职业技术学院 | 2006 | 2011 |
| 朱仁刚 | 男 | 兴复村16组潭西 | 淮阴师范学院 | 2010 | 2013 |
| 盛敏敏 | 男 | 兴复村17组潭西 | 苏州科技学院 | 2005 | 2009 |
| 冯 晨 | 男 | 兴复村17组潭西 | 常州机电职业技术学院 | 2004 | 2009 |
| 冯 威 | 男 | 兴复村17组潭西 | 昆山第一高等职业技术学院 | 2005 | 2010 |
| 姜秋萍 | 女 | 兴复村17组潭西 | 苏州卫生职业技术学院 | 2005 | 2010 |
| 汤 杰 | 男 | 兴复村17组潭西 | 江苏大学京江学院 | 2008 | 2012 |
| 姜 凤 | 女 | 兴复村17组潭西 | 江苏教育学院 | 2006 | 2009 |
| 冯 芳 | 女 | 兴复村17组潭西 | 三江学院（南京） | 2002 | 2006 |
| 姚方良 | 男 | 兴复村17组潭西 | 南京农业大学 | 1997 | 2000 |
| 顾小红 | 女 | 兴复村17组潭西 | 淮阴师范学院 | 1999 | 2003 |
| 王 丘 | 男 | 兴复村17组潭西 | 苏州建设交通职业技术学院 | 2008 | 2010 |
| 董 庆 | 女 | 兴复村17组潭西 | 淮阴师范学院 | 2005 | 2008 |
| 潘从慧 | 男 | 兴复村17组潭西 | 苏州大学 | 2006 | 2009 |
| 姚 攀 | 女 | 兴复村18组潭西 | 江苏城市职业学院昆山办学点（苏州） | 2007 | 2012 |
| 郑 川 | 女 | 兴复村18组潭西 | 盐城师范学院 | 2007 | 2011 |
| 徐小娟 | 女 | 兴复村18组潭西 | 沙洲工学院 | 2002 | 2005 |
| 郑 刚 | 男 | 兴复村18组潭西 | 淮安信息职业技术学院 | 2006 | 2009 |
| 姚秋峰 | 男 | 兴复村18组潭西 | 南通科技职业学院 | 2006 | 2009 |
| 姚亚军 | 女 | 兴复村19组潭西 | 常州工程技术学院 | 2009 | 2012 |

续表

| 姓名 | 性别 | 家庭地址 | 录取大学校名 | 入学时间 | 毕业时间 |
|---|---|---|---|---|---|
| 汤 婷 | 女 | 兴复村19组潭西 | 苏州大学 | 2001 | 2005 |
| 金小华 | 男 | 兴复村19组潭西 | 常州工程技术学院 | 2008 | 2011 |
| 金 翠 | 女 | 兴复村19组潭西 | 苏州轻工业学院 | 2008 | 2011 |
| 金仁杰 | 男 | 兴复村19组潭西 | 淮阴信息职业技术学院 | 2007 | 2010 |
| 顾雨林 | 男 | 兴复村20组潭西 | 常州信息职业技术学院 | 2006 | 2009 |
| 张 华 | 男 | 兴复村20组潭西 | 江苏广播电视大学昆山学院 | 2005 | 2010 |
| 黄丰菊 | 女 | 兴复村20组潭西 | 昆山第一高等职业技术学院 | 2006 | 2011 |
| 黄 冬 | 男 | 兴复村20组潭西 | 南京工程学院 | 2008 | 2012 |
| 黄静峰 | 男 | 兴复村20组潭西 | 常州轻工职业技术学院 | 1997 | 1999 |
| 姚成依 | 女 | 兴复村20组潭西 | 南京财经大学 | 2009 | 2013 |
| 沈 健 | 男 | 兴复村20组潭西 | 常州轻工职业技术学院 | 2008 | 2011 |
| 王洁慧 | 女 | 兴复村21组潭西 | 南通大学杏林学院 | 2007 | 2011 |
| 顾海宏 | 男 | 兴复村21组潭西 | 苏州技师学院 | 2004 | 2009 |
| 俞 欢 | 男 | 兴复村21组潭西 | 南京理工大学 | 2008 | 2012 |
| 张 凤 | 女 | 兴复村21组潭西 | 南京电子工程学院 | 2006 | 2008 |
| 方菲菲 | 女 | 兴复村21组潭西 | 江苏广播电视大学昆山学院 | 2009 | 2011 |
| 孙小丽 | 女 | 兴复村21组潭西 | 郑州大学 | 2002 | 2004 |
| 何梅花 | 女 | 兴复村21组潭西 | 郑州大学 | 2003 | 2006 |

## 六、职业(劳动力)

表3-3-6　　兴复村(原复明村、复利村、复新村)选年劳动力统计表　　单位:人

| 年份 | 村名 | 总人口 | 劳动力 | 占比(％) |
|---|---|---|---|---|
| 1957 | 复明 | 556 | 261 | 46.90 |
| | 复利 | 606 | 261 | 43 |
| | 复新 | 666 | 324 | 48.60 |
| 1962 | 复明 | 509 | 256 | 50.20 |
| | 复利 | 562 | 274 | 48.80 |
| | 复新 | 417 | 184 | 44.1 |

续表

| 年份 | 村名 | 总人口 | 劳动力 | 占比(%) |
|---|---|---|---|---|
| 1963 | 复明 | 559 | 193 | 43 |
| | 复利 | 556 | 272 | 49 |
| | 复新 | 450 | 272 | 48.70 |
| 1968 | 复明 | 684 | 304 | 44.40 |
| | 复利 | 690 | 310 | 45 |
| | 复新 | 505 | 269 | 53.30 |
| 1982 | 复明 | 765 | 444 | 58 |
| | 复利 | 766 | 389 | 50.70 |
| | 复新 | 581 | 355 | 58 |
| 2010 | 兴复 | 1 737 | 1 140 | 65.60 |
| 2011 | 兴复 | 1 738 | 1 130 | 65 |
| 2012 | 兴复 | 1 742 | 1 105 | 63.40 |

20世纪50~60年代,全村村民从事单一的农业生产,仅有少量村民做裁缝、木匠、泥水匠、竹匠等,而且农忙时也参加农业劳动。改革开放以来,随着镇村办工业、小城镇建设的逐步发展,广大村民从农业生产劳动中解脱出来,亦工、亦商、亦副。至2012年,除从事养殖、承包土地外,青壮年劳动力大多从事农业以外的行业。

表3-3-7　　　　　　　　2012年淀山湖镇兴复村"五匠"名录

| 姓名 | 性别 | 工种 | 家庭地址 | 从事时间 起 | 从事时间 讫 | 备注 |
|---|---|---|---|---|---|---|
| 倪翠荣 | 男 | 瓦工 | 兴复村南柱泾 | 1983 | 2000 | |
| 倪建新 | 男 | 瓦工 | 兴复村南柱泾 | 1982 | 2012 | |
| 朱卫新 | 男 | 木匠 | 兴复村南柱泾 | 1979 | 2012 | |
| 黄承志 | 男 | 泥水匠 | 兴复村碌碡塘 | 1967 | 1997 | |
| 翁建华 | 男 | 泥水匠 | 兴复村碌碡塘 | 1960 | 1990 | |
| 翁红兴 | 男 | 泥水匠 | 兴复村碌碡塘 | 1986 | 2012 | |
| 顾建林 | 男 | 木匠 | 兴复村碌碡塘 | 1984 | 2012 | |
| 黄承郁 | 男 | 泥水匠 | 兴复村碌碡塘 | 1982 | 2012 | |
| 黄培德 | 男 | 泥水匠 | 兴复村碌碡塘 | 1984 | 2012 | |
| 钟阿小 | 男 | 木匠 | 兴复村碌碡塘 | 1992 | 2012 | |
| 黄培华 | 男 | 泥水匠 | 兴复村碌碡塘 | 1985 | 2012 | |
| 姜福明 | 男 | 泥水匠 | 兴复村碌碡塘 | 1980 | 2001 | |

续表

| 姓名 | 性别 | 工种 | 家庭地址 | 从事时间 起 | 从事时间 讫 | 备注 |
| --- | --- | --- | --- | --- | --- | --- |
| 黄家禄 | 男 | 木匠 | 兴复村碛碾塘 | 1965 | 1997 | |
| 黄祖元 | 男 | 泥水匠 | 兴复村碛碾塘 | 1985 | 1995 | |
| 顾建根 | 男 | 泥水匠 | 兴复村碛碾塘 | 1986 | 2012 | |
| 杨祥荣 | 男 | 木匠 | 兴复村碛碾塘 | 1984 | 2010 | |
| 黄承海 | 男 | 泥水匠 | 兴复村碛碾塘 | 1985 | 2012 | |
| 杨怀友 | 男 | 竹匠 | 兴复村东洋村 | 1965 | 2004 | |
| 陈雪生 | 男 | 木匠 | 兴复村东洋村 | 1976 | 2012 | |
| 朱觉荣 | 男 | 木匠 | 兴复村东洋村 | 1986 | 2012 | |
| 陈毛生 | 男 | 木匠 | 兴复村东洋村 | 1969 | 2010 | |
| 何红林 | 男 | 木匠 | 兴复村东洋村 | 1975 | 2012 | |
| 朱金土 | 男 | 泥水匠 | 兴复村东洋村 | 1969 | 2012 | |
| 张春荣 | 男 | 泥水匠 | 兴复村东洋村 | 1972 | 2010 | |
| 张世荣 | 男 | 泥水匠 | 兴复村东洋村 | 1975 | 2012 | |
| 王引元 | 男 | 木匠 | 兴复村东洋村 | 1975 | 2012 | |
| 顾祥生 | 男 | 泥水匠 | 兴复村西洋村 | 1958 | 1988 | |
| 顾兴根 | 男 | 木匠 | 兴复村西洋村 | 1978 | 1988 | |
| 顾祥云 | 男 | 木匠 | 兴复村西洋村 | 1954 | 1994 | |
| 顾火荣 | 男 | 木匠 | 兴复村西洋村 | 1971 | 1979 | |
| 朱月明 | 男 | 漆匠 | 兴复村西洋村 | 1995 | 2005 | |
| 钟阿四 | 男 | 木匠 | 兴复村西洋村 | 1995 | 2005 | |
| 李品其 | 男 | 漆匠 | 兴复村西洋村 | 1996 | 2006 | |
| 钟卫华 | 男 | 漆匠 | 兴复村西洋村 | 1998 | 2013 | |
| 钟阿三 | 男 | 泥水匠 | 兴复村西洋村 | 1976 | 1984 | |
| 许勇峰 | 男 | 裁缝 | 兴复村西洋村 | 1975 | 2010 | |
| 褚阿龙 | 男 | 裁缝 | 兴复村西洋村 | 1980 | 2013 | |
| 钟阿小 | 男 | 泥水匠 | 兴复村西洋村 | 1980 | 2012 | |
| 顾祥林 | 男 | 泥水匠 | 兴复村西洋村 | 1982 | 2002 | |
| 顾玉林 | 男 | 木匠 | 兴复村西洋村 | 1977 | 1999 | |
| 顾兴林 | 男 | 木匠 | 兴复村西洋村 | 1958 | 2010 | |
| 顾月光 | 男 | 木匠 | 兴复村西洋村 | 1995 | 2005 | |

续表

| 姓名 | 性别 | 工种 | 家庭地址 | 从事时间 | | 备注 |
|---|---|---|---|---|---|---|
| | | | | 起 | 讫 | |
| 钟建林 | 男 | 木匠 | 兴复村西洋村 | 2001 | 2009 | |
| 钟建良 | 男 | 木匠 | 兴复村西洋村 | 2002 | 2007 | |
| 何永明 | 男 | 木匠 | 兴复村西洋村 | 1962 | 2010 | |
| 钟祥根 | 男 | 木匠 | 兴复村西洋村 | 1993 | 2000 | |
| 周冬明 | 男 | 漆匠 | 兴复村西洋村 | 2001 | 2013 | |
| 庞小苟 | 男 | 木匠 | 兴复村西洋村 | 1986 | 1995 | |
| 许永弟 | 男 | 木匠 | 兴复村西洋村 | 1998 | 2003 | |
| 周虎生 | 男 | 泥水匠 | 兴复村西洋村 | 1998 | 2011 | |
| 郁利荣 | 男 | 木匠 | 兴复村潭西 | 1989 | 2012 | |
| 许林元 | 男 | 泥水匠 | 兴复村潭西 | 1980 | 2012 | |
| 徐小峰 | 男 | 泥水匠 | 兴复村潭西 | 1980 | 2012 | |
| 姚雪峰 | 男 | 泥水匠 | 兴复村潭西 | 1978 | 2012 | |
| 郑祥明 | 男 | 泥水匠 | 兴复村潭西 | 1978 | 2012 | |
| 王小夯 | 男 | 泥水匠 | 兴复村潭西 | 1970 | 2012 | |
| 何永忠 | 男 | 木匠 | 兴复村潭西 | 1970 | 1980 | |
| 顾全荣 | 男 | 泥水匠 | 兴复村潭西 | 1970 | 1980 | |
| 姜引生 | 男 | 泥水匠 | 兴复村潭西 | 1970 | 1985 | |
| 王建明 | 男 | 泥水匠 | 兴复村潭西 | 1980 | 2000 | |
| 冯永彪 | 男 | 泥水匠 | 兴复村潭西 | 1982 | 2000 | |
| 冯永福 | 男 | 泥水匠 | 兴复村潭西 | 1982 | 1998 | |
| 金兴龙 | 男 | 泥水匠 | 兴复村潭西 | 1970 | 2000 | |
| 金卫生 | 男 | 木匠 | 兴复村潭西 | 1975 | 1980 | |
| 汤惠新 | 男 | 泥水匠 | 兴复村潭西 | 1975 | 2001 | |
| 黄金荣 | 男 | 泥水匠 | 兴复村潭西 | 1970 | 2001 | |
| 黄 明 | 男 | 泥水匠 | 兴复村潭西 | 1975 | 2001 | |
| 黄金龙 | 男 | 泥水匠 | 兴复村潭西 | 1975 | 2000 | |
| 黄老初 | 男 | 泥水匠 | 兴复村潭西 | 1970 | 2012 | |
| 张卫清 | 男 | 泥水匠 | 兴复村潭西 | 1980 | 2001 | |
| 姚菊林 | 男 | 泥水匠 | 兴复村潭西 | 1980 | 2005 | |
| 王文星 | 男 | 泥水匠 | 兴复村潭西 | 1980 | 2000 | |

续表

| 姓名 | 性别 | 工种 | 家庭地址 | 从事时间 | | 备注 |
|---|---|---|---|---|---|---|
| | | | | 起 | 讫 | |
| 王文龙 | 男 | 泥水匠 | 兴复村潭西 | 1980 | 2000 | |
| 金效农 | 男 | 泥水匠 | 兴复村潭西 | 1956 | 1970 | |
| 王苟观 | 男 | 泥水匠 | 兴复村潭西 | 1956 | 1970 | |
| 冯雨根 | 男 | 泥水匠 | 兴复村潭西 | 1956 | 1970 | |
| 徐志奎 | 男 | 木匠 | 兴复村潭西 | 1949 | 1960 | |
| 金木根 | 男 | 木匠 | 兴复村潭西 | 1949 | 1970 | |
| 冯三苟 | 男 | 泥水匠 | 兴复村潭西 | 1980 | 2000 | |
| 徐引弟 | 男 | 木匠 | 兴复村潭西 | 1970 | 1990 | |
| 金阿五 | 男 | 泥水匠 | 兴复村潭西 | 1980 | 2000 | |
| 黄阿毛 | 男 | 泥水匠 | 兴复村潭西 | 1980 | 2005 | |
| 李 强 | 男 | 泥水匠 | 兴复村潭西 | 1985 | 1998 | |
| 李 苟 | 男 | 木匠 | 兴复村潭西 | 1985 | 2012 | |
| 王 荣 | 男 | 泥水匠 | 兴复村潭西 | 1980 | 1980 | |
| 王革命 | 男 | 泥水匠 | 兴复村潭西 | 1980 | 1980 | |

从新中国成立至今,每次征兵,兴复村青年都踊跃报名,只要体验合格,人人都愿意入伍,所以兴复村参军的人很多。退伍军人和在役军人名录见表3-3-8。

表3-3-8　　　　　兴复村(原复新村、复利村、复明村)军人名录

| 序号 | 姓名 | 性别 | 入伍时间 | 退伍时间 | 在部队职务 | 家庭住址 |
|---|---|---|---|---|---|---|
| 1 | 顾小苟 | 男 | 1951.07 | 1952.09 | 班长 | 复明 |
| 2 | 吴林泉 | 男 | 1953.01 | 1957.04 | 班长 | 复明 |
| 3 | 钟伟铭 | 男 | 1955.03 | 1958.02 | 班长 | 复利 |
| 4 | 徐云弟 | 男 | 1970.12 | 1976.03 | 战士 | 复新 |
| 5 | 徐菊全 | 男 | 1970.12 | 1975.03 | 战士 | 复利 |
| 6 | 黄家良 | 男 | 1971.01 | 1976.03 | 班长 | 复明 |
| 7 | 何阿夯 | 男 | 1972.12 | 1976.03 | 战士 | 复利 |
| 8 | 沈引芳 | 男 | 1973.01 | 1976.03 | 战士 | 复明 |
| 9 | 蔡进兴 | 男 | 1975.01 | 1977.03 | 战士 | 复明 |
| 10 | 顾炳荣 | 男 | 1975.01 | 1978.04 | 战士 | 复利 |
| 11 | 王会生 | 男 | 1976.02 | 1980.01 | 战士 | 复新 |
| 12 | 马良明 | 男 | 1976.03 | 1981.01 | 战士 | 复利 |

续表

| 序号 | 姓名 | 性别 | 入伍时间 | 退伍时间 | 在部队职务 | 家庭住址 |
| --- | --- | --- | --- | --- | --- | --- |
| 13 | 周卫生 | 男 | 1976.03 | 1981.01 | 保管员 | 复明 |
| 14 | 黄承详 | 男 | 1976.12 | 1980.01 | 战士 | 复明 |
| 15 | 刘维民 | 男 | 1976.02 | 1983.01 | 班长 | 复明 |
| 16 | 许乃滨 | 男 | 1977.01 | 1979.11 | 战士 | 复利 |
| 17 | 何三夯 | 男 | 1978.03 | 1980.01 | 副班 | 复利 |
| 18 | 杨祥荣 | 男 | 1978.12 | 1983.01 | 战士 | 复明 |
| 19 | 顾兴林 | 男 | 1979.01 | 1982.01 | 战士 | 复利 |
| 20 | 马文青 | 男 | 1980.01 | 1982.01 | 战士 | 复利 |
| 21 | 朱菊光 | 男 | 1980.11 | 1985.01 | 班长 | 复明 |
| 22 | 冯小弟 | 男 | 1981.10 | 1984.01 | 副班 | 复新 |
| 23 | 徐惠祥 | 男 | 1982.12 | 1987.01 | 班长 | 复利 |
| 24 | 钟桃源 | 男 | 1982.12 | 1985.01 | 副班 | 复利 |
| 25 | 许林均 | 男 | 1982.12 | 1986.01 | 副班 | 复明 |
| 26 | 陈永林 | 男 | 1983.10 | 1987.01 | 战士 | 复明 |
| 27 | 金祥龙 | 男 | 1983.10 | 1987.10 | 战士 | 复新 |
| 28 | 金惠明 | 男 | 1984.10 | 1988.01 | 班长 | 复新 |
| 29 | 夏建荣 | 男 | 1984.10 | 1989.03 | 饲养员 | 复明 |
| 30 | 姜三林 | 男 | 1984.10 | 1989.03 | 班长 | 复明 |
| 31 | 俞三囡 | 男 | 1986.12 | 1990.03 | 文书 | 复新 |
| 32 | 王革荣 | 男 | 1986.12 | 1990.03 | 战士 | 复新 |
| 33 | 钟金荣 | 男 | 1987.12 | 1990.12 | 班长 | 复利 |
| 34 | 诸采弟 | 男 | 1987.12 | 1991.12 | 班长 | 复利 |
| 35 | 黄仁惠 | 男 | 1990.12 | 1994.12 | 班长 | 复新 |
| 36 | 许玉星 | 男 | 1990.03 | 1992.12 | 班长 | 复利 |
| 37 | 倪建明 | 男 | 1990.12 | 1994.12 | 班长 | 复明 |
| 38 | 朱红星 | 男 | 1991.12 | 1994.12 | 战士 | 兴复村 |
| 39 | 朱永强 | 男 | 1991.12 | 1994.12 | 班长 | 复新 |
| 40 | 朱洪弟 | 男 | 1993.12 | 1997.12 | 战士 | 兴复村 |
| 41 | 黄 东 | 男 | 1993.12 | 1997.12 | 战士 | 兴复村 |
| 42 | 顾浩云 | 男 | 1994.12 | 1999.12 | 班长 | 兴复村 |
| 43 | 顾 峰 | 男 | 1994.12 | 1997.12 | 班长 | 兴复村 |

续表

| 序号 | 姓名 | 性别 | 入伍时间 | 退伍时间 | 在部队职务 | 家庭住址 |
|---|---|---|---|---|---|---|
| 44 | 黄　健 | 男 | 1997.12 | 2009.12 |  | 兴复村 |
| 45 | 钟慧荣 | 男 | 1999.12 | 2001.12 | 副班长 | 兴复村 |
| 46 | 黄　珏 | 男 | 2000.12 | 2004.12 | 一级士官 | 兴复村 |
| 47 | 金　洁 | 男 | 2000.12 | 2002.12 | 战士 | 兴复村 |
| 48 | 顾凤鸣 | 男 | 2002.12 | 2004.12 | 战士 | 兴复村 |
| 49 | 朱　峰 | 男 | 2004.12 | 2006.12 | 战士 | 兴复村 |
| 50 | 顾志峰 | 男 | 2005.12 | 2007.12 | 战士 | 兴复村 |
| 51 | 黄洁平 | 男 | 2006.12 | 2011.12 | 战士 | 兴复村 |
| 52 | 钟　杰 | 男 | 2012.06 |  |  | 兴复村 |
| 53 | 倪宇涛 | 男 | 2011.07 |  |  | 兴复村 |

## 第四节　人口控制

新中国成立初期，受"早生儿子早得福""多子多孙幸福多""重男轻女""养儿防老"等封建思想的影响，早婚、多育现象极为普遍，生育处于无政府状态，人口得不到控制。因此在20世纪50年代中期，出现人口增长的第一高峰。

随着国家把计划生育工作列入国策以后，乡、镇政府成立计划生育管理机构，大力宣传计划生育政策，计划生育纳入了大队、村委的工作内容，各大队、村的计划生育工作主要由妇女主任负责，每个生产队、村民小组也有专人负责信息的收集、传递，避孕药具的发放等。

1963年，遵照上级部署的计划生育工作，采取多种形式向群众宣传计划生育的好处，指导采用避孕措施，计划生育工作开始起步。1972年推广晚婚晚育和计划生育；1973年具体规定男25周岁、女23周岁以上结婚为晚婚，女24周岁以上生育为晚育。1979年11月，开始推行"一对夫妻只生育一个孩子"并领取《独生子女光荣证》。广大党员、团员积极行动，以自身的模范行动带动周围的群众，有力地促进了人口的有效控制，并取得了明显成效，人口无序生育得到控制，自然增长率逐步下降。从统计数字可以看出，从20世纪90年代中期至2012年，兴复村域人口自然增长率基本保持年年负增长。

表 3-4-1　　　　　　　　　　兴复村《独生子女光荣证》发放统计表　　　　　　　单位:人

| 年份 | 村名 | 发放数 | 年份 | 村名 | 发放数 |
|---|---|---|---|---|---|
| 1979 | 复新 | 3 | 1989 | 复新 | 7 |
| 1979 | 复利 | 9 | 1989 | 复利 | 16 |
| 1979 | 复明 | 2 | 1989 | 复明 | 11 |
| 1980 | 复新 | 8 | 1990 | 复新 | 6 |
| 1980 | 复利 | 15 | 1990 | 复利 | 12 |
| 1980 | 复明 | 17 | 1990 | 复明 | 9 |
| 1981 | 复新 | 12 | 1991 | 复新 | 4 |
| 1981 | 复利 | 14 | 1991 | 复利 | 7 |
| 1981 | 复明 | 15 | 1991 | 复明 | 11 |
| 1982 | 复新 | 9 | 1992 | 复新 | 7 |
| 1982 | 复利 | 14 | 1992 | 复利 | 4 |
| 1982 | 复明 | 11 | 1992 | 复明 | 6 |
| 1983 | 复新 | 6 | 1993 | 复新 | 2 |
| 1983 | 复利 | 3 | 1993 | 复利 | 7 |
| 1983 | 复明 | 4 | 1993 | 复明 | 6 |
| 1984 | 复新 | 0 | 1994 | 复新 | 3 |
| 1984 | 复利 | 0 | 1994 | 复利 | 1 |
| 1984 | 复利 | 1 | 1994 | 复明 | 4 |
| 1985 | 复新 | 5 | 1995 | 复新 | 8 |
| 1985 | 复利 | 9 | 1995 | 复利 | 8 |
| 1985 | 复明 | 0 | 1995 | 复明 | 9 |
| 1986 | 复新 | 4 | 1996 | 复新 | 3 |
| 1986 | 复利 | 9 | 1996 | 复利 | 5 |
| 1986 | 复明 | 11 | 1996 | 复明 | 9 |
| 1987 | 复新 | 14 | 1997 | 复新 | 9 |
| 1987 | 复利 | 8 | 1997 | 复利 | 2 |
| 1987 | 复明 | 3 | 1997 | 复明 | 6 |
| 1988 | 复新 | 9 | 1998 | 复新 | 2 |
| 1988 | 复利 | 5 | 1998 | 复利 | 2 |
| 1988 | 复明 | 6 | 1998 | 复明 | 3 |

续表

| 年份 | 村名 | 发放数 | 年份 | 村名 | 发放数 |
|---|---|---|---|---|---|
| 1999 | 复新 | 4 | 2003 | 兴复村 | 6 |
| 1999 | 复利 | 5 | 2004 | 兴复村 | 8 |
| 1999 | 复明 | 4 | 2005 | 兴复村 | 14 |
| 2000 | 复新 | 3 | 2006 | 兴复村 | 1 |
| 2000 | 复利 | 4 | 2007 | 兴复村 | 6 |
| 2000 | 复明 | 2 | 2008 | 兴复村 | 2 |
| 2001 | 复新 | 0 | 2009 | 兴复村 | |
| 2001 | 复利 | 2 | 2010 | 兴复村 | 4 |
| 2001 | 复明 | 3 | 2011 | 兴复村 | 5 |
| 2002 | 兴复村 | 4 | 2012 | 兴复村 | 7 |

表3-4-2　　兴复村持《独生子女光荣证》企业退休人员享受一次性奖励汇总表　　单位：人、元

| 年份 | 人数 | 金额 |
|---|---|---|
| 2010 | 38 | 136 800 |
| 2011 | 5 | 18 000 |
| 2012 | 7 | 25 200 |

表3-4-3　　2012年兴复村育龄妇女节育措施落实情况统计表　　单位：人

| 育龄妇女总人数 | 落实措施人数 | | | | | | 其他 | |
|---|---|---|---|---|---|---|---|---|
| | 总人数 | 结扎 | 上环 | 套 | 药 | 绝经 | 宫切 | 离婚 | 未婚 |
| 178 | 131 | 7 | 42 | 76 | 2 | 1 | 3 | 6 | 41 |

# 第四章 村庄建设

兴复村域的各自然村落具有典型的江南水乡特色。新中国成立前,房屋大部分为民国时期建造的七椽深三间格局,有些农户也建有厢房一间或两间,屋前为场路合一的场地,多数由黄泥铺成。除碛碾塘村外各自然村砖场较少,为了雨天行走方便,用砖铺就一条50厘米左右宽的通道,俗称"砖界"。各自然村都有河流分隔成河南、河北或河东、河西,河上桥很少,村民往来极不方便。例如,东洋村、南杜泾河南、河北来往必须用船摆渡。

新中国成立以后,特别是农业合作化以后,随着生产力水平、生活水平的提高,又由于人们相互交往和从事生产劳动的需要,农村基础建设,房屋、道路、桥梁的建设迅速发展,村庄面貌得到了极大的改善。2012年年底,村域内共有市级公路一条,镇级公路3条,村级水泥道路8条。全村通电、通水、通电话、通有线电视,垃圾集中处理率达100%,潭西自然村搬迁。

兴复村先后获"苏州市创建整治村"荣誉称号、"苏州市生态村"荣誉称号、"苏州市建设社会主义新农村示范村"等荣誉称号。

## 第一节 基础设施建设

### 一、农房建设

新中国成立后,农房的大规模翻建始于20世纪60年代。由于农村人口的增加,各家住房需求相应增加,但限于当时经济条件和物资资源的制约,一般只能把原有房屋拆除重建,大多数每户都建成五椽深或七椽深三间或四间,来满足住房需要。20世纪70年代末到80年代初,人们经济条件得到较大提高,因此出现了拆平房建楼房的高潮。一般农户都将平房翻建成三上三下的两层楼房,南北都有玻璃窗,前后通透;外墙装饰也较为讲究,房前场地铺设为水泥场地,住房条件得到较大改善。

表 4-1-1　　1950年兴复村(原复利村、复明村、复新村)村民住房统计表　　单位:户、间

| 村名 | 总人口（人） | 瓦房 | | 草房 | | 无房户 |
| --- | --- | --- | --- | --- | --- | --- |
| | | 户 | 间 | 户 | 间 | |
| 复新 | 387 | 86 | 247 | 6 | 18 | 1 |
| 复利 | 442 | 109 | 318 | 11 | 34 | 1 |
| 复明 | 471 | 91 | 262 | 12 | 32 | 8 |

20世纪80年代改革开放以后,随着经济条件的改善,有些村民的子女读书毕业后在本村域外工作,村民购买商品房的数量逐年增多,住房面积和条件又有了进一步改善。

新中国成立前后一个时期,村民传统住房和20世纪50~70年代的灯具及计划经济年代各种购物证券,见下图。

草房

瓦房

洋(煤)油灯

各类购物证

各种粮票

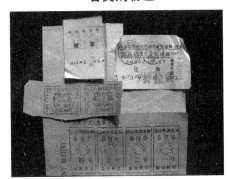

各种副食品券

新东湖集团为职工建造住宅房。兴复村域内所在新东湖集团的职工大多分到一套住房,分属东湖新村、利民新村和东湖绿苑。

表4-1-2  2000年兴复村(原复新村、复利村、复明村)居民住房统计表

| 村名 | 总户数(户) | 总人口(人) | 已建楼房户数(户) | 占总户数百分比(%) | 楼房总面积(平方米) | 平房总面积(平方米) | 人均住房面积(平方米) |
|---|---|---|---|---|---|---|---|
| 复新 | 151 | 457 | 144 | 95.4 | 26 208 | 200 | 57.8 |
| 复利 | 192 | 585 | 178 | 92.7 | 27 968 | 600 | 48.8 |
| 复明 | 199 | 675 | 185 | 93.0 | 49 871 | 1 020 | 75.4 |

原复新村由于富力湾房产置业公司开发需要,1996~2007年分三批全部拆迁,第一批22户迁移在晟泰新村地界,每户均建有别墅一套,2012年年底属晟泰新村。

第二批40户在原黄泥泾北面地界建造每户一套别墅,2012年年底属淀辉锦园。

第三批21户在马安村南部建造别墅每户一套,2012年年底属马安新村。

第四批拆迁65户安置于香馨佳园多层住宅。

2012年年底统计,兴复村总户数527户,总人口1 742人。已建楼房户数为

511户,占总户数的96.96%。楼房总面积为97 162平方米,人均住房面积55.78平方米。

## 二、道路、桥梁建设

### 1. 道路、桥梁

昔日湖荡密布、江河纵横的兴复村,交通长期处于封闭状态,出门靠船,过湖(河)摆渡,既是江南水乡的形象写照,也反映了交通建设落后的状况,制约了经济的发展。

兴复村所辖5个自然村的道路,新中国成立前及成立初,基本上都是羊肠小道,晴天尚可行走,每逢雨天泥泞路滑,行走甚是困难。

兴复村村域内河流纵横交错,农房又是傍河而建,原有桥梁很少,村民平时生活和生产出行十分不便。20世纪50～60年代,村域内陆续搭建了简易便桥,用木料做桥桩,竹排做桥面,均为危桥。

20世纪60年代中期,农业生产使用拖拉机后,以各大队为单位,修筑拖拉机路,又称"机耕路",但仍以泥路为主。20世纪70年代起,各大队用昆山化工厂的碳氮化钙下脚(俗称黑脚子)煤渣铺机耕路路面,路面有了明显改善。村域内对原有桥梁进行拆除重建。

1989年,镇修筑了淀山湖镇往金家庄的简易公路,1990年开通公交车,这是昆山市第一条通客运班车的村级公路。是年,农户又陆续购买自行车,基于这种情况,复明村修筑了南柱泾经碛碛塘到东洋村的简易砂石公路,路面宽2.5米,长2 000米。西洋村也修筑了村中连接淀金公路的砂石路,复新村也跟上,修筑了经德丰桥到淀金公路的简易公路。

表4-1-3　　　　　　　　　2012年兴复村道路统计表

| 名称 | 起 | 止 | 建成时间 | 长(千米) | 宽(米) | 路质 | 备注 |
|---|---|---|---|---|---|---|---|
|  | 南(东) | 北(西) |  |  |  |  |  |
| 复兴路 | 南永利路 | 北麻泾口 | 1993、1994 | 5.4 | 40 | 水泥 | 过境 |
| 永利路 | 东中市路 | 西万园路 | 1992、1993 | 2.25 | 40 | 水泥 | 过境 |
| 旭宝路 | 南高尔夫球场 | 北永利路 | 1993 | 1.4 | 40 | 沥青 |  |
| 朝山港路 | 南永利路 | 北一丝印厂 | 1993 | 0.55 | 9 | 沥青 |  |
| 盈湖路 | 东曙光路 | 西万园路 | 1992、2003、2004、2006 | 3 | 40 | 沥青 | 过境 |

续表

| 名称 | 起 南(东) | 止 北(西) | 建成时间 | 长(千米) | 宽(米) | 路质 | 备注 |
|---|---|---|---|---|---|---|---|
| 万园路 | 南望金路 | 北新乐路 | 1993~1994、2001、2002 | 4.4 | 30 | 沥青 | 过境 |
| 南苑路 | 东中市路 | 西黄浦江南路 | 2012年年底建成 | 2 | 40 | 沥青 | |
| 复明路 | 南南枉泾村 | 北永利路 | 1986、1993、2000、2011 | 1.4 | 9 | 沥青 | |
| 朝山港路 | 东洋村、东洋村桥 | 西洋村、东洋村河北人家 | 2008、2011 | 0.3 | 4 | 水泥 | |

同时,为了村民通行方便与做农活方便,相继在原来没有桥的河上建起了便桥。

1992年,淀山湖镇根据总体建设规划,投资1.5亿元,在"三区"范围内修筑了78 000米骨架道路路基。按国家高等级标准水泥路面拓宽工程,其中淀金公路至复明段、新乐路至复明段的复兴路完成了40米宽的宽、平、直的水泥公路。同时,建有与路同宽的桥梁,全路安装双侧路灯,4车道快慢车隔离带。同时进行绿化,道路两边种上香樟树、紫薇等树木,地面铺上草皮。

2012年年底,有市级公路一条2 000米,镇级公路3条4 000米,村级水泥路8条5 000米。兴复村境内,南北走向有万园路、黄浦江南路(复兴路)、旭宝路、朝山港路、复明路,东西走向有永利路、南苑路、盈湖路(中旭路),交通十分方便。公路跨江均建有与路面同宽的水泥公路桥。

**表4-1-4　　　　　　　　2012年兴复村公路、桥梁一览表**

| 桥名 | 位置 | 修筑时间 | 桥型 | 备注 |
|---|---|---|---|---|
| 朝山港桥 | 永利路中段 | 1993 | 三孔板梁,跨经35米,桥长36米,宽40米 | 汽20,挂100 |
| 碛碛塘桥 | 碛碛塘村西 | 1993 | 一孔梁,跨经16米,桥长25米,宽40米 | 汽20,挂100,2011年改建 |
| 西洋村桥 | 西洋村村东 | 1993 | 一孔梁,跨经16米,桥长25米,宽40米 | 汽20,挂100,2011年改建 |
| 旭宝路桥 | 复明村旭宝路中段 | 1993 | 一孔板梁 | |

表4-1-5　　　　　　　　　　2012年村级桥梁统计一览表

| 桥名 | 建造年份 | 位置 | 所跨河道 | 结构 | 类型 | 备用 |
|---|---|---|---|---|---|---|
| 德丰桥 | 1991 | 复新村 | 小千灯浦 | 水泥框架 | 公路桥 |  |
| 复新闸桥 | 1997 | 复新村 |  | 水泥 | 闸桥 | 桥、闸两用 |
| 南桥 | 1980 | 复新村 | 村里江 | 水泥 | 便桥 |  |
| 北桥 | 1975 | 复新村 | 村里江 | 水泥 | 便桥 |  |
| 白龙桥 | 1973 | 复明村 | 朝山港 | 水泥拱形框架 | 便桥 | 原拱形石桥移建 |
| 南柱泾桥 | 1973 | 复明村 | 村江 | 水泥 | 便桥 | 2007年新农村改造拆除 |
| 南柱泾东桥 | 2007 | 复明村 | 村江 | 水泥 | 便桥 | 2007年新农村改造新建 |
| 朝山港南桥 | 1997 | 复明村 | 朝山港 | 铁架水泥 | 农用便桥 | 改为桥、闸两用 |
| 碛礆塘西桥 | 1973 | 复明村 | 塘江 | 水泥 | 村桥 |  |
| 碛礆塘公路桥 | 1985 | 复明村 | 塘江 | 水泥 |  | 改为桥、闸两用 |
| 东洋村桥 | 1974 | 复明村 | 东洋村江 | 水泥拱形框架 | 村桥 |  |
| 东洋村闸桥 | 1991 | 复明村 | 东洋村江 | 水泥 | 便桥 | 桥、闸两用 |
| 三复桥 | 1992 | 复利村 | 杨村江 | 一孔板桥 | 闸桥 |  |
| 杨村南桥 | 1973 | 复利村 | 杨村江 | 砖混 | 村桥 |  |
| 杨村中桥 | 1973 | 复利村 | 杨村江 | 砖混 | 便桥 |  |
| 杨村东桥 | 1992 | 复利村 | 杨村江 | 砖混 | 便桥 |  |

### 2. 已拆古桥

表4-1-6　　　　　　新中国成立后兴复村拆除的古石桥一览表

| 桥名 | 建造年份 | 拆除时间 | 所在村名、河名 | 结构 |
|---|---|---|---|---|
| 德丰安桥 |  | 1996 | 复新村、度城潭北 | 阶梯石板桥 |
| 永顺桥 |  | 1991 | 复明村、塘江 | 阶梯石板桥 |
| 白龙桥 |  | 1973 | 复明村、朝山港 | 拱形石桥 |

### 3. 完好古桥

表4-1-7　　　　　　2012年兴复村尚保存完好的古石桥一览表

| 桥名 | 建造年份 | 所在村名、河名 | 结构 | 状况 |
|---|---|---|---|---|
| 后江石桥 |  | 复新村、后江 | 石板平桥 | 完好 |

## 三、供电

1958年民主电灌站建成后，原复利大队各生产队公场通电，开始使用电力脱粒，然后村民开始用电力照明。1964年，复明电灌站建成后，原复明大队各生产队公场通电,开始使用电力脱粒,然后村民也开始用电力照明。1965年,原复新村也通电,村民使用电力照明。但基于当时电力供应紧张,变压器容量小,各生产队脱粒用电还要轮流安排进行,村民照明用电电压低,灯泡亮度不足。

随着国家电力事业的迅猛发展,电力供需的矛盾趋于缓和。同时随着人民生活水平和科技水平的不断提高,各种家用电器得到广泛应用,村民用电量逐年增加。

表4-1-8　　　　　　　2003~2005年兴复村用电量统计表　　　　　单位:万千瓦时

| 年份 | 用电量 |
| --- | --- |
| 2003 | 81.18 |
| 2004 | 85.80 |
| 2005 | 82.93 |

1976年6月,镇建立农电管理站后,不断建设和添置供电设备与设施。

1998年以来,全镇供电设备、变压器容量得到大幅度增加与扩容。

1998年,供电部门实施"二改一同价"工程,对全镇各行政村增设变压器,改造低压线路、照明设备及脱粒用电箱、个体动力箱等。

至1999年10月中旬,全面完成全镇的农网改造,至2012年年底,兴复村共有变压器14台,总容量3 980KVA。

表4-1-9　　　　　　　2012年兴复村村域电力变压器一览表　　　　　单位:KVA

| 编号 | 台区名称 | 容量 | 地址 |
| --- | --- | --- | --- |
| 1 | 复利东变 | 250 | 淀山湖镇兴复村西洋村 |
| 2 | 复利南变 | 400 | 淀山湖镇复利南站 |
| 3 | 兴复村复利西变 | 400 | 淀山湖镇兴复村西洋村 |
| 4 | 复利站北变 | 400 | 淀山湖镇复利北站 |
| 5 | 民主站变 | 250 | 淀山湖镇兴复村 |
| 6 | 复利站变 | 250 | 淀山湖镇兴复村西洋村 |
| 7 | 南柱站变 | 250 | 淀山湖镇兴复村南柱站 |
| 8 | 复明站变 | 315 | 淀山湖镇兴复村东洋村 |
| 9 | 工业变 | 315 | 兴复村北荒田 |
| 10 | 复利村北变 | 250 | 淀山湖镇兴复村西洋村 |
| 11 | 南柱泾变 | 250 | 兴复村南柱泾村 |
| 12 | 碛礇塘变 | 200 | 兴复村碛礇塘村 |
| 13 | 兴复村变 | 200 | 淀山湖镇兴复村 |
| 14 | 碛礇塘南变 | 250 | 淀山湖镇兴复村碛礇塘 |
| 总计 | | 3 980 | |

## 四、供水

兴复村域是水网地区,民间习惯饮用河水。20世纪50年代初,加强对自然河水的保洁,提倡饮用明矾沉淀消毒水,禁止人、畜、粪便下河,民用马桶的清洗均由专人负责,各生产队均安排一人负责此项工作。

1965年,"社教"运动时,提倡每个生产队挖井,名为"社教井""'四清'井",开始饮用井水。20世纪70年代时,推广每家每户开场头井、灶边井,普及饮用井水。

20世纪80年代末,复字片在度城潭边建造小型水厂一座,所制自来水供应复光、复利、复新、复明4村,入户率达100%,全村100%人口饮用自来水。

1994年6月建成淀山湖自来水厂,取淀山湖二级水源为原水,采用先进的网格反应、平流沉淀、汽浮净水工艺,液氯消毒,达到国家饮用水标准,确保全镇居民和企事业单位的生活用水和生产经营用水,自来水普及率达100%。原复光、复利、复新、复明4村的小型水厂用户接入淀山湖自来水厂管网,原小型水厂停止运行。

2006年,昆山市自来水取源长江水,昆山自来水公司的规模进一步扩大,淀山湖自来水接通昆山自来水,全镇居民生活、生产用水随即由昆山自来水公司供应,更加确保了水质的安全度。

表4-1-10　　　　　　　2004~2006年兴复村用水统计表　　　　　单位:立方米

| 年份 | 2004 | 2005 | 2006 |
| --- | --- | --- | --- |
| 用水总量 | 67 330 | 83 150 | 86 830 |

## 第二节　公共服务建设

### 一、学校

民国时期,兴复村只有西洋村小学,新中国成立后,先后办起了西洋村、潭西、磋硫塘3所初小(公办),东洋村、南柱泾2所民办小学(耕读小学)。1993年,镇政府开办复光完小(度城小学),兴复村域的子女全部进入复光小学读书。

## 二、商贸集市

20世纪70年代初,淀东供销社在原复新村、复利村、复明村建立农村代购代销店,业务从代销到代购,从生活资料扩大到生产资料。

为适应农村实施联产承包责任制的需要,方便农民购买化肥、农药,在代购代销的基础上,全面增设肥药代销店(详见第五章村级经济、第六节商业)。

## 三、社区医疗服务站

为解决群众看病难、看病贵的实际困难,在上级政府和有关部门的统一部署下,2004年,兴复村建立社区卫生室一所,面积200余平方米。卫生室有药房、办公用房、医疗室,共200平方米,配备医务人员(即社区医生3人,3名医务人员在度城医疗站与兴复村医疗站轮流值班),诊疗室拥有病床33张,心电图机一台,基本上满足了村民医疗、配药的需求。

## 四、文体活动设施

为丰富广大村民的文化娱乐生活,投资约60万元,于2012年6月初动工兴建戏台一座,历时4个月,于9月27日完工。戏台台面离地0.9米,台面南北宽12米,东西进深7米,台面柱净高6米。采用中国古典建筑式样,正台南北两边分别配有面积约30平方米的辅助用房各一间,正台上方安装灯光等设施,戏台两边书写有"吹拉弹唱朗朗乾坤余音绕梁,生旦净丑芸芸众生悠然自得"对联一副,戏台古典庄严。

为丰富村民的文化和体育活动,村委会建立了健身房、乒乓室等,面积共200平方米,内有各种健身器材。另外,室外还建有健身场地120余平方米,运动器材12套。图书室一间,面积72平方米,内有图书2 700余册,及各类报纸杂志。

表4-2-1　　　　　　　　　2012年年底兴复村室外运动器材明细表　　　　　　　单位：套

| 地点 | 运动器材名称 | 数量 |
|---|---|---|
| 兴复村社区篮球场南 | 二人太空步 | 1 |
| | 多功能训练器 | 1 |
| | 三人扭腰器 | 1 |
| | 健骑器 | 1 |
| | 直型云梯 | 1 |
| | 上肢牵引器 | 1 |
| | 高低双杠 | 1 |
| | 健身跷板 | 1 |
| | 太极推手 | 1 |
| | 腹肌架 | 1 |
| | 四位蹬力器 | 1 |
| 总计 | | 11 |

表4-2-2　　　　　　　　2012年年底兴复村室内健身房器材明细表　　　　　　单位：套、只

| 健身器材名称 | 数量 | 康复器材名称 | 数量 |
|---|---|---|---|
| E-FAO型放松按摩器 | 1 | 偏瘫康复器 | 1 |
| G-20型下肢功率车 | 1 | 重锤式手指肌力训练桌 | 1 |
| 多功能力量组合器械 | 1 | 分指板 | 1 |
| 健身自行车 | 1 | 站立架 | 1 |
| 跑步机 | 1 | 肱四头肌训练椅 | 1 |
| 哑铃 | 6 | 平行杠 | 1 |
| | | 肋木 | 1 |
| | | 肩梯 | 1 |
| | | 前臂旋转练习器 | 1 |
| | | 滑轮吊环训练器 | 1 |
| 总计 | 11 | 总计 | 10 |

室外运动器材　　　　　　　　　　室外运动场地

## 五、老年活动室

为了丰富老年人的文化娱乐活动,使老年人老有颐养、老有所乐,兴复村在原有3个村建有老年活动室的基础上,对老年活动场所进行改造、扩充,对老年活动的设施进行充实,活动室内配置大屏幕电视机、DVD机,接通有线电视,桌椅齐全,棋牌室内配置麻将桌、象棋盘等。活动室安排专人负责,定时开门、关门,供应茶水。

表4-2-3　　　　　　　　　　　兴复村老年活动室基本情况一览表

| 名称 | 位置 | 设施 | 管理人员 |
| --- | --- | --- | --- |
| 复明老年活动室 | 复明(东洋村) | 电视室70平方米、棋牌室25平方米、公共卫生间 | 顾炳夫 |
| 复利老年活动室 | 兴复村村委会 | 电视室、棋牌室、公共卫生间 | 顾元顺 |

## 六、房地产开发

兴复村(原复新、复利、复明村)地理位置优越,有着得天独厚的生态环境和深厚的人文底蕴,吸引了众多外商及实业人士前往这块风水宝地开发旅游和房地产项目,主要包括旭宝高尔夫球场、富力湾房产和恒海国际花园房产、玉兔房产等项目。如今的兴复村风景优美,交通便捷,成了人们向往的集旅游与休闲于一体的宜居之地。

富力湾房产(2012年7月摄)　　　　恒海国际花园房产(2012年7月摄)

## 第三节 环境保护

为了经济的可持续发展,兴复村十分重视对环境的保护工作,结合新农村改造、村容村貌整治、创建卫生村等活动,做好环境的整治与保护。

### 一、改水

2007年,对原有的水管进行更换,用标准PVC管替换原来软塑料水管,每户有水表、总闸,每户一表。

### 二、绿化清淤

结合村庄改造大力进行绿化工作。2007年,碛磤塘绿化面积10 000平方米,清理垃圾460立方米,雨水管改造1 500米,建垃圾箱20个。2007年,南柱泾村结合新农村改造,绿化面积13 600平方米,清理垃圾230立方米,雨水管改造980米,疏浚河道400米,清淤3 600立方米。

### 三、畜禽管理

农村原来饲养家禽,习惯散养,鸡鸭满地乱跑,既不卫生,又影响村容,而且容易传染扩散疾病。所以村民委员会在宣传动员的基础上,做出规定,农户个体饲养家禽必须圈养,不得散放。

### 四、保洁队伍建设

从2005年起,全村建立保洁员队伍,共11人。各自然村固定配备1~2名保洁员,负责垃圾的收集清运,每天早晚各一次,同时清除道路边的杂草等。另外,还配备河道清洁员4名,负责河道内漂浮物的打捞。全村所有垃圾统一集中于垃圾中转站,由镇环卫所负责清运和进一步处理。开展各种形式的宣传教育,提高广大村民的环保意识,做到不乱扔垃圾,不向河道内倾倒废物。

## 五、环卫设施建设

为防止村民乱倒垃圾、乱放垃圾,兴复村由村委会统一购置有盖垃圾桶或垃圾箱,每两户合用一个;同时,规定村民的生活垃圾必须倾倒在垃圾箱或垃圾桶内,由保洁员统一收集、清运,送垃圾中转站。

表4-3-1　　　　　　2012年淀山湖镇兴复村垃圾箱(桶)分布一览表　　　　　　单位:户、个

| 组别 | 数量 | | 密闭卫生 | | 保洁员 |
| --- | --- | --- | --- | --- | --- |
| | 户数 | 垃圾箱(桶)数 | 是 | 否 | |
| 1 | 25 | 13 | √ | | 倪金龙 |
| 2 | 26 | 13 | √ | | |
| 3 | 34 | 17 | √ | | 黄祥菊<br>张爱美 |
| 4 | 35 | 18 | √ | | |
| 5 | 29 | 15 | √ | | |
| 6 | 26 | 13 | √ | | 陈阿五 |
| 7 | 31 | 16 | √ | | |
| 8 | 22 | 22 | √ | | |
| 9 | 23 | 23 | √ | | |
| 10 | 32 | 32 | √ | | 徐小妹<br>顾阿九<br>周本英<br>顾丽洁 |
| 11 | 22 | 22 | √ | | |
| 12 | 14 | 14 | √ | | |
| 13 | 25 | 25 | √ | | |
| 14 | 23 | 23 | √ | | |
| 15 | 10 | 10 | √ | | |
| 16 | 16 | 16 | √ | | 朱道生<br>姚四英 |
| 17 | 24 | 24 | √ | | |
| 18 | 25 | 25 | √ | | |
| 19 | 14 | 14 | √ | | |
| 20 | 26 | 26 | √ | | |
| 21 | 16 | 16 | √ | | |
| 合计 | 498 | 397 | | | |

## 六、整治小化工厂

20世纪90年代,兴复村域内个体小化工厂已成一定规模,起先有几户租用原复明造漆厂空闲厂房用作生产场所和仓库,环境差,安全隐患大。

2005年,村里另选场所,在原复明加工厂地址建造新的厂房。全村有九家个体小化工厂经营者,由个人出资建造房屋,所出资金抵五年租金,五年期满后,房屋归村集体所有,小化工厂经营户缴纳房屋租金。在这一期间,发现有些经营者经营很不规范,如无照经营、超范围经营、化工生产所产生的废液废渣不经处理直接排放,影响环境。另外,由于经营者安全观念淡薄,生产过程中存在很大的安全隐患,一旦发生事故,很可能给村民的生命财产造成巨大损失。

2012年,在上级有关部门的支持下,决定关闭所有小化工厂,停止生产。

# 第四节 创建卫生村

"既要金山银山,又要绿水青山",为了可持续科学发展,兴复村在一手抓经济工作、富民强村的同时,另一手抓环境整治和卫生宣传教育,努力创建卫生村。

## 一、村庄整治改造

结合新农村建设,兴复村对南柱泾、磺磡塘两个自然村进行村庄整治改造,共疏浚河道4 000米(3 600立方米),改造驳岸786米,修建河滩65座,改造主干道路长750米,宽7米,入户及分支道路2 200米,宽3米。新建桥梁一座跨度8米,宽7米,拆除辅房2 827平方米。

下水道用D450有筋管道铺设2 480米,对自来水管、有线电视、低压线路进行改造。

## 二、环境整治

(1)建标准水冲式厕所3座,垃圾箱每户1个,垃圾中转站从黄浦江南路边西移至万园路东侧,修理更新垃圾清运车,消灭农户的露天粪池,村统一为每户建化粪池一座。

表4-4-1　　　　　　　　　2012年兴复村公共厕所分布一览表　　　　　　　单位：座

| 地点 | 数量 | 冲洗方式 | 管理员 |
| --- | --- | --- | --- |
| 复明村口 | 1 | 水冲式 | 张爱妹 |
| 西洋村口 | 1 | 水冲式 | 徐小妹 |
| 西洋村老年协会 | 1 | 水冲式 | 顾元顺 |
| 复明村老年协会 | 1 | 水冲式 | 顾炳夫 |
| 村委会 | 1 | 水冲式 | 马文元 |
| 合计 | 5 | | |

（2）新增绿地面积23 600平方米，全村绿化率达31.81%；绿化填土23 000立方米。南柱泾村、碛碾塘村外墙涂料粉刷48 400平方米；清理垃圾690立方米。东洋村、西洋村两村外墙粉刷涂料26 000平方米；清理乱堆放1 200立方米，清理河沟2 000米。

## 三、卫生管理

村成立了以村书记为组长、村主任为副组长，其他正副职干部、乡村医生、老年协会会长、保洁队队长为成员的爱国卫生领导小组。村干部包片、党员包户，层层落实，不留死角。村爱卫领导小组每月带领全体保洁员对各包干地段进行检查，发现问题及时解决。开展卫生清洁户评比，全村498户有400户被评为卫生清洁户，卫生清洁户占农户的80%。

## 四、健康教育

做好健康知识材料的宣传和发放，定时定期更换健康教育画廊，邀请镇卫生院、预防保健所有关专业技术人员进村，举办中老年人慢性病，特别是"三高"（高血压、高血脂、高血糖）知识讲座。健康教育资料入户率为100%，村民健康知识知晓率达90%，健康行为形成率达85%。

## 五、消灭蚊、蝇、鼠等害虫

坚持每年春秋两季集中活动，各家各户开展消灭蚊、蝇、鼠等害虫活动，清除蚊蝇滋生地，同时用药物喷洒、工具诱捕等方法，把蚊、蝇、鼠等害虫密度控制在规定范围内。

## 六、食品卫生

按照《食品安全法》的要求,会同镇工商所、卫监所、食安办等对全村辖区内的商店进行"地毯式"检查,确保商店具有食品安全许可证,商品符合食品安全标准。

## 七、卫生室建设

村里划出专门地方建设村卫生室,卫生室有办公、医疗、配药、库房等功能,配备足够的医务人员。每年为65岁以上老人免费进行健康体检,建立村民健康档案。

经过长时间的努力,整个兴复村辖区内面貌焕然一新,河水清澈了,景物美化了,道路宽敞了,环境整洁了,逐步形成了一个生态良好、田园风光迷人的典型江南水乡农村。

随着生活环境的变化和生活质量的提高,村民满意度也大为提高。

兴复村2005年获"江苏省卫生村"荣誉称号,2009年被评为"昆山市十佳卫生村"。

# 第五章 村级经济

兴复村地处江南水乡,气候温和湿润,土地肥沃,历来以种植水稻、三麦、油菜为主。新中国成立前,由于大多数村民没有土地,主要依靠租田耕种来维持生计,再加上受封建生产关系的束缚、频繁的洪涝灾害和血吸虫病的严重流行,田多劳少,生产力低下,水稻亩产仅100~150千克,小麦亩产不足50千克,油菜亩产在20千克上下。1949年粮食总产量951吨,油菜籽总产量44.52吨,种植业总产值20.1万元(按1980年不变价)。

新中国成立后,经过土地改革,废除了封建生产关系,组织互助组、合作社,实行集体劳动,加上大兴水利,推广农业新技术,以及防治血吸虫病,生产水平不断提升。1957年粮食总产量达1 516吨,种植业总产值34.65万元,分别比1949年增长54.7%和72.3%。

1958年,在"大跃进"的"左倾"思想影响下,加上自然灾害的影响,导致1959~1961年粮油产量减产,1961年粮食总产量仅945吨,比1957年下降571吨。1962年贯彻、执行中央"调整、巩固、充实、提高"的"八字"方针和《农业发展纲要六十条》,落实了三级所有、队为基础等一系列政策措施,极大地调动了广大农民的生产积极性,使农业生产得到逐步恢复。"文化大革命"时期,片面强调"以粮为纲",粮食产量虽然有所增长,但经济效益不高,增产不增收。1968年种植业总产值为38.98万元,兴复村(原复新、复利、复明)20个生产队有18个队减收,2个队略增,社员的人均分配水平徘徊在100~200元之间。1977年种植业总产值为46.32万元,年递增率为2.3%。

党的十一届三中全会后,改革农村经济体制,1983年实行家庭联产承包责任制,调整农村产业结构,使一大批农村剩余劳动力迅速转移至二产、三产,农林牧副渔全面发展,农村的面貌出现了新的变化。

表5-0-1　　　兴复村(原复新村、复利村、复明村)选年人均收入一览表　　　单位:元

| 年份 | 复新 | 复明 | 复利 |
| --- | --- | --- | --- |
| 1957 | 91.9 | 113.4 | 101.8 |
| 1962 | 85 | 116.9 | 114.8 |
| 1968 | 106 | 91 | 109 |
| 1974 | 136 | 139 | 159 |
| 1978 | 153 | 153 | 176 |
| 1982 | 287 | 248 | 287 |

1983年,兴复村的原复新村有几户农户开始种植蘑菇,自行销售,经济效益还可以。到1984年,全村好多农户争相效仿,全面推广种植蘑菇。当时没有统一收购,农户只能骑自行车到各地销售蘑菇,一般往淀山湖农贸市场、朱家角、青浦、上海等农贸市场设摊销售。随着种植户数的增加,产量也相应增加,就近销售比较困难,于是有的农户甚至骑自行车(当时摩托车、电动车还没有普及)到上海市郊漕河泾、北新泾、黄渡,最远的骑自行车到浦东,往南达练塘镇等地销售。据统计,1983~1989年期间,全村种植户数约45户,每户种植约50平方米,除去成本等开销,可有2 000~3 000元的净利润,这在当时是一笔不错的经济收入。所以复新村在当时是淀山湖镇远近闻名的"蘑菇村"。

20世纪90年代初,认真贯彻落实党在农村的各项方针政策,稳定以家庭联产承包为主的责任制,推进农业规模经营和村级企业的经营机制转换,大力发展多种经营,走以农业为基础、外向为带动、农副工协调发展的路子。

## 第一节　生产关系变革

### 一、土地私有制

新中国成立前,土地归私人所有,地主、富农占有大量土地,而贫农、雇农则缺田少地。

表 5-1-1　　　　　　　　新中国成立前兴复村各阶层占有土地情况表

| 单位 | 阶层 | 户数(户) | 人数(人) | 占农田亩数(亩) |
|---|---|---|---|---|
| 复明 | 地主 | 3 | 11 | |
| | 小土地出租 | 1 | 3 | 10 |
| | 富农 | 9 | 40 | 20 |
| | 中农 | — | — | — |
| | 贫农 | 15 | 57 | |
| | 雇农 | 1 | 1 | |
| 复利 | 地主 | 4 | 12 | 200 |
| | 富农 | 3 | 13 | |
| | 中农 | 25 | 98 | |
| | 贫农 | 115 | 345 | |
| | 雇农 | 4 | 4 | |
| 复新 | 地主 | 3 | 5 | 90 |
| | 富农 | 2 | 2 | 30 |
| | 中农 | 35 | 170 | 200 |
| | 贫农 | 40 | 200 | 180 |
| | 雇农 | 3 | 5 | |

从表5-1-1可以看出，占人口2%的地主，土地人均占有17亩，是贫雇农民的17倍，无地少地的农民只得向地主租田耕种。

地主出租土地的方式分定租（死租）、活租、小租、分租、自佃田几种。

地主占有土地，通过地租盘剥农民，收租手段名目繁多，地主与官府、警察局勾结进行收租。秋收季节，地主派人下乡催租，佃户必须备酒肉招待，否则交租时会受到种种刁难。交租设定期限，每限10天，头限交租可打折扣，三限交租要加罚。三限一过，地主就会派人上门逼租，若佃户无米可交，将佃户家的生活用品做抵押，甚至通过警察局上门捉人关进监牢，吃租米官司，佃户必须交清租米，才能放人。有些地主对佃户当年交不足的租米，要佃户央人做担保，立下字据，地租米变为债务米，到期加高利息归还。这种手段加速了佃户破产，还不清租米的佃户，不但要中断租田，还得以工抵债，到地主家中去做长工。除了以上利用收租米剥削农民外，还有雇工剥削农民，包括长工和短工，长工由东家管饭，年终付给工钱，糙米5~6石，短工则按月计算，每月工钱3~5斗米不等。另外，还雇佣看牛童工，仅管吃饭，不付工钱，若不合东家旨意，随时解雇。

## 二、土地改革

1950年6月颁布《中华人民共和国土地改革法》。度潭乡先行试点,成立农民协会,进行土地登记,归户造册,清查各阶层土地占有情况,按农户实有人口人均占有生产资料,分清剥削和被剥削界限,评定成分。成分分为雇农、贫农、中农、富裕中农、富农、半地主富农、地主,按照党的"依靠贫雇农、团结中农、孤立富农、打击地主"的政策,以农民协会为主体,发动和组织农民向地主阶级进行说理斗争,依法没收地主剥削而得

度潭乡官里村农民土地房产所有证

的土地、财物,征收其他阶层多余的土地,同时征收公产。根据贫雇农无地少地的情况,分别按大平均、小平均两种情况分配土地,并视贫雇农和下中农的家境状况分配四大财产(即土地,房屋,大型生产资料牛、船、车,生活资料)。

表5-1-2　　　　　1951年兴复村域内各自然村村长、农会主席名单

| 村名 | 村长 | 农会主席 |
|---|---|---|
| 南枉泾 | 蔡品祥、顾小苟 | 刘友良 |
| 碛磜塘 | 姜志芳 | 黄家禄 |
| 东洋 | 王永夫 | 顾木观 |
| 西洋 | 钟国华 | 徐象高 |
| 潭西 | 方志来 | 徐士昌 |

## 三、农业合作化

土地改革后农民分得了土地,生产积极性得到极大提高。当地农村在农忙季节中有伴工的习惯,其中有劳动伴工(以工换工)、人畜伴工(以耕牛等农具换工)。土地改革后,土地按人分田,户与户之间劳动力不均匀,大型农具及生产工具不均,于是农户自行组织拌工进行调剂,互助互帮,日后就成为互助组。

1951年5月15日,中共中央发布《关于农业生产互助合作的决议》,掀起了农

村互助合作运动。各村在自愿互利的基础上纷纷成立互助组进行生产。互助组有两种形式,一种农忙时组织一起生产,闲时分散进行田间管理,称为"临时互助组";一种是常年固定的劳动组合,称为"常年互助组",劳动力、大型农具等进行余缺互补、等价交换,土地各自种植,收支自负盈亏。

表5-1-3　　　　　　　　1952年兴复村各自然村建立互助组一览表

| 村名 | 总户数(户) | 互助组数 | |
|---|---|---|---|
| | | 常年组 | 临时组 |
| 南柱泾 | 26 | 2 | 4 |
| 碛碯塘 | 58 | 2 | 9 |
| 东洋村 | 27 | 2 | 4 |
| 西洋村 | 121 | 4 | 12 |
| 潭西 | 93 | 4 | 11 |

### 1. 初级农业生产合作社

1954年上半年,在贯彻宣传党的过渡时期总路线中,率先在常年互助组办得较好的组内,试办"初级农业生产合作社"(简称"初级社",下同)。

初级社实行以土地入股,户主保留土地所有权,入股后的土地由合作社统一经营、统一安排劳动力耕种,秋收后按土劳分配,农具折价保本付息,耕牛由原主饲养,统一使用,付租金。初级社由民主选举社长、副社长,设会计,分若干生产队,由生产队长组织生产。

表5-1-4　　　　1954年兴复村(原复利村、复明村、复新村)初级社统计表　　　单位:户

| 社名 | 户数 | 班子成员 | |
|---|---|---|---|
| | | 社长 | 会计 |
| 复明 | 18 | 刘友良、顾小苟 | 倪仁刚 |
| 复塘 | 17 | 朱章福 | 黄振礼 |
| 复平 | 16 | 杨里平 | 黄传仑 |
| 复东 | 25 | 何阿宝 | 黄传仑 |
| 西洋 | 61 | 徐象高 | 马永康 |
| 潭西 | 46 | 姜建光 | 萧建忠 |

在初级农业生产合作社、互助组、单干户并存时期,初级农业生产合作的优越性充分显示出来,推动了互助合作化运动的进一步发展,调动了广大农民的生产

积极性。

### 2. 高级农业生产合作社

1955年11月，贯彻中央《关于农业合作化问题的决议》。随着办社积极性的高涨，初级阶段的农业合作社又出现了新的矛盾，因土地所有权归属农户所有，大规模地进行整地和兴修水利过程中出现了新的问题；另一方面初级社农户少，规模小，土地比较分散，不能适应生产发展的需要。为克服上述矛盾，适应生产发展的需要，于是出现了一村一社，或几个初级社合并起来，组成高级农业生产合作社。

高级农业生产合作社，规定土地为集体所有，各户按人保留少量自留地、耕畜，大农具折价归公，取消土地分红，实行按劳分配。

高级农业生产合作社，既是经济实体，又是基层行政单位。设社长、副社长、会计，以高级社为单位建党支部、团支部、民兵、妇会委等基层组织，社以下分若干生产队，生产队有队长、副队长、会计负责日常生产和管理工作。土地为高级社集体所有后，有利于连片管理，划分耕作区。对生产队实行土地、劳动力、耕畜、大农具"四固定"，管理上实行定产量包产、定工分包工、定成本包本、超产增收部分直接纳入社员分配。采取夏熟预分、秋熟决算，全年从净收入中提取公积金、公益金，用于扩大再生产和社员的集体福利事业。

表5-1-5　　兴复村(原复利村、复明村、复新村)高级社领导班子一览表

| 年份 | 村名 | 班子成员 | | | | | |
| --- | --- | --- | --- | --- | --- | --- | --- |
| | | 书记 | 社长 | 会计 | 团书记 | 妇女主任 | 民兵营长 |
| 1956 | 复明 | 刘友良 | 顾小苟 | 黄振礼 | 姜进生 | 沈小妹 | 唐夫生 |
| 1956 | 复利 | 徐象高 | 马永康<br>庞士平 | 庞士忠<br>陈志明 | 钟佰年<br>许金炳 | 顾彩英 | 许金炳<br>许阿二 |
| 1956 | 复新 | 姜建光 | 陈桂林 | 杨宝德 | 张仁青 | 盛彩英 | 徐海林 |

## 四、人民公社

1958年10月，淀东人民公社成立，复新高级农业生产合作社、复利高级农业生产合作社、复明高级农业生产合作社，分别改称为复新大队、复利大队、复明大队。复明大队共有48户，509人，土地面积1 749亩。按自然村划分为7个小队，南柱泾村为1队和2队，碛碨塘村为3队、4队和5队，东洋村为6队和7队。复利大队共有159户，562人，土地面积1 993亩，划分为8个小队。复新大队128户，440人，土地面积1 375亩，划分为6个小队。

表 5-1-6　　1958年兴复村（原复明大队、复利大队、复新大队）各农户统计表　单位：户、人、亩

| 单位 | 大队 | 1队 | 2队 | 3队 | 4队 | 5队 | 6队 | 7队 | 8队 | 合计 |
|---|---|---|---|---|---|---|---|---|---|---|
| 复明大队 | 户数 | 21 | 19 | 23 | 23 | 20 | 19 | 23 | | 148 |
| | 人口 | 67 | 74 | 77 | 96 | 61 | 60 | 74 | | 509 |
| | 土地 | 271 | 258 | 263 | 287 | 210 | 206 | 254 | | 1 749 |
| 复新大队 | 户数 | 17 | 28 | 29 | 12 | 24 | 18 | | | 128 |
| | 人口 | 65 | 87 | 94 | 48 | 89 | 57 | | | 440 |
| | 土地 | 191 | 247 | 292 | 172 | 303 | 170 | | | 1 375 |
| 复利大队 | 户数 | 17 | 21 | 25 | 25 | 14 | 23 | 22 | 12 | 159 |
| | 人口 | 66 | 69 | 91 | 76 | 46 | 80 | 83 | 51 | 562 |
| | 土地 | 234 | 282 | 299 | 266 | 163 | 311 | 293 | 145 | 1 993 |

人民公社化初期至1960年，复明大队、复新大队、复利大队均设党支部和大队管理委员会，实行党支部领导下的分工负责制。在公社统一领导下，管理全大队农、副、工三业生产和社员政治文化生活，以及社会福利、调解民事纠纷。1962年3月，确定以生产队为基本核算单位。由队长、副队长、会计组成队委会，组织队内生产，安排社员生活。

表 5-1-7　　　　　　　　1962～1983年各生产队历任队长名录

| 单位 | 1队 | 2队 | 3队 | 4队 | 5队 | 6队 | 7队 | 8队 |
|---|---|---|---|---|---|---|---|---|
| 复新大队 | 顾炳泉 | 朱阿三 | 许福元 | | 王阿小 | 俞阿根 | | |
| | 金效法 | 朱桃根 | 姚小腊 | 汤根林 | 黄小苟 | 王福根 | | |
| | 缪阿夫 | 王苟观 | 姚仁忠 | 金兴龙 | | 俞林元 | | |
| | 朱楚中 | | 李阿小 | 姚祖生 | 王士兴 | 徐菊泉 | | |
| | | | 姚云良 | | | | | |
| 复利大队 | 何根泉 | 钟国华 | 陈文炳 | 许阿二 | | 徐金夫 | 顾志义 | 钟雪根 |
| | 丁炳生 | 钟佰年 | 施金光 | 钟勤生 | 许阿二 | 徐福元 | 顾秀堂 | 钟召德 |
| | 马良其 | 陈幸福 | 顾阿四 | | 庞介明 | 顾元顺 | 单小夯 | 钟阿小 |
| | 何二夯 | 钟金龙 | 许福泉 | 陈惠祖 | 钟雪林 | 徐菊泉 | 王士兴 | |
| | 马文元 | 姚祥元 | 许生明 | 庞万青 | 周奎荣 | | | |
| | | | 金祥 | | | | | |
| | | | 陈士林 | | | | | |

续表

| 单位 | 1队 | 2队 | 3队 | 4队 | 5队 | 6队 | 7队 | 8队 |
|---|---|---|---|---|---|---|---|---|
| 复明大队 | 蔡小春 | 蔡品祥 | 黄振浩 | 祝英明 | 姜永福 | 沈法祥 | 何阿宝 | |
| | 倪仁刚 | 顾德其 | 朱章福 | 唐火生 | 盛玉峰 | 沈夫生 | 杨进兴 | |
| | 倪福生 | 顾荣生 | 唐荣生 | 柴德全 | | 陈华生 | 陈永兴 | |
| | | | | 黄桂荣 | | 朱金泉 | | |
| | | | | | | 沈引芳 | | |

人民公社化初期,采用营、连、排军事化编制,兴复村域内属淀东公社二营(3~5连),实行"大兵团作战"搞生产,生活上采用半供给制度,办公共食堂,实行"吃饭不要钱,每人每月5元零用钱"。

分配由公社统一核算,全公社范围内搞平均主义分配,乃至平调社员的私有财产和集体财产,出现了"共产风""命令风""浮夸风""瞎指挥风""多吃多占风"。摆"擂台",喊高口号,提出"踏破地球冲破天,一天等于二十年""人有多大胆,地有多大产"等。这些过激举措脱离了农村生产力发展的实际水平和农民的意愿,严重挫伤了农民的生产积极性。虽然1959年党的"郑州会议"纠正了上述错误倾向,但由于1959~1961年三年经济困难时期,农业生产大滑坡。1961年,兴复村(原复新、复明、复利)粮食总产量降至945吨,农民口粮不足,用瓜菜代粮,体质下降,非正常死亡、劳动力外流等情况不断出现。

1962年,贯彻《农村人民公社工作条例(修正草案)》(简称《农业六十条》),基本核算单位下放到生产队,实行"三级所有,队为基础",恢复土地、劳动力、耕牛、农具"四固定"和"三包一奖",进一步贯彻统一经营管理、自负盈亏、收益分配、承认差别。在劳动管理上,坚持定额包工、评工记分、多劳多得、按劳分配,调动了社员的生产积极性,促进了生产发展,粮食生产有所好转。在口粮分配上,采用按人按等级分配基本口粮,按劳分配工分粮,取消"大锅饭",农民生活有所好转。

1963年,中央开展社会主义教育运动,颁发《二十三条》。1964年各大队进行面上社会主义教育运动,为系统开展社会主义教育运动打下了基础。1965年7月15日,社会主义教育运动工作队开始派驻各大队,各大队组织贫下中农协会,开展"四清"运动。

1966年,"文化大革命"开始,农村割资本主义尾巴,实行"大寨式"劳动管理。强调"以粮为纲",在业余时间家庭搞小工业或副业被视为"资本主义倾向",受到批判和限制,挫伤了社员的生产积极性,农业生产又出现了低潮。

1971年12月,按中央指示,恢复劳动定额评工记分,按劳分配,农业生产才又有了起色。但仍然批判"经济挂帅",不讲经济效益,使集体经济和农民收入增长缓慢。1983年实行政社分设,恢复村级行政建制,村级行政组织由原来的大队改为村民委员会。村经济合作社为村级经济组织。

## 五、家庭联产承包责任制

家庭联产承包责任制,群众称为"包产到户",开始先包产到组。1982年4月,各生产队分若干小组,实行"包工、包产、包费用"的三包到组,联产计酬、超产奖励、减产赔偿。期间,复利大队由6个生产队拆分为8个生产队。但改革不彻底,"大锅"换"小锅",村民的生产积极性还是不能得到充分发挥。

1983年4月,复新村先进行试点,全面实行以农户为单位的联产承包,土地一包到底,按人分口粮田,按劳动力分承包田(也叫责任田),在国家计划指导下,自主经营、自负盈亏,依法缴纳农业税、集体公积金、公益金、管理费,余下的归农户所有。区域内各村经济合作社建立农业综合服务站,把"作物布局,供应良种,机械作业,灌溉排水,防病治虫,肥药供应"工作统一起来,实施配套服务。各村还组建了机耕服务队,电灌站建立常年管水队,农技站建立农技指导网络,双代店建立肥药供应服务站。实行"农户包任务,集体包服务",形成并完善了以家庭联产承包为主体的统分结合的双层经营管理体制。

2004年与1982年相比,全村水稻面积减少了2 065.11亩,而亩产从350千克左右上升到500千克,增长30%~40%,年年超额完成,人均收入达1万元。

这就是农村第一轮土地承包确权。通过几年实践,根据农户家庭人口和劳动力的变化,于1988年进行第一次责任田小调整,1993年进行第二次调整。

## 六、规模经营

农业自实行家庭联产承包责任制后,农民生产积极性得到进一步激发,在搞好第一产业的同时,不断开发第二、第三产业。有进厂务工的,有在集市经商的,有跑短途运输的,比较富裕的人在市镇购房定居,承包田让别人代耕,由代耕者包种包收,代为完成征购任务。大农户就在这种新形势下诞生了,并得到迅速发展。1991年11月,中共中央十三届八中全会通过了《关于进一步加强农业和农村工作的决定》,要求不断完善统分结合的双层经营体制,坚定不移地深化农村改革。兴复村原来的复新村、复利村、复明村,逐步发展了不少大农户,初步形成了规模经营的格局。刚开始规模经营的方法是实行"个人承包,集体投资,定额上交,成本核算,实奖实赔,自负盈亏",后来是一包到底,自负盈亏。

表5-1-8　　　　1993年兴复村(原复新村、复利村、复明村)规模经营户统计表

| 大农户姓名 | 承包土地(亩) |
|---|---|
| 徐永元 | 110 |
| 赵永标 | 20 |
| 张向阳 | 25 |
| 张中华 | 18 |

### 1. 农业产业化经营

1998年,农村第二次土地确权承包,实现了在规模经营的基础上发展产业化经营。

1998年,贯彻中办发〔1997〕16号《关于进一步稳定和完善农村土地承包关系的通知》精神,决定再延长土地承包期30年。贯彻执行江苏省苏州市关于做好延长土地承包期和向承包户颁发"农村集体土地承包经营权证书"的指示和昆山市委《关于稳定完善农村土地关系发放经营权证书的实施意见》,于1998年下半年进行确权发证。

表5-1-9　　兴复村(原复利村、复明村、复新村)农业产业化经营情况统计表

单位:亩、元

| 年份 | 面积 | 承包人 | 上交金额 |
|---|---|---|---|
| 1998 | 67.98 | 何三夯 | 10 685 |
| 1998 | 122.29 | 陈飞荣 | 17 464 |
| 1998 | 84.96 | 王学农 | 13 386 |
| 1998 | 104.77 | 陈永元 | 16 844 |
| 1998 | 59.01 | 徐菊全 | 9 329 |
| 1999 | 78.21 | 王学农 | 9 458 |
| 1999 | 51.57 | 金凤祥 | 6 196 |
| 1999 | 47.62 | 周海兴 | 4 562 |
| 1999 | 64.11 | 顾再林 | 8 361 |
| 1999 | 68.18 | 顾再其 | 8 738 |
| 1999 | 58.29 | 徐正威 | 7 975 |
| 1999 | 76.87 | 钟阿小 | 4 447 |
| 1999 | 46.45 | 庞美林 | 4 898 |

续表

| 年份 | 面积 | 承包人 | 上交金额 |
|---|---|---|---|
| 1999 | 42.87 | 钟雪生 | 5 184 |
| 2009 | 116.15 | 倪建明 | 34 845 |
| 2009 | 96.7 | 顾明生 | 29 010 |
| 2009 | 110.14 | 沈引方 | 25 447 |
| 2009 | 101.49 | 陈三民 | 30 447 |
| 2009 | 104.56 | 苏幸福 | 27 586 |
| 2009 | 122.1 | 钟阿小 | 28 335 |
| 2009 | 111.54 | 王学农 | 33 462 |
| 2009 | 93.75 | 胡善春 | 15 300 |
| 2010 | 112.97 | 倪建明 | 32 925 |
| 2010 | 95.46 | 顾明生 | 28 638 |
| 2010 | 107.69 | 沈引方 | 32 307 |
| 2010 | 101.49 | 陈三民 | 30 447 |
| 2010 | 100 | 苏幸福 | 30 000 |
| 2010 | 121.6 | 钟阿小 | 36 480 |
| 2010 | 109.72 | 王学农 | 32 916 |
| 2010 | 102.5 | 胡善春 | 18 442 |
| 2011 | 103.74 | 倪建明 | 39 421 |
| 2011 | 95.1 | 顾明生 | 36 138 |
| 2011 | 107.69 | 沈引方 | 40 922 |
| 2011 | 101.49 | 陈三民 | 38 566 |
| 2011 | 73.5 | 苏幸福 | 29 400 |
| 2011 | 109.6 | 钟阿小 | 41 648 |
| 2011 | 121.6 | 王学农 | 46 208 |
| 2011 | 93.75 | 胡善春 | 32 810 |
| 2012 | 88.32 | 孙玉虎 | 62 795 |
| 2012 | 91.1 | 顾明生 | 80 168 |
| 2012 | 84.52 | 沈引芳 | 78 688 |
| 2012 | 109.6 | 顾生林 | 93 270 |
| 2012 | 88.46 | 陈雪林 | 78 022 |
| 2012 | 121.6 | 徐红星 | 107 251 |
| 2012 | 73.77 | 朱月明 | 65 065 |
| 2012 | 78.72 | 顾德田 | 69 431 |

### 2. 第二次确权承包

随着基础设施建设和工业的发展、各类建设用地的增加及农户人口的变动,使农户承包土地面积出现了较大的变化,加上有些农民进厂务工、个体工商经营,使第一次承包的土地已出现新的变化,出现了不合理情况。有些农户人多田少需要增加承包面积,有的农户则相反,田多劳少,需要减少承包面积,甚至出现抛荒,因此农民迫切要求改变这一局面,政府基于以上原因,引导进行了第二次土地确权承包。1998年,按当时各生产队剩余土地和人口,重新进行按家庭为单位划分土地承包数,这就是第二次"确权",以发证形式确定各农户承包面积,固定土地使用权。

表5-1-10　1998年兴复村(原复新村、复利村、复明村)第二次土地确权统计表

单位:户、人、亩

| 组别 | 确权户数 | 确权人数 | 确权土地面积 |
| --- | --- | --- | --- |
| 1 | — | — | — |
| 2 | 25 | 97 | 112.54 |
| 3 | 32 | 129 | 150.76 |
| 4 | 34 | 104 | 116.68 |
| 5 | 28 | 108 | 96.66 |
| 6 | 26 | 107 | 119.59 |
| 7 | 31 | 105 | 137.68 |
| 8 | 24 | 69 | 55.01 |
| 9 | 25 | 85 | 54.43 |
| 10 | 36 | 125 | 146.69 |
| 11 | 24 | 80 | 135.15 |
| 12 | 17 | 59 | 102.54 |
| 13 | 28 | 106 | 183.92 |
| 14 | 26 | 75 | 124.25 |
| 15 | 11 | 32 | 93.07 |
| 合计 | 367 | 1 374 | 1 628.97 |

注:人均耕地面积不足0.5亩,不确权发证。

表 5-1-11　　1998年兴复村(原复新村、复利村、复明村)土地承包统计表　　单位:人、亩

| 组别 | 总人口 | 确权面积 | 承包面积 |
| --- | --- | --- | --- |
| 1 | 94 | — | 42.97 |
| 2 | 97 | 112.54 | 149.50 |
| 3 | 130 | 150.76 | 153.47 |
| 4 | 104 | 116.68 | 146.42 |
| 5 | 108 | 96.66 | 97.07 |
| 6 | 107 | 119.59 | 166.38 |
| 7 | 105 | 137.68 | 188.17 |
| 8 | 69 | 55.01 | — |
| 9 | 85 | 54.43 | 100.48 |
| 10 | 126 | 146.69 | 60.53 |
| 11 | 80 | 135.15 | 164.26 |
| 12 | 59 | 102.54 | 61.63 |
| 13 | 106 | 183.92 | 223.34 |
| 14 | 79 | 124.25 | 144.35 |
| 15 | 33 | 93.07 | 50.32 |

备注:16~21组为原复新村已拆迁失地不发生确权承包关系。

在第二次确权承包土地的基础上,土地渐渐集中到种田能人手中,推动了农业产业化经营。

通过两轮土地承包确权,巩固了家庭承包经营,但随着形势的发展,统分结合的双层经营体制出现了一些新情况,一是农民在市场的主体地位很脆弱,以农户为单位的小生产经营不能适应大市场的需要,与发展现代农业的要求不相适应;二是原来的农村服务体系已经不适应新的情况。人多地少,人地矛盾日益突出,而愿意经营土地的农户急需土地,扩大经营规模。在此情况下,村成立了土地股份制合作社,农户在明确土地承包权不变的基础上,将自己承包的责任田按照依法、自愿、有偿的原则,入股给土地合作社。由合作社统一发包,流转给生产大户,实行农业产业化经营,有的开塘养殖,有的搞商品粮基地,有的搞果蔬基地等。

表5-1-12　　　　　　　　　　　　兴复村土地使用情况汇总表　　　　　　　　　　单位：亩

| 村名 | 年份 | 面积 | 增减原因 |
|---|---|---|---|
| 复明 | 1983 | 1 604.15 | 筑圩堤、机耕路、部分村民建房 |
| | 1984 | 1 581.15 | 筑防护岸、筑机耕路、农民自建房 |
| | 1985 | 1 561.7 | 村办企业、农民自建房 |
| | 1986 | 1 546.2 | 村办企业、农民自建房 |
| | 1987 | 1 538.2 | 农民自建房、筑机耕路 |
| | 1988 | 1 526.7 | 农民自建房、筑机耕路 |
| | 1990 | 1 511.2 | 村办企业 |
| | 1992 | 1 498.7 | 道路征用 |
| | 1993 | 1 403.58 | 旭宝高尔夫球场征用 |
| | 2004 | 1 114.58 | 东恒房产、中旭路、盈河路征用 |
| | 2005 | 1 006.41 | 东恒房产征用 |
| | 2007 | 989.01 | 黄浦江路延伸征用 |
| | 2010 | 984.61 | 盈河路拓宽征用 |
| | 2011 | 808.69 | 淀山湖花园开发征用 |
| | 2012 | 625.16 | 淀山湖花园开发、南苑路、盈湖延伸征用 |
| 复利 | 1983 | 1 974.87 | 筑圩堤、机耕路、部分村民建房 |
| | 1984 | 1 945.36 | 村办企业、筑防护岸、筑机耕路、农民自建房 |
| | 1985 | 1 925.16 | 村办企业、筑机耕路、农民自建房 |
| | 1986 | 1 905.39 | 农民自建房 |
| | 1987 | 1 897.28 | 农民自建房 |
| | 1988 | 1 890.1 | 筑机耕路 |
| | 1989 | 1 888.2 | 筑机耕路 |
| | 1990 | 1 885.39 | 筑机耕路、农民自建房 |
| | 1991 | 1 871.2 | 农民自建房 |
| | 1992 | 1 679.41 | 黄浦江路、永利路征用 |
| | 1993 | 1 664.39 | 复光小学征用 |
| | 2001 | 1 664.39 | 万园路征用 |
| | 2002 | 1 529.56 | 世纪农苑、万园路征用 |
| | 2003 | 1 464.16 | 永利路拓宽征用 |

续表

| 村名 | 年份 | 面积 | 增减原因 |
|------|------|------|---------|
| 复利 | 2004 | 1 407.98 | 信义房地产征用 |
|  | 2005 | 1 263.91 | 中浙房地产征用 |
|  | 2006 | 892.44 | 月兔房地产征用 |
|  | 2007 | 887.79 | 绿化办、污水厂征用 |
|  | 2008 | 878.97 | 新乐路绿化拓宽 |
|  | 2011 | 875 | 永利路绿化拓宽 |
|  | 2012 | 776.97 | 南苑路、黄浦江路拓宽 |
| 复新 | 1983 | 1 355.68 | 筑圩堤、机耕路、部分村民建房 |
|  | 1984 | 1 325 | 村办企业、筑防护岸、筑机耕路、农民自建房 |
|  | 1985 | 1 315.2 | 筑机耕路、农民自建房 |
|  | 1986 | 1 310.8 | 筑机耕路、农民自建房 |
|  | 1987 | 1 308.9 | 筑机耕路、农民自建房 |
|  | 1988 | 1 206.5 | 农民自建房 |
|  | 1989 | 1 301.2 | 农民自建房 |
|  | 1990 | 1 297.08 | 农民自建房 |
|  | 1991 | 1 295.48 | 农民自建房 |
|  | 1992 | 1 182.36 | 淀山湖自来水厂征用 |
|  | 1997 | 668.41 | 东方游乐园征用 |
|  | 2001 | 633.96 | 新延房地产征用 |
|  | 2002 | 524.82 | 中浙房地产征用 |
|  | 2004 | 347.66 | 中浙房地产征用 |
|  | 2005 | 283.57 | 月兔房地产征用 |
|  | 2006 | 279.77 | 国银置业征用 |

2012年,中央一号文件规定:农村土地流转,不得改变土地集体所有制性质,不得改变土地用途,不得损害农民土地承包权益。土地流转后实行"三权分离",经营权归受让方,承包权还是归承包农户,所有权也还是归集体。流转后的土地,仍然只能用于发展农业,不能用作房地产开发等其他用途,农民依法享有土地流转权益,如租金、股份分红等。

表 5-1-13　　兴复村土地股份合作社情况汇总（土地流转）表　　单位：人、亩、元

| 年份 | 入股人数 | 入股土地 | 分红金额 |
|---|---|---|---|
| 2009 | 1 374 | 1 880.85 | 940 424 |
| 2010 | 1 374 | 1 880.85 | 1 060 799 |
| 2011 | 1 374 | 1 712.36 | 1 134 019 |
| 2012 | 1 270 | 1 432.40 | 1 145 920 |

## 第二节　生产经营管理

兴复村种植农作物历来以一年两熟为主。夏种秋粮以粳米稻为主，籼稻次之；秋播夏熟以油菜为主，三麦次之，间以蚕豆、绿肥（红花草）。1956年5月，高级社试种双季稻，以后每年有所种植。新中国成立前，低荡田一年只能种一季水稻，半高田和高田一年种两熟（一熟水稻、一熟油菜或三麦）。

新中国成立后，兴修水利，改造低荡田，变一熟田为两熟田。20世纪70年代初，贯彻"以粮为纲"，双季稻面积迅速扩大，复种比例为1∶2.6。每个生产队根据土地、劳动力情况，种植双季稻20~30亩不等。1978年，复明5队100%土地面积种植双季稻。

### 一、作物栽培与管理

#### 1. 水稻栽培要点

传统耕作，种植水稻有育秧、移栽、田间管理（耘耥、除草、施肥）和收割、脱粒等。

培育壮秧首先是种子处理：20世纪50年代提倡盐水选种，60年代推广西力生、赛力散浸种。后因两药物含汞而停用。70年代后期，采用石灰水浸种。80年代改为多菌灵浸种。90年代推广线菌清浸种。种子播量，单季稻每亩大田用种5千克左右。推广双季稻，采用密植。双季稻前季每亩用种10千克，后季达16千克。推广杂交稻采用特稀播量，每亩大田1~1.25千克。90年代提倡育秧稀播，每亩大田播种量6千克左右。

（1）育秧

从老式秧田到推广合式秧田，到薄膜育秧，再发展到肥床稀播、旱育秧等。

(2) 整田

油菜、三麦收割完毕后,用牛力把油菜、三麦垅头翻开,称拆旱田,经过太阳几天暴晒后,灌上水,水要一次灌足。为了防止逃水,一边灌水一边推岸,浸上几天(俗称洪田),再用牛力犁田1~2遍,接下来用人力整平(俗称拉䒯田),再用牛力来回抖田,目的是把田地弄烂、整平,最后再耙上1~2遍,田块整平后然后进行秧苗移栽。

(3) 移栽

新中国成立前,移栽质量粗放,属小行距,大株距,大棵株,每亩2万穴左右。20世纪50年代推广陈永康小株方形密植,株行距为12厘米×17厘米,每穴4~5株,每亩种足3万穴,12万株基本苗。20世纪60~70年代推行移栽密度为每亩3.5万穴。90年代流行小群体,壮个体,高积累,每亩栽2.6万穴左右,基本苗11万株左右。

(4) 除草

新中国成立前后,一直依靠人工拔草、耥稻、耘稻、拔稗草。杂草少时,一耥一耘,田间杂草多时采用二耥三耘。随着科技的发展,除草剂的广泛运用,耘稻、耥稻被逐步淘汰。除草剂品种主要有:除草醚、敌稗、丁草胺、二甲四氯等。

(5) 水浆管理

水调控水稻生长,根据水稻不同的生长期,采用薄水种秧,深水活棵,浅水发棵,排水搁田,干干湿湿,湿润到老。活棵后,浅水勤灌,分蘖后期,搁田控制,孕穗期水足,抽穗扬花期间断脱水,灌浆期勤灌跑马水。俗语说:"多打一朝水,谷长一层皮。"割稻前5~6天断水。

传统的灌水工具是龙骨水车,动力主要是人力、畜力、风力,总称"三车"(牵车、牛车、风打车)。20世纪50年代,开始发展以内燃机为动力的抽水机,复新、复利、复明大队各置办一台20匹马力的抽水机,50年代末建造电力灌溉站。村域内于1958年建了民主电灌站,动力25千瓦,灌溉面积2000多亩。60年代,又建立复明电灌站、复利电灌站、东洋村电灌站等,灌溉全部实现电力化。从此,部分半高田地区,机灌改为电灌,"三车"逐步被淘汰。

(6) 施肥

新中国成立前,以草塘泥、猪塌、人粪为主做基肥,豆饼、菜饼做长粗肥,绝大部分农户不追施穗肥。以后采用"促前、控中、稳后"的规律,20世纪80年代大量使用化肥,有机肥的比重大幅下降。

(7) 防治病虫害

水稻害虫主要有螟虫(三化螟、二化螟、大螟)、稻蓟马、纵卷叶虫、稻飞虱。一

般用有机磷乳剂或粉剂防治喷杀,也可用杀虫醚喷杀防治。喷洒工具有背负式小型喷雾器、大型机动农药泵喷雾器。

水稻病害有稻瘟病、纹枯病、病毒病等。

稻瘟病的防治采用西力生、赛力散等汞剂拌石灰粉喷撒防治。20世纪70年代用稻瘟净、春雷霉素。80年代用多菌灵。

1985年后,用多菌灵、井冈霉素复合制剂,在水稻孕穗末期到破口抽穗期喷洒,可兼治稻曲病、胡麻叶斑病等穗期病害。

纹枯病,20世纪50~60年代仅在重肥田块发生。70年代成为重要病害。80年代主要用6401、稻脚青、退菌特和井冈霉素防治。病毒病是一种间性流行病,主要有条纹叶枯病、黑条矮缩病等,采用防止传毒介体方法防治。先期农业用药主要有"六六六"加"二二三"混配或马拉松,防治秧田大田早期黑尾叶蝉,预防黄矮病传播。80年代起采用乐胺磷、甲胺磷防治单季稻秧田和大田早期灰飞虱、稻飞虱,后期使用混灭威、叶蝉散,作为一项防治病虫害的措施。

**2. 小麦栽培要点**

新中国成立前,种麦比较粗放,产量也低,故有"小熟"之称。当时靠人工筑坉,再用牛把坉面耙平,整细。坉狭沟宽,播种稀、露子多,平均亩产30~40千克。

20世纪50年代,在种麦技术上改为宽坉狭沟,坉宽由1~1.4米扩大到2~3米,沟宽20~30厘米,提高土地利用率。每亩播种量从原来的5~6千克提高到7.5~9千克。通过改装旧式耙,加长耙幅,落沟耙(牛在沟中走)播前3耙播后2耙,或用人工削土减少露子麦,确保苗全。

20世纪60年代后期,推广薄片深翻法,因用工太多,未能推广。1963~1964年,三麦栽培重点放在提高播种质量上,精耕细作,播后斩碎泥块盖住露子麦。1969年推广塘桥经验,"一方麦田两头出水,三沟配套,四面托起,雨停水干",宽坉狭沟,精做坉面。施足基肥,均匀撒播,浅斩盖籽,消灭三籽(深籽、丛籽、露籽),播后拍麦保墒。有一段时间,采用水河泥浆浇麦,一可以减少露根麦,二给麦苗施一次肥,三麦产量明显提高。

20世纪70年代后期,随着土壤地力的变化,普施过磷酸钙,每亩产量增加15~20千克。

20世纪80年代初,用绿麦隆化学除草;80年代后期,用绿麦隆、甲磺隆兼防。1988年起,推广复合肥和免耕麦。免耕麦又分套播麦和板田麦两种。

(1) 套播麦

晚稻收割前5~7天,人工把麦种撒到稻田中,解决了养老稻与适时种麦的矛盾。秋旱麦子也容易全苗。如遇连续阴雨,田间积水,会引起烂种烂芽,应及时开好围沟。播种过早,稻、麦共生期太长,麦苗易细长黄瘦。割稻后应及时追肥,治虫除草,开沟。20世纪90年代,村域内套播麦成为主要方式。

（2）板田麦

在水稻收割后,不经耕翻,直接在稻板田上施化肥、除草剂后,播种麦子,再开沟,以沟泥盖住麦子,开沟方法有人工开沟和机械开沟。现在已全面采用开沟机开沟,既快又好。

三麦的虫害为黏虫(又称行军虫),吃食麦叶,咬断穗头,早期用敌百虫、二二三,也用敌百虫、六六六混配防治。1983年后,虫害减小,一般不治,或喷洒甲胺磷,防治麦蚜虫的兼治。

三麦病害以赤霉病为最,流行频率高,威胁大。20世纪50~60年代用石灰硫黄合剂防治及赛力散喷雾。70年代中期用多菌灵,90年代初,已基本掌握发病规律,采取主动出击,立足防治。至今沿用多菌灵浸种和花期防治,防治效果较好。

**3. 油菜栽培要点**

新中国成立前至20世纪50年代,油菜栽培采用旧法。利用旱地零星隙地做苗床(做菜秧田)。9月中下旬播种,一般不施底肥,播后以人粪做面肥,并覆以稻草灰,或生活垃圾(经筛洗处理),有些生产队到青浦练塘镇市河中罱黑泥,经自然风干后做肥料,齐苗后酌情间苗,追肥用稀人粪,最后一次在起苗前4~5天施"起身肥",这样,秧苗粗壮而又不疯长。新中国成立后,油菜育苗有专用秧田,使用新技术,基本做到矮脚六叶齐。如苗过分疯长,则采用"矮壮素"控制。

新中国成立初期油菜移栽前,用人工或畜力、机械翻稻茬筑垈头,狭垈浅沟,然后用菜花柱(有木柄的圆柱体石锤)在垈面打洞栽菜秧。

20世纪60年代,采用宽垈狭沟套肋移栽。品种改种晚熟胜利油菜(朝鲜油菜),种时增施磷肥。80年代采用免耕法(俗称板田菜),操作方法是水稻收割后不翻耕,直接在田坂上用铁锹一撬一条缝,或用木棒打个洞,施上碳酸氢铵和过磷酸钙做基肥,然后栽进菜秧。株距17厘米,行距46厘米左右,每亩0.8万~1万株,每隔3~4行开一深沟,长的田块还要加开腰沟,开沟后的泥土待苗复活后,敲碎壅在根部。

油菜虫害以蚜虫为主,生在叶片上,破坏叶片,影响油菜结荚,一般采用甲胺磷或乐果等有机磷农药喷洒防治。

病害有菌核病和霜霉病,又称白锈病、龙头病。20世纪50~60年代用乐果、"六六六"粉剂喷洒。70年代后,用多菌灵加水喷洒。

油菜杂草以看麦娘和硬草为主,主要使用绿麦隆和草禾净防治。1988年后,用茎叶处理剂精稳杀得、盖草能防治,效果明显。

## 二、品种改良

### 1. 水稻

新中国成立前,本地区水稻品种有籼稻、糯稻、粳稻。籼稻以罗籼为主要品种,糯稻有麻劲糯,粳稻以太湖青为当家品种;小麦以丈四红为主,元麦、大麦均少量种植,大麦品种为箆萁大麦,元麦品种为立夏黄;油菜以本地白菜矮萁黄为主。

新中国成立初期,逐步引进优良品种,淘汰低产品种水稻。1956年,推广高产晚粳,老来青为当家品种。老来青产量高,但株高茎软,易倒伏,易得稻瘟病,后逐步被淘汰,改种白芒短种。1958年,引进农垦58(世界稻)。60年代引进苏粳1号、苏粳2号、昆稻、昆农选等。这些品种具有秆矮、抗倒伏、高产等优点。为了调节农时劳动力用工,各生产队还种植部分金南凤等中熟品种。1965年开始种植双季稻,早熟品种以六十籼、二九青为主,晚熟品种以农虎6号、沪选19为主。1983年后,单季晚粳仍以昆农选为主。90年代以后,以88121、88122、太湖粳2号为主。2012年种植的品种是南粳49号、武运粳29号等。

### 2. 三麦

1958年,小麦引进华东6号、无锡白麦、苏麦10号等抗病害良种。20世纪70年代又以昆麦672为主,80年代以扬麦4号、扬麦5号为主。20世纪初至2012年种植扬麦4号、扬麦5号。2012年以扬麦16号为主。

**苗壮的小麦**

大麦,目前基本被淘汰,农户在零星土地上种植,主要用途为泡大麦茶或做猪饲料,品种以沪麦4号和早熟3号为主。

元麦,仅20世纪60~70年代种过,以后基本不种,品种为海麦1号。

### 3. 油菜

1960年,油菜引种胜利52,80年代引进909、宁油7号、汇油50。20世纪末至2012年,大农户已很少种植,农户在十边地、零星地上有种植,品种仍为上述几个。

菜花盛开

表5-2-1　1988~2000年兴复村(原复利村、复明村、复新村)农作物面积、产量统计表

| 年份 | 村名 | 耕地面积(亩) | | | 亩产(斤) | | | 粮食总产(吨) |
|---|---|---|---|---|---|---|---|---|
| | | 水稻 | 三麦 | 油菜 | 水稻 | 三麦 | 油菜 | |
| 1988 | 复新 | 1 085 | 362 | 855 | 922 | 510 | 270 | — |
| | 复利 | 1 737 | 733 | 1 022 | 940 | 586 | 264 | — |
| | 复明 | 1 312 | 437 | 956 | 980 | 572 | 262 | — |
| 1989 | 复新 | 1 086 | 352 | 961 | 918 | 432 | 202 | — |
| | 复利 | 1 637 | 570 | 1 116 | 930 | 470 | 240 | — |
| | 复明 | 1 321 | 292 | 960 | 954 | 480 | 246 | — |
| 1990 | 复新 | 1 091 | 380 | 716 | 870 | 506 | 298 | — |
| | 复利 | 1 635 | 693 | 1032 | 940 | 488 | 272 | — |
| | 复明 | 1 320 | 447 | 894 | 960 | 516 | 294 | — |
| 1991 | 复新 | 1 078 | 289 | 870 | 960 | 472 | 280 | — |
| | 复利 | 1 748 | 656 | 1 063 | 1 004 | 454 | 294 | — |
| | 复明 | 1 316 | 367 | 995 | 1 000 | 488 | 264 | — |

续表

| 年份 | 村名 | 耕地面积(亩) | | | 亩产(斤) | | | 粮食总产(吨) |
|---|---|---|---|---|---|---|---|---|
| | | 水稻 | 三麦 | 油菜 | 水稻 | 三麦 | 油菜 | |
| 1992 | 复新 | 1 033 | 270 | 732 | 800 | 522 | 304 | - |
| | 复利 | 1 613 | 400 | 1 148 | 810 | 560 | 226 | - |
| | 复明 | 1 248 | 242 | 853 | 860 | 580 | 272 | - |
| 1993 | 复新 | 811 | 245 | 679 | 900 | 538 | 280 | 452 |
| | 复利 | 1 042 | 304 | 729 | 1 004 | 546 | 266 | 618 |
| | 复明 | 770 | 221 | 610 | 1 000 | 552 | 272 | 458 |
| 1994 | 复新 | 831 | 52 | 347 | 1 008 | 500 | 150 | 450 |
| | 复利 | 1 153 | 282 | 614 | 1 088 | 504 | 166 | 680 |
| | 复明 | 885 | 119 | 495 | 1 076 | 486 | 194 | 543 |
| 1995 | 复新 | 430 | 149 | 120 | 870 | 550 | 300 | 257 |
| | 复利 | 1 132 | 842 | 307 | 1 002 | 544 | 300 | 824 |
| | 复明 | 862 | 219 | 629 | 886 | 592 | 280 | 482 |
| 1996 | 复新 | 644 | 10 | 479 | 1 000 | 616 | 426 | 340 |
| | 复利 | 1 131 | 406 | 627 | 1 084 | 640 | 322 | 762 |
| | 复明 | 890 | 46 | 707 | 1 034 | 522 | 328 | 482 |
| 1997 | 复新 | 562 | 63 | 464 | 1 192 | 606 | 336 | 362 |
| | 复利 | 1 140 | 559 | 520 | 1 116 | 608 | 342 | 823 |
| | 复明 | 854 | 62 | 793 | 1 030 | 610 | 328 | 470 |
| 1998 | 复新 | 508 | 22 | 500 | 1 200 | 370 | 160 | 322 |
| | 复利 | 1 067 | 581 | 556 | 1140 | 320 | 180 | 737 |
| | 复明 | 779 | 115 | 671 | 1 070 | 326 | 170 | 458 |
| 1999 | 复新 | 460 | 49 | 451 | 1 140 | 490 | 324 | 282 |
| | 复利 | 1 098 | 657 | 416 | 1 020 | 618 | 332 | 785 |
| | 复明 | 868 | 171 | 576 | 970 | 562 | 448 | 479 |
| 2000 | 复新 | 315 | 30 | 444 | 1 060 | 600 | 320 | 180 |
| | 复利 | 507 | 599 | 412 | 1 100 | 614 | 330 | 486 |
| | 复明 | 676 | 144 | 585 | 1 020 | 610 | 328 | 395 |

表 5-2-2　　　　　　　　　　2001~2012 年兴复村农作物产量统计表

| 年份 | 村名 | 耕地面积(亩) | 亩产(千克) | | | 粮食总产(吨) |
| --- | --- | --- | --- | --- | --- | --- |
| | | | 水稻 | 三麦 | 油菜 | |
| 2001 | 兴复 | 1 740 | 572 | 258 | 150 | 915 |
| 2002 | 兴复 | 1 698 | 589 | 242 | 128 | 1 113 |
| 2003 | 兴复 | 1 659 | 574 | 201 | 135 | 1 659 |
| 2004 | 兴复 | 1 683 | 584 | 285 | 152 | 1 137 |
| 2005 | 兴复 | 1 425 | 528 | 281 | 151 | 810 |
| 2006 | 兴复 | 1 003 | 569 | 318 | 153 | 766 |
| 2007 | 兴复 | 995 | 524 | 315 | 131 | 761 |
| 2008 | 兴复 | 1 594 | 582 | 315 | 152 | 703 |
| 2009 | 兴复 | 880 | 600 | 324 | 153 | 733 |
| 2010 | 兴复 | 880 | 609 | 324 | 150 | 830 |
| 2011 | 兴复 | 860 | 609 | 324 | 150 | 819 |
| 2012 | 兴复 | 736 | 618 | 346 | 150 | 769 |

### 三、分配管理

分配管理是指经济分配和粮食分配。1958 年人民公社初期，复新、复利、复明 3 个大队取消高级社时按劳动工分计酬的办法，实行供给制与工资制相结合的平均主义分配办法，当时流行，"吃饭不要钱，每月 5 元零用钱"，直至 1960 年恢复原有劳动工分计酬的办法。表 5-2-3 至表 5-2-21 为各时期生产队分配方案。"文革"期间，实行纯收入按劳动工分计酬分配，社员按全年劳动工分计算全年收入。其时，公社强调正确处理国家（农业税）、集体（积累）、社员（报酬）三者关系，社员分配直接由公社审批，分配水平一直徘徊在 100~130 元之间，各生产队都出现透支户。1982 年，实行分组联产和家庭联产承包责任制后，分配由生产队统一核算改为按组、户经济联合体等多种核算。具体做法是：核实产量和收支，缴纳国家税金，留足公积金、公益金，余者归组。1983 年除参加村分配外，生产队（组）不再有分配。

表 5-2-3　1956～1961年兴复村域历年产、购、留资料一览表

单位：亩、斤、人、头

| 大队名称 | 年份 | 粮食产量 水稻 面积 | 单产 | 总产 | 三麦 面积 | 单产 | 总产 | 什粮总产 | 合计全年总产 | 征购实绩（上交国家净数） | 农村留粮 口粮 人口 | 留粮总数 | 平均 | 饲料 牛头数 | 猪只数 | 留粮 | 种子 | 油菜 面积 | 单产 | 总产 | 公粮实征 |
|---|---|---|---|---|---|---|---|---|---|---|---|---|---|---|---|---|---|---|---|---|---|
| 复新 | 1956 | 2 422 | 423 | 1 004 206 | 676 | 162 | 109 512 |  | 1 113 718 | 714 244 | 640 | 351 776 | 549.7 | 40 | 83 | 6 850 | 41 232 | 1 320 | 47 | 62 040 | 338 765 |
|  | 1957 | 2 302 | 403.5 | 928 823 | 831 | 122.3 | 101 612 |  | 1 030 584 | 666 430 | 666 | 318 118 | 477.7 | 41 | 274 | 6 850 | 40 528 | 853 | 59.7 | 50 893 | 327 399 |
|  | 1958 | 2 279 | 510 | 1 162 29 | 996 | 368 | 7 728 | 149 | 1 227 470 | 798 938 | 644 | 326 485 | 507 | 37 | 263 |  | 97 653 | 729 | 40.1 | 29 245 | 335 691 |
|  | 1959 | 1 168 | 632.2 | 738 410 | 570 | 161.9 | 92 293 | 991 | 832 389 | 502 138 | 637 | 241 260 | 378.7 |  |  | 9 616 | 79 375 | 422 | 44.7 | 18 866 | 216 024 |
|  | 1960 | 1 091 | 371.4 | 405 174 | 557 | 134.9 | 75 115 | 1 686 | 480 289 | 279 003 | 418 | 166 667 | 398.7 |  |  | 300 | 34 319 | 478 | 53 | 25 335 | 218 135 |
|  | 1961 | 1 470 | 315 | 463 102 | 427 | 124.8 | 53 280 |  | 516 382 | 328 990 | 408 | 144 266 | 353.6 |  |  | 30 | 43 290.5 | 189 | 19 | 3 596.5 | 84 229 |
| 复利 | 1956 | 2 172 | 429.2 | 932 150 | 609 | 168 | 102 337 |  | 1 034 487 | 696 303 | 577 | 315 818 | 547.3 | 38 | 43 | 3 890 | 38 478 | 1 125 | 66.5 | 74 847 | 316 746 |
|  | 1957 | 2 174 | 411.9 | 895 501 | 954 | 110 | 105 143 | 2 073 | 1 002 717 | 664 408 | 606 | 294 838 | 486.5 | 44 | 223 | 3 890 | 37 721 | 780 | 58.2 | 45 423 | 318 712 |
|  | 1958 | 2 110 | 538.2 | 1 135 593 | 681 | 109.1 | 74 321 | 1 200 | 1 211 114 | 7 979 110 | 606 | 325 778 | 537.6 | 30 | 208 |  | 87 720 | 750 | 39.1 | 29 360 | 322 405 |
|  | 1959 | 2 205 | 459.1 | 1 012 408 | 557 | 86.4 | 481 034 | 4 692 | 1 498 134 | 842 764 | 599 | 182 447 | 304.6 |  |  | 5 000 | 72 433 | 522 | 55.3 | 28 849 | 329 937 |
|  | 1960 | 2 117 | 354.4 | 750 257 | 555 | 134.4 | 74 575 |  | 824 832 | 137 940 | 569 | 226 873 | 398.7 | 39 |  | 300 | 59 719 | 591 | 53 | 31 324 | 306 747 |
|  | 1961 | 2 064 | 309.9 | 6 396 940 | 542 | 145.9 | 79 061 |  | 647 600 | 469 446 | 556 | 186 664 | 335.7 | 42 | 233 |  | 62 642 | 614 | 32.5 | 19 932 | 127 665 |
| 复明 | 1956 | 2 106 | 442.7 | 932 334 | 607 | 186.5 | 113 235 |  | 1 045 569 | 714 393 | 529 | 290 950 | 550 | 40 | 325 | 3 908 | 36 318 | 1 026 | 42.5 | 43 602 | 310 171 |
|  | 1957 | 2 100 | 426.3 | 895 164 | 716 | 142.5 | 102 018 | 2 614 | 999 796 | 685 773 | 549 | 271 448 | 494.4 |  |  | 3 620 | 38 355 | 787 | 48.4 | 38 075 | 306 874 |
|  | 1958 | 1 989 | 488.8 | 972 133 | 641 | 120.5 | 77 250 | 1 100 | 1 050 483 | 771 426 | 549 | 195 612 | 356.3 |  |  |  | 83 445 | 728 | 41.1 | 29 900 | 304 370 |
|  | 1959 | 1 917 | 459.6 | 881 040 | 467 | 162.9 | 76 077 | 3 811 | 960 928 | 712 846 | 540 | 176 950 | 327.7 |  |  | 360 | 73 774 | 548 | 52.3 | 28 644 | 276 046 |
|  | 1960 | 1 930 | 344 | 663 920 | 461 | 156.3 | 72 066 | 980 | 736 966 | 481 681 | 515 | 198 478 | 385.4 |  |  |  | 67 981 | 618.4 | 62.7 | 38 772 | 275 332 |
|  | 1961 | 1 889 | 307.7 | 581 203 | 603 | 41 | 24 750 |  | 605 953 | 400 431 | 496 | 194 513 | 392.2 |  |  |  | 61 209 | 208 | 19.1 | 3 966 | 110 444 |

资料来源：淀东人民公社经管办档案"1956～1961年历年粮食产购留及1961年秋季决算方案"（1961年度永久6卷）有关资料。于2013年12月4日摘录

表 5-2-4　　　　　　　　　　1962 年淀东公社复明大队资料一览表

| 队别 | 1 | 2 | 3 | 4 | 5 | 6 | 7 |
| --- | --- | --- | --- | --- | --- | --- | --- |
| 户数 | 21 | 19 | 23 | 23 | 20 | 19 | 23 |
| 人口 | 67 | 74 | 77 | 96 | 60 | 61 | 74 |
| 正半劳力 | 36 | 38 | 36 | 48 | 31 | 32 | 35 |
| 水稻（亩） | 270.5 | 258.1 | 263 | 2 869 | 206.6 | 210.3 | 2 539 |
| 单产（斤） | 513.1 | 500.7 | 504.2 | 525.5 | 515 | 479 | 477.9 |
| 总产（斤） | 138 805 | 129 243 | 132 552 | 150 790 | 106 399 | 100 733 | 121 346 |
| 三麦（亩） | 102 | 120 | 102 | 92.8 | 78.5 | 81 | 101 |
| 单产（斤） | 195.7 | 160.1 | 168 | 240.1 | 198.8 | 159.9 | 171.4 |
| 总产（斤） | 19 965 | 19 217 | 17 136 | 22 290 | 15 603 | 12 953 | 17 310 |
| 油菜（亩） | 67 | 62 | 88 | 71.2 | 51.6 | 42 | 62 |
| 单产（斤） | 42.3 | 37.1 | 36.8 | 58.8 | 40.7 | 30.5 | 24.9 |
| 总产（斤） | 2 834.1 | 2 302 | 3 241 | 4 184 | 2 099 | 1 281 | 1 543 |
| 总收入（元） | 21 992.43 | 20 579.84 | 21 173.99 | 23 565.78 | 16 593.4 | 15 297.63 | 18 793.66 |
| 其中农业收入（元） | 21 390.11 | 19 578.48 | 20 500.77 | 22 760.57 | 15 999.45 | 14 840.68 | 18 319.68 |
| 总支出（元） | 6 892.13 | 5 928.32 | 7 330.32 | 7 979.96 | 4 953.05 | 6 690.64 | 7 314.28 |
| 国家税金（元） | 1 938.69 | 1 812.98 | 1 810.06 | 1 955.09 | 1 455.37 | 1 435.75 | 1 685.85 |
| 纯收入（元） | 13 161.61 | 12 838.54 | 12 033.61 | 13 630.73 | 10 184.98 | 7 171.24 | 9 793.53 |
| 公共积累（元） | 3 792.20 | 3 208.18 | 3 700 | 2 691.23 | 1 458.90 | 1 535.86 | 1614.23 |
| 社员分配（元） | 9 369.41 | 9 630.36 | 8 333.65 | 10 959.5 | 8 726.08 | 5 635.38 | 8 179.3 |
| 每人平均（元） | 139.84 | 130.14 | 108.22 | 114.16 | 145.4 | 92.38 | 110.53 |
| 实分现金（元） | 2 218.38 | 2 147.31 | 2 035.9 | 1 989.3 | 2 838.07 | 753.46 | 1 658.57 |
| 每人平均（元） | 31.11 | 29.01 | 26.44 | 20.72 | 47.31 | 12.35 | 22.41 |

资料来源：淀东人民公社经管办档案"一九六二年秋季决算分配方案（全）"（1962 年度永久 6 卷）大队各生产队 1962 年秋季决算分配方案资料。

于 2013 年 12 月 4 日摘录汇总。空缺和个别项之间数据不和，原资料所为。

表 5-2-5　　　　　　　　　　　1962年淀东公社复利大队资料一览表

| 队别 | 1 | 2 | 3 | 4 | 5 | 6 | 7 | 8 |
| --- | --- | --- | --- | --- | --- | --- | --- | --- |
| 户数 | 17 | 21 | 25 | 25 | 14 | 23 | 22 | 12 |
| 人口 | 66 | 69 | 91 | 76 | 46 | 80 | 83 | 57 |
| 正半劳力 | 31 | 35 | 43 | 38 | 26 | 42 | 40 | 19 |
| 水稻(亩) | 243 | 282 | 299 | 266 | 163 | 311 | 293 | 145 |
| 单产(斤) | 526.5 | 459.6 | 465.1 | 530.6 | 500.6 | 506.9 | 440.1 | 500.9 |
| 总产(斤) | 127 935 | 129 611 | 139 068 | 141 148 | 81 594 | 157 640 | 128 952 | 72 635 |
| 三麦(亩) | 79 | 91 | 98 | 87 | 55 | 105 | 95 | 50 |
| 单产(斤) | 170.4 | 179.1 | 168.9 | 179.2 | 132.4 | 150.5 | 163.9 | 144 |
| 总产(斤) | 13 463 | 16 299 | 16 555 | 15 593 | 7 280 | 15 806 | 15 569 | 7 198 |
| 油菜(亩) | 61 | 71 | 75 | 67 | 41 | 81 | 72 | 39 |
| 单产(斤) | 31.8 | 26.4 | 44 | 31 | 27.1 | 35.9 | 34.5 | 29.9 |
| 总产(斤) | 1 941 | 1 871 | 3 298 | 2 078 | 1 134 | 2 904 | 2 485 | 1 168 |
| 总收入(元) | 18 684 | 19 562 | 22 090 | 21 479 | 12 239 | 23 196 | 19 675 | 10 810 |
| 其中农业收入(元) | 18 180 | 19 079 | 21 228 | 20 558 | 11 839 | 22 506 | 19 041 | 10 542 |
| 总支出(元) | 5 139 | 5 737 | 6 094 | 5 836 | 3 739 | 6 209 | 5 853 | 3 334 |
| 国家税金(元) | 1 614 | 1 933 | 2 087 | 1 859 | 1 185 | 2 241 | 2 006 | 1 036 |
| 纯收入(元) | 11 931 | 11 892 | 13 909 | 13 784 | 7 315 | 14 746 | 11 816 | 6 440 |
| 公共积累(元) | 3 558 | 3 992 | 4 140 | 3 884 | 2 196 | 4 658 | 3 596 | 1 756 |
| 社员分配(元) | 8 373 | 7 900 | 9 769 | 9 900 | 5 119 | 10 088 | 8 220 | 4 684 |
| 每人平均(元) | 126.87 | 114.49 | 107.35 | 130.26 | 111.28 | 126.1 | 99.03 | 82.18 |
| 实分现金(元) | 1 721 | 1 891 | 2 177 | 2 021 | 1 201 | 2 930 | 2 261 | 885 |
| 每人平均(元) | 26.07 | 27.4 | 23.93 | 26.6 | 26.11 | 36.63 | 27.24 | 15.53 |

资料来源:淀东人民公社经管办档案"一九六二年秋季决算分配方案(全)"(1962年度永久6卷)大队各生产队1962年秋季决算分配方案资料。

于2013年12月4日摘录汇总。空缺和个别项之间数据不和,原资料所为。

表 5-2-6　　　　　　　　　　　　1962 年淀东公社复新大队资料一览表

| 队别 | 1 | 2 | 3 | 4 | 5 | 6 |
|---|---|---|---|---|---|---|
| 户数 | 17 | 28 | | 12 | 24 | 18 |
| 人口 | 65 | 87 | | 48 | 89 | 57 |
| 正半劳力 | | 34 | | 18 | 38 | 26 |
| 水稻(亩) | 191 | 247 | | 172 | 303 | 170 |
| 单产(斤) | 480.7 | 476.7 | | 445.5 | 446.4 | 405.9 |
| 总产(斤) | 91 823 | 117 740 | | 76 618 | 135 250 | 69 004 |
| 三麦(亩) | 72 | 112 | | 64 | 102 | 70 |
| 单产(斤) | 157.2 | 127.8 | | 154.4 | 143.3 | 128.6 |
| 总产(斤) | 11 318 | 14 319 | | 9 879 | 14 622 | 9 000 |
| 油菜(亩) | 40 | 60 | | 35 | 85 | 50 |
| 单产(斤) | 32.4 | 26.1 | | 39.5 | 20.2 | 40 |
| 总产(斤) | 1 296 | 1 564 | | 1 382 | 1 717 | 2 000 |
| 总收入(元) | 13 933.94 | 17 427.6 | | 11 662.18 | 20 021.63 | 11 910.34 |
| 其中农业收入(元) | 13 933.94 | 17 070.82 | | 11 125.84 | 19 753.3 | 11 606.38 |
| 总支出(元) | 4 205.23 | 5 290.24 | | 4 352.38 | 6 430.85 | 4 220.82 |
| 国家税金(元) | 1 279.54 | 1 658.42 | | 1 085.94 | 1 960.74 | 1 126.55 |
| 纯收入(元) | 8 449.17 | 10 478.94 | | 6 223.86 | 11 630.04 | 6 562.97 |
| 公共积累(元) | 2 113.08 | 2 425.74 | | 1 641.65 | 2 879.65 | 1 184.33 |
| 社员分配(元) | 6 336.09 | 8 053.2 | | 4 582.21 | 8 750.39 | 5 378.64 |
| 每人平均(元) | 97.48 | 92.57 | | 89.21 | 98.32 | 94.36 |
| 实分现金(元) | 1 073.47 | 2 031.46 | | 509.54 | 2 195 | 787.15 |
| 每人平均(元) | 16.5 | 23.35 | | 10.6 | 24.66 | 13.81 |

资料来源:淀东人民公社经管办档案"一九六二年秋季决算分配方案(全)"(1962 年度永久 6 卷)大队各生产队 1962 年秋季决算分配方案资料。

于 2013 年 12 月 4 日摘录汇总。空缺和个别项之间数据不和,原资料所为。

表5-2-7　　　　　　　　　　1963年淀东公社复明大队资料一览表

| 队别 | 1 | 2 | 3 | 4 | 5 | 6 | 7 |
| --- | --- | --- | --- | --- | --- | --- | --- |
| 户数 | 22 | 21 | 22 | 23 | 20 | 20 | 21 |
| 人口 | 81 | 79 | 76 | 108 | 71 | 67 | 77 |
| 正半劳力 | 36 | 35 | 42 | 52 | 37 | 34 | 36 |
| 水稻(亩) | 270.9 | 258.1 | 263 | 286.9 | 210.3 | 206.6 | 253.9 |
| 单产(斤) | 600.5 | 602 | 640.8 | 620.3 | 526.7 | 588.3 | 560.1 |
| 总产(斤) | 162 671 | 155 385 | 168 529 | 177 957 | 110 758 | 121 543 | 142 209 |
| 三麦(亩) | 103 | 98 | 104 | 109 |  | 88.5 | 90 |
| 单产(斤) | 141.2 | 135.9 | 157.5 | 145.4 | 127.2 | 129 | 127.5 |
| 总产(斤) | 14 541 | 13 319 | 16 375 | 15 850 | 11 829 | 11 415 | 11 473 |
| 油菜(亩) | 83 | 92 | 86 | 84 | 45 | 83 | 68 |
| 单产(斤) | 44.1 | 20.6 | 20.3 | 32.3 | 29 | 33.2 | 19 |
| 总产(斤) | 3 663 | 1 891 | 1 745 | 2 716 | 1 309 | 2 752 | 1 290 |
| 总收入(元) | 21 566.63 | 20 325.15 | 21 969.36 | 23 861.06 | 14 934.96 | 16 106.96 | 18 562.76 |
| 其中农业收入(元) | 21 501.19 | 20 210.16 | 21 834.13 | 23 332.28 | 14 901.71 | 16 037.28 | 18 443.75 |
| 总支出(元) | 7 218.53 | 6 458.52 | 7 596.05 | 7 657.46 | 6 164.31 | 5 480.86 | 6 862.98 |
| 国家税金(元) | 1 929.26 | 1 809.72 | 1 791.91 | 1 950.56 | 1 416.98 | 1 420.37 | 1 675.48 |
| 纯收入(元) | 12 418.84 | 12 056.91 | 12 581.4 | 14 253.04 | 7 353.67 | 9 205.73 | 10 024.3 |
| 公共积累(元) | 2 775.61 | 2 349.91 | 2 215.1 | 1 933.44 | 726.48 | 1902.85 | 1 729.58 |
| 社员分配(元) | 9 643.23 | 9 707 | 10 366.3 | 12 319.6 | 6 627.19 | 7 302.88 | 8 294.72 |
| 每人平均(元) | 119.05 | 122.87 | 136.4 | 114.07 | 93.34 | 109 | 107.72 |
| 实分现金(元) | 2 655 | 2 035.15 | 2 847 | 2 386.00 | 753.46 | 2 165 | 1 970 |
| 每人平均(元) | 32.78 | 25.76 | 37.46 | 22.09 | 10.61 | 32.31 | 25.58 |

资料来源:淀东人民公社经管办档案"一九六三年秋季决算分配方案(全)"(1963年度永久7卷)大队各生产队1963年秋季决算分配方案资料。

于2013年12月5日摘录汇总。空缺和个别项之间数据不和,原资料所为。

表5-2-8　　　　　　　　　　　1963年淀东公社复利大队资料一览表

| 队别 | 1 | 2 | 3 | 4 | 5 | 6 | 7 | 8 |
| --- | --- | --- | --- | --- | --- | --- | --- | --- |
| 户数 | 17 | 21 | 26 | 24 | 13 | 24 | 19 | 15 |
| 人口 | 64 | 71 | 96 | 74 | 45 | 67 | 85 | 54 |
| 正半劳力 | 33 | 33 | 43 | 32 | 26 | | 40 | |
| 水稻(亩) | 234 | 251 | 299 | 266 | 158 | 329 | 293 | 153 |
| 单产(斤) | | 580 | 537.5 | 563.6 | 592 | 574.7 | 542 | 580 |
| 总产(斤) | 140 824 | 145 580 | 160 713 | 149 933 | 93 556 | 189 084 | 158 806 | 88 746 |
| 三麦(亩) | 73 | 79 | 94 | 83 | 65 | 85 | 88 | 48 |
| 单产(斤) | 490 | 236 | 385 | 282 | 317 | 331 | 326 | 354 |
| 总产(斤) | 14 459 | 18 670 | 18 951 | 13 863 | 10 581 | 15 400 | 15 889 | 8 746 |
| 油菜(亩) | 47 | 53 | 59 | 52 | 32 | 64 | 58 | 30 |
| 单产(斤) | 46 | 43 | 43 | 47 | 59 | 48 | 41 | 55 |
| 总产(斤) | 2 186 | 2 255 | 2 550 | 2 465 | 1 888 | 3 067 | 2 379 | 1 517 |
| 总收入(元) | 20 358.25 | 20 453.35 | 22 582.28 | 21 409.24 | 13 109.6 | 26 548.22 | 21 812.49 | 12 209.54 |
| 其中农业收入(元) | 16 082.4 | 16 342.25 | 16 071.3 | 14 993.3 | 9 355.6 | 18 908.4 | 15 880.6 | 8 874 |
| 总支出(元) | 7 193.12 | 7 228.09 | 8 253.48 | 7 522.16 | 5 287.46 | 9 859.22 | 7 301.78 | 4 554.89 |
| 国家税金(元) | 1 629.65 | 1 755.57 | 2 066.82 | 1 844.68 | 1 130.93 | 2 365.13 | 1 986.26 | 1 076.29 |
| 纯收入(元) | 11 535.48 | 11 469.69 | 12 261.98 | 12 042.41 | 6 691.21 | 14 323.87 | 12 524.45 | 6 578.36 |
| 公共积累(元) | 2 822.96 | 2 357.52 | 1 073.98 | 2 017.15 | 830.51 | 2 939.77 | 2 202.45 | 893.32 |
| 社员分配(元) | 8 712.52 | 9 112.17 | 1 118.8 | 10 025.26 | 5 860.7 | 11 384.1 | 10 322.56 | 5 685.04 |
| 每人平均(元) | 136.13 | 128.34 | 116.54 | 135.48 | 130.24 | 169.91 | 121.44 | 105.28 |
| 实分现金(元) | 2 525.69 | 2 240 | 2 293 | 2 486.61 | 1 680.23 | 3 328.99 | 2 454.41 | 900.77 |
| 每人平均(元) | 39.46 | 31.55 | 23.89 | 33.66 | 37.64 | 49.69 | 28.88 | 16.68 |

资料来源:淀东人民公社经管办档案"一九六三年秋季决算分配方案(全)"(1963年度永久7卷)大队各生产队1963年秋季决算分配方案资料。

于2013年12月5日摘录汇总。空缺和个别项之间数据不和,原资料所为。

表 5-2-9　　　　　　　　1963年淀东公社复新大队资料一览表

| 队别 | 1 | 2 | 3 | 4 | 5 | 6 |
|---|---|---|---|---|---|---|
| 户数 | 17 | 29 | 29 | 13 | 22 | 20 |
| 人口 | 63 | 90 | 94 | 56 | 90 | 57 |
| 正半劳力 | 30 | 35 | 40 | 20 | 36 | 32 |
| 水稻(亩) | 222 | 247 | 291.5 | 141 | 276 | 197 |
| 单产(斤) | 554.7 | 568 | 542.3 | 565.8 | 536.6 | 544.4 |
| 总产(斤) | 123 145 | 140 328 | 157 878.5 | 79 779.5 | 148 104 | 107 261 |
| 三麦(亩) | 72 | 90 | 110 | 65 | 109 | 76 |
| 单产(斤) | 153.8 | 134.8 | 132.4 | 152.2 | 184 | 131.5 |
| 总产(斤) | 11 089 | 12 112 | 14 565 | 9 879 | 20 047 | 10 135 |
| 油菜(亩) | 65 | 54 | 81 | 40 | 60 | 55 |
| 单产(斤) | 38.3 | 31.6 | 35.9 |  | 31.5 | 44.5 |
| 总产(斤) | 2 448 | 1 705 | 2 896 | 334 | 2 254 | 2 445 |
| 总收入(元) | 16 955.40 | 18 554.86 | 21 940.72 | 13 090.85 | 20 805.04 | 15 082.19 |
| 其中农业收入(元) | 16 395.45 | 18 364.69 | 21 515.07 | 8 053.6 | 20 797.34 | 14 546.27 |
| 总支出(元) | 6 234.75 | 6789.3 | 7 370.22 | 4 877.47 | 7 799.67 | 5 421.74 |
| 国家税金(元) | 1 479.66 | 1 640.45 | 2 009.72 | 958.98 | 1 748.05 | 1 288.47 |
| 纯收入(元) | 9 240.99 | 10 125.11 | 12 560.78 | 7 254.40 | 1 1257.32 | 8 371.98 |
| 公共积累(元) | 2 276.82 | 1 622.22 | 3 541.08 | 1 578.06 | 2 092.58 | 1617.36 |
| 社员分配(元) | 6 968.13 | 8 502.89 | 9 019.70 | 5 676.34 | 9 164.74 | 6 754.62 |
| 每人平均(元) | 110.61 | 94.48 | 94.94 | 101.36 | 101.83 | 118.50 |
| 实分现金(元) | 1 501.33 | 2 043.43 | 1 805.54 | 1 095.09 | 2 198.49 | 1 566.79 |
| 每人平均(元) | 16.69 | 22.70 | 19.21 | 19.56 | 24.43 | 27.49 |

资料来源：淀东人民公社经管办档案"一九六三年秋季决算分配方案(全)"(1963年度永久7卷)大队各生产队1963年秋季决算分配方案资料。

于2013年12月5日摘录汇总。空缺和个别项之间数据不和,原资料所为。

表 5-2-10　　1968 年淀东公社复明大队资料一览表

| 队别 | 1 | 2 | 3 | 4 | 5 | 6 | 7 |
| --- | --- | --- | --- | --- | --- | --- | --- |
| 户数 | 25 | 23 | 24 | 27 | 25 | 21 | 25 |
| 人口 | 99 | 100 | 101 | 118 | 88 | 82 | 96 |
| 正半劳力 | 38 | 41 | 42 | 56 | 43 | 40 | .44 |
| 水稻(亩) | | | | | | | |
| 单产(斤) | | | | | | | |
| 总产(斤) | | | | | | | |
| 三麦(亩) | | | | | | | |
| 单产(斤) | | | | | | | |
| 总产(斤) | | | | | | | |
| 油菜(亩) | | | | | | | |
| 单产(斤) | | | | | | | |
| 总产(斤) | | | | | | | |
| 总收入(元) | 24 921.63 | 22 962.12 | 22 335.98 | 26 915.44 | 19 955.16 | 18 226.05 | 17 955.21 |
| 其中农业收入(元) | 22 119.65 | 20 560.19 | 20 215.05 | 22 897.64 | 16 974.43 | 16 555.75 | 16 812.86 |
| 总支出(元) | 10 993.55 | 8 990.49 | 1 0981.33 | 13 254.1 | 10 574.81 | 9 131.51 | 9 916.39 |
| 国家税金(元) | 2 163.46 | 1 956 | 1 941.69 | 2 218.5 | 1 614.59 | 1 625.95 | 1 885.74 |
| 纯收入(元) | 11 764.62 | 12 015.63 | 9 412.96 | 11 442.84 | 7 765.76 | 7 468.59 | 6 153.08 |
| 公共积累(元) | 1 226.04 | 742.44 | 193.22 | 296.26 | 289.02 | 160.46 | 175.91 |
| 社员分配(元) | 10 538.58 | 11 273.19 | 9 219.74 | 11 146.58 | 7 476.74 | 7 308.13 | 5 977.17 |
| 每人平均(元) | 106.45 | 112.73 | 91.28 | 94.46 | 84.96 | 89.12 | 62.26 |
| 实分现金(元) | | | | | | | |
| 每人平均(元) | | | | | | | |

资料来源:淀东人民公社经管办档案"一九六八年秋季决算分配方案(全)"(1968 年度永久 3 卷)大队各生产队 1968 年秋季决算分配方案资料。

于 2013 年 12 月 7 日摘录汇总。空缺和个别项之间数据不和,原资料所为。

表 5-2-11　　　　　　　　1968 年淀东公社复新大队资料一览表

| 队别 | 1 | 2 | 3 | 4 | 5 | 6 |
|---|---|---|---|---|---|---|
| 户数 | 18 | 29 | 22 | 14 | 26 | 20 |
| 人口 | 74 | 104 | 99 | 64 | 104 | 60 |
| 正半劳力 | 38 | 45 | 55 | 35 | 68 | 28 |
| 水稻(亩) | | | | | | |
| 单产(斤) | | | | | | |
| 总产(斤) | | | | | | |
| 三麦(亩) | | | | | | |
| 单产(斤) | | | | | | |
| 总产(斤) | | | | | | |
| 油菜(亩) | | | | | | |
| 单产(斤) | | | | | | |
| 总产(斤) | | | | | | |
| 总收入(元) | 15 715.69 | 21 353.27 | 21 147.95 | 12 131.99 | 23 247.98 | 13 835.8 |
| 其中农业收入(元) | 14 550.94 | 19 493.73 | 20 058.05 | 11 783.72 | 21 909.44 | 12 608.83 |
| 总支出(元) | 5 763.58 | 9 401.3 | 8 749.15 | 5 146.74 | 9 182.42 | 5 498.63 |
| 国家税金(元) | 1 463.27 | 1 874.75 | 2 292.04 | 1 310.2 | 2 135.16 | 1 182.07 |
| 纯收入(元) | 8 488.84 | 10 077.22 | 10 106.76 | 5 675.05 | 11 930.40 | 7 155.10 |
| 公共积累(元) | | | | | | |
| 社员分配(元) | 8 488.84 | 10 077.22 | 10 106.76 | 5 675.05 | 11 930.4 | 7 155.1 |
| 每人平均(元) | 114.71 | 96.90 | 102.09 | 88.67 | 114.72 | 119.25 |
| 实分现金(元) | | | | | | |
| 每人平均(元) | | | | | | |

资料来源:淀东人民公社经管办档案"一九六八年秋季决算分配方案(全)"(1968 年度永久 3 卷)大队各生产队 1968 年秋季决算分配方案资料。

于 2013 年 12 月 7 日摘录汇总。空缺和个别项之间数据不和,原资料所为。

表 5-2-12　　　　　　　　　　1968年淀东公社复利大队资料一览表

| 队别 | 1 | 2 | 3 | 4 | 5 | 6 | 7 |
|---|---|---|---|---|---|---|---|
| 户数 | 17 | 20 | 25 | 24 | 23 | 22 | 22 |
| 人口 | 77 | 85 | 106 | 101 | 108 | 102 | 111 |
| 正半劳力 | 30 | 45 | 50 | 40 | 50 | 45 | 50 |
| 水稻(亩) | | | | | | | |
| 单产(斤) | | | | | | | |
| 总产(斤) | | | | | | | |
| 三麦(亩) | | | | | | | |
| 单产(斤) | | | | | | | |
| 总产(斤) | | | | | | | |
| 油菜(亩) | | | | | | | |
| 单产(斤) | | | | | | | |
| 总产(斤) | | | | | | | |
| 总收入(元) | 17 647.28 | 21 763.46 | 29 170.91 | 21 775.30 | 25 557.85 | 26 215.85 | 21 938.21 |
| 其中农业收入(元) | 16 514.98 | 20 353.30 | 27 349.36 | 20 175.49 | 23 499.48 | 24 310.17 | 20 971.9 |
| 总支出(元) | 7 635.97 | 8 708.42 | 11 847.7 | 8 962.38 | 10 832.5 | 11 651.5 | 8 733.09 |
| 国家税金(元) | 1 598.03 | 2 238.48 | 2 437.47 | 2 173.36 | 2 553.75 | 2 698.45 | 2 313.38 |
| 纯收入(元) | 8 413.28 | 10 816.56 | 14 885.74 | 10 675.56 | 12 171.60 | 11 865.90 | 10 891.74 |
| 公共积累(元) | 350.93 | 690.78 | 2 635.74 | 275.70 | 254.94 | 374.36 | 472.46 |
| 社员分配(元) | 8 062.35 | 10 125.78 | 12 250 | 10 399.86 | 11 916.66 | 11 491.54 | 10 419.38 |
| 每人平均(元) | 104.71 | 119.12 | 115.57 | 102.96 | 110.33 | 112.66 | 93.86 |
| 实分现金(元) | | | | | | | |
| 每人平均(元) | | | | | | | |

资料来源：淀东人民公社经管办档案"一九六八年秋季决算分配方案(全)"(1968年度永久3卷)大队各生产队1968年秋季决算分配方案资料。

于2013年12月7日摘录汇总。空缺和个别项之间数据不和，原资料所为。

表 5-2-13　　　　　　　　　1974 年淀东公社复明大队资料一览表

| 队别 | 1 | 2 | 3 | 4 | 5 | 6 | 7 |
| --- | --- | --- | --- | --- | --- | --- | --- |
| 队别 | 1 | 2 | 3 | 4 | 5 | 6 | 7 |
| 户数 | 29 | 25 | 28 | 31 | 26 | 21 | 26 |
| 人口 | 111 | 103 | 115 | 127 | 103 | 91 | 101 |
| 正半劳力 50 | | | | | | | |
| 水稻(亩) | 235 | 206.9 | 238 | 276.4 | 199.6 | 218 | 242 |
| 单产(斤) | 827 | 622 | 798 | 765 | 741 | 827.2 | 756 |
| 总产(斤) | 194 345 | 179 195 | 189 942 | 211 697 | 157 883 | 180 327 | 182 961 |
| 三麦(亩) | 92 | 92 | 93.3 | | 79.6 | 85.9 | 95 |
| 单产(斤) | 226.5 | 257.8 | 322 | | 263.6 | 300 | 267.2 |
| 总产(斤) | 20 724 | 23 740 | 30 116 | 26 680 | 20 986 | 28 533 | 24 990 |
| 油菜(亩) | 74 | 72.9 | 75 | | 64.8 | 67.9 | 71.2 |
| 单产(斤) | 153 | 112.5 | 206 | | 206.7 | 133 | 145 |
| 总产(斤) | 11 303 | 12 186 | 15 466 | 14 962 | 13 536 | 8 328 | 10 324 |
| 总收入(元) | 33 071.1 | 32 099.04 | 36 303 | 42 409.94 | 28 762.94 | 30 693.95 | 31 801.3 |
| 其中农业收入(元) | 31 115.79 | 29 999.27 | 33 495.02 | 35 383.64 | 27 231.52 | 29 200.71 | 30 136.69 |
| 总支出(元) | 13 560.33 | 13 406.91 | 12 331.78 | 17 645.16 | 11 524.77 | 12 107.83 | 12 082.36 |
| 国家税金(元) | 1 907.94 | 1 912.19 | 1 889.05 | 2 170.9 | 1 564.04 | 1 829.45 | 1 855.56 |
| 纯收入(元) | 17 602.83 | 16 779.94 | 22 082.17 | 22 593.88 | 15 765.13 | 16 756.67 | 17 863.38 |
| 公共积累(元) | 2 947.58 | 2 760.34 | 4 470.76 | 4 790.19 | 2 484.96 | 3 245.03 | 3 174.02 |
| 社员分配(元) | 14 655.25 | 14 019.6 | 17 611.41 | 17 803.69 | 13 189.17 | 13 511.64 | 14 689.36 |
| 每人平均(元) | 132.03 | 136.11 | 153.14 | 140.19 | 128.05 | 148.48 | 145.44 |
| 实分现金(元) | | 3 244.29 | 3 331.72 | | 2 157.97 | 3 273.4 | 3 452.06 |
| 每人平均(元) | | 31.50 | 28.97 | | 20.95 | 35.97 | 34.18 |

资料来源:淀东人民公社经管办档案"一九七四年秋季决算分配方案(全)"(1974 年度永久 5 卷)大队各生产队 1974 年秋季决算分配方案资料。

于 2013 年 12 月 7 日摘录汇总。空缺和个别项之间数据不和,原资料所为。

表 5-2-14　　　　　　　　　　　1974 年淀东公社复新大队资料一览表

| 队别 | 1 | 2 | 3 | 4 | 5 | 6 |
| --- | --- | --- | --- | --- | --- | --- |
| 户数 | 22 | 31 | 21 | 13 | 29 | 25 |
| 人口 | 82 | 115 | 111 | 62 | 130 | 73 |
| 正半劳力 |  | 50 | 55 | 30 | 60 | 38 |
| 水稻(亩) | 148.4 | 229.2 | 269.5 | 157.4 | 270.5 | 150.3 |
| 单产(斤) | 750 | 714 | 773 | 744.5 | 768.3 | 805.2 |
| 总产(斤) | 138 309 | 163 696 | 208 324 | 117 185 | 207 830 | 121 110 |
| 三麦(亩) | 78 | 96 | 113 | 66 | 110.8 | 64 |
| 单产(斤) | 301 | 333.5 | 307.4 | 287.1 | 248.5 | 322 |
| 总产(斤) | 23 402 | 32 023 | 34 739 | 18 979 | 27 537 | 20 555 |
| 油菜(亩) | 51 | 63 | 75 | 44 | 75 | 42 |
| 单产(斤) | 179.3 | 130.5 | 139.4 | 137.2 | 142.8 | 178 |
| 总产(斤) | 9 148 | 8 242 | 10 455 | 6 053 | 10 791 | 7 513 |
| 总收入(元) | 25 464.98 | 30 519.23 | 37 195.03 | 20 838.77 | 36 227.48 | 23 120.23 |
| 其中农业收入(元) | 23 671.98 | 28 701.13 | 34 732.18 | 19 843.42 | 34 806.78 | 21 196.49 |
| 总支出(元) | 10 200.71 | 12 064.78 | 15 621.76 | 8 283.63 | 14 915.28 | 9 539.83 |
| 国家税金(元) | 1 406.43 | 1 771.89 | 2 175.54 | 1 255.72 | 2 050.57 | 1 208.22 |
| 纯收入(元) | 13 857.84 | 16 682.56 | 19 397.73 | 11 299.42 | 19 261.63 | 12 372.38 |
| 公共积累(元) | 2 159.71 | 2 292.84 | 3 389.56 | 2 324.86 | 3 394.3 | 2 343.61 |
| 社员分配(元) | 11 698.13 | 14 389.72 | 16 008.17 | 8 974.56 | 15 867.33 | 10 028.77 |
| 每人平均(元) | 142.66 | 125.13 | 144.21 | 144.75 | 122.06 | 137.38 |
| 实分现金(元) | 7 878.99 | 2 982.41 | 3 759.61 | 2 281.48 | 3 447.17 | 1 758 |
| 每人平均(元) | 35.66 | 25.93 | 33.87 | 36.80 | 26.5 | 24.08 |

资料来源:淀东人民公社经管办档案"一九七四年秋季决算分配方案(全)"(1974 年度永久 5 卷)大队各生产队 1974 年秋季决算分配方案资料。

于 2013 年 12 月 7 日摘录汇总。空缺和个别项之间数据不和,原资料所为。

表 5-2-15　　　　　　　　　　1974年淀东公社复利大队资料一览表

| 队别 | 1 | 2 | 3 | 4 | 5 | 6 | 7 |
|---|---|---|---|---|---|---|---|
| 户数 | 18 | 23 | 33 | 28 | 29 | 27 | 20 |
| 人口 | 76 | 105 | 126 | 110 | 144 | 120 | 111 |
| 正半劳力 | 37 | 54 | 70 | 60 | 70 | 45 | 55 |
| 水稻(亩) | 200 | 255 | 309 | 263 | 304 | 304 | 281 |
| 单产(斤) | 844 | 806 | 800 | 832 | 816 | 844 | 804 |
| 总产(斤) | 168 800 | 205 530 | 247 200 | 218 816 | 248 141 | 256 576 | 225 924 |
| 三麦(亩) | 82 | 101 | 125.8 | 105 | 124 | 123 | 114 |
| 单产(斤) | 314 | 263.6 | 249.5 | 238.7 | 280 | 254 | 275 |
| 总产(斤) | 25 770 | 26 629 | 31 438 | 25 720 | 34 804 | 31 285 | 31 374 |
| 油菜(亩) | 56 | 72 | 88 | 74 | 86 | 85 | 79 |
| 单产(斤) | 154 | 179 | 191 | 155.4 | 174 | 202 | 200.7 |
| 总产(斤) | 8 624 | 12 896 | 16 825 | 11 489 | 15 029 | 17 156 | 15 836 |
| 总收入(元) | 29 554.3 | 31 004.03 | 44 498.98 | 36 951.32 | 42 713.14 | 46 211.97 | 41 671.36 |
| 其中农业收入(元) | 27 634.02 | 33 791.51 | 40 730.75 | 34 161.41 | 40 381.57 | 41 808.44 | 38743.53 |
| 总支出(元) | 13 295.84 | 14 172.22 | 17 305.96 | 14 651.23 | 16 746.08 | 17 355.02 | 14 175.44 |
| 国家税金(元) | 1 648 | 2 079.84 | 2 495.24 | 2 000 | 2 472.68 | 2 532.63 | 2 249.88 |
| 纯收入(元) | 14 610.46 | 19 751.97 | 24 697.78 | 20 300.09 | 23 494.38 | 26 324.32 | 25 246.04 |
| 公共积累(元) | 2 473.67 | 3 477.97 | 5 171.43 | 4 070.00 | 4 763.56 | 6 042.62 | 5 883.23 |
| 社员分配(元) | 12 136.79 | 16 274 | 19 526.35 | 16 230.09 | 18 730.82 | 20 281.7 | 19 362.81 |
| 每人平均(元) | 159.69 | 154.99 | 154.97 | 147.55 | 130.08 | 169.01 | 174.44 |
| 实分现金(元) | 2 600 | 4 800 | 4 860 | 3 636 | 5 414.16 | 6 797 | 6 422 |
| 每人平均(元) | 34.21 | 45.71 | 38.57 | 33.05 | 37.60 | 56.64 | 57.86 |

资料来源：淀东人民公社经管办档案"一九七四年秋季决算分配方案(全)"(1974年度永久5卷)大队各生产队1974年秋季决算分配方案资料。

于2013年12月7日摘录汇总。空缺和个别项之间数据不和,原资料所为。

表 5-2-16　　　　　　　　　　　1978年淀东公社复利大队资料一览表

| 队别 | 1 | 2 | 3 | 4 | 5 | 6 | 7 |
|---|---|---|---|---|---|---|---|
| 户数 | 18 | 23 | 35 | 27 | 28 | 23 | 24 |
| 人口 | 75 | 111 | 134 | 109 | 115 | 121 | 118 |
| 正半劳力 | 41 | 65 | 82 |  |  | 70 |  |
| 水稻(亩) | 194 | 226 | 302 | 252 | 298.5 | 287 | 269 |
| 单产(斤) | 985 | 930 | 885 | 950 | 908 | 720 | 908 |
| 总产(斤) | 191 020 | 210 101 | 267 277 | 239 466 | 271 242 | 264 040 | 244 252 |
| 三麦(亩) | 80 | 95 | 122 | 105 | 121 | 119 | 112 |
| 单产(斤) | 413 | 352 | 325 | 395 | 384 | 409 | 398 |
| 总产(斤) | 33 023 | 33 565 | 39 682 | 41 502 | 46 510 | 48 660 | 44 587 |
| 油菜(亩) | 55 | 65 | 87 | 72 | 85 | 83 | 76 |
| 单产(斤) | 290 | 303 | 301 | 282 | 229 | 249 | 283 |
| 总产(斤) | 15 950 | 19 715 | 26 187 | 20 288 | 19 465 | 20 668 | 21 480 |
| 总收入(元) | 36 292.06 | 42 432.20 | 52 368 | 45 905 | 49 282.08 | 49 984.81 | 47 726.40 |
| 其中农业收入(元) | 33 123.46 | 16 166.69 | 47 542.26 | 42 504 | 46 174.34 | 46 620 | 42 566.52 |
| 总支出(元) | 14 714.82 | 15 845.34 | 17 190.59 | 17 320.05 | 19 170.46 | 18 863.55 | 17 728.75 |
| 国家税金(元) | 1 382.19 | 1 843.13 | 2 488.46 | 2 046.68 | 2 477.03 | 2 414.06 | 2 179.03 |
| 纯收入(元) | 20 195.05 | 24 743.73 | 32 688.95 | 26 538.27 | 27 734.59 | 28 707.20 | 27 818.62 |
| 公共积累(元) | 6 096.32 | 6 220.99 | 9 122.15 | 7 214.20 | 7 703.36 | 7 624.71 | 7 142.21 |
| 社员分配(元) | 14 098.73 | 18 522.74 | 23 566.80 | 19 324.07 | 20 031.23 | 21 082.49 | 20 676.41 |
| 每人平均(元) | 187.98 | 166.87 | 175.89 | 177.29 | 174.18 | 174.24 | 175.22 |
| 实分现金(元) | 3 259.28 | 5 500 | 5 700 | 5 754 | 5 756 | 4 963 | 6 197.62 |
| 每人平均(元) | 43.46 | 49.55 | 42.54 | 52.79 | 50.05 | 41.02 | 52.52 |

资料来源：淀东人民公社经管办档案"一九七八年秋季决算分配方案（全）"（1978年度永久4卷）大队各生产队1978年秋季决算分配方案资料。

于2013年12月8日摘录汇总。空缺和个别项之间数据不和，原资料所为。

**表5-2-17　1978年淀东公社复新大队资料一览表**

| 队别 | 1 | 2 | 3 | 4 | 5 | 6 |
|---|---|---|---|---|---|---|
| 户数 | 20 | 30 | 29 | 12 | 34 | 24 |
| 人口 | 85 | 112 | 113 | 59 | 109 | 73 |
| 正半劳力 | 50 | 50 |  | 39 | 62 | 35 |
| 水稻(亩) | 184.4 | 229.2 | 269.5 | 157.4 | 270.5 | 150.3 |
| 单产(斤) | 761.3 | 811.5 | 858 | 750 | 848.7 | 795.2 |
| 总产(斤) | 142 950 | 185 990 | 271 589 | 118 056 | 229 527 | 119 527 |
| 三麦(亩) | 78 | 96 |  | 66 | 113 | 64 |
| 单产(斤) | 330.6 | 338.6 |  |  | 315 | 403 |
| 总产(斤) | 25 787 | 32 512 | 40 346 | 22 901 | 35 683 | 25 812 |
| 油菜(亩) | 51 | 62 |  | 44 | 75 | 42 |
| 单产(斤) | 220 | 240 |  | 284 | 182 | 203.4 |
| 总产(斤) | 11 219 | 15 228 |  | 10 147 | 13 659 | 8 549 |
| 总收入(元) | 28 160.14 | 35 566.07 | 40 770.27 | 23 220.34 | 40 256.34 | 24 149.07 |
| 其中农业收入(元) | 24 646.25 | 32 561.62 | 38 301.26 | 21 640.24 | 18 967.37 | 22 390.86 |
| 总支出(元) | 11 244.03 | 16 311.93 | 17 096 | 10 242.01 | 17 756.88 | 11 380.36 |
| 国家税金(元) | 1 342.24 | 1 698.12 | 2 084.29 | 1 190.73 | 1 944.00 | 1 175.91 |
| 纯收入(元) | 15 573.87 | 17 556.02 | 21 589.98 | 11 787.60 | 20 555.46 | 11 592.80 |
| 公共积累(元) | 4 253.32 | 3 017.71 | 4 882.94 | 2 938.01 | 3 813.47 | 2 052.67 |
| 社员分配(元) | 11 320.55 | 14 538.31 | 16 707.04 | 8 849.59 | 16 741.99 | 9 540.13 |
| 每人平均(元) | 133.18 | 129.81 | 147.85 | 150 | 153.60 | 130.69 |
| 实分现金(元) | 915.87 | 2 230.62 | 3 300.21 | 1 350.57 | 2 884.52 | 1 185.92 |
| 每人平均(元) | 10.77 | 19.92 | 29.21 | 27.98 | 26.46 | 16.25 |

资料来源：淀东人民公社经管办档案"一九七八年秋季决算分配方案(全)"(1978年度永久4卷)大队各生产队1978年秋季决算分配方案资料。

于2013年12月8日摘录汇总。空缺和个别项之间数据不和,原资料所为。

表 5-2-18　　1978 年淀东公社复明大队资料一览表

| 队别 | 1 | 2 | 3 | 4 | 5 | 6 | 7 |
| --- | --- | --- | --- | --- | --- | --- | --- |
| 户数 | 26 | 22 | 28 | 30 | 26 | 25 | 27 |
| 人口 | 108 | 103 | 119 | 130 | 104 | 104 | 108 |
| 正半劳力 | 54 | 60 | 75 | 85 |  | 60 |  |
| 水稻(亩) | 230.7 | 229.3 | 233.7 | 271.4 | 196 | 214 | 237.6 |
| 单产(斤) | 826.2 | 842 | 880.5 | 811.6 | 873 | 427.2 | 791.5 |
| 总产(斤) | 190 607 | 192 864 | 205 725 | 220 270 | 271 102 | 177 235 | 188 060 |
| 三麦(亩) | 96.9 | 93.4 | 93 | 107 | 77.5 | 84 | 95.6 |
| 单产(斤) | 356 | 312.2 |  | 400.9 | 328.5 | 345 | 331.8 |
| 总产(斤) | 34 387 | 29 168 | 19 504 | 42 900 | 25 482 | 29 319 | 30 729 |
| 油菜(亩) | 82.3 | 82 | 81 | 100.2 | 58 | 64 | 85 |
| 单产(斤) | 234.1 | 223.6 |  | 229.5 | 294.5 | 265 | 219 |
| 总产(斤) | 19 272 | 18 308 | 21 107 | 22 965 | 17 080 | 16 964 | 18 615 |
| 总收入(元) | 37 705.18 | 38 651.11 | 44 168.63 | 51 075.28 | 34 617.61 | 34 671.93 | 38 255.21 |
| 其中农业收入(元) | 33 679.07 | 32 619.40 | 36 733.58 | 39 349.53 | 28 764.55 | 30 223.93 | 32 737.03 |
| 总支出(元) | 15 229.45 | 16 498.01 | 16 469.55 | 18 983.49 | 14 011.72 | 14 872.94 | 14 256.03 |
| 国家税金(元) | 1 877.58 | 1 866.34 | 1 823.13 | 2 154 | 1 553.01 | 1 809 | 1 814.21 |
| 纯收入(元) | 20 598.15 | 20 286.76 | 25 875.95 | 29 939.79 | 19 052.88 | 17 989.99 | 22 184.97 |
| 公共积累(元) | 4 746.51 | 4 860.77 | 6 216.89 | 7 661.01 | 4 103.56 | 3 694.29 | 5 099.03 |
| 社员分配(元) | 15 851.64 | 15 425.99 | 19 659.06 | 22 276.78 | 14 949.32 | 14 295.70 | 17 085.94 |
| 每人平均(元) | 146.77 | 149.77 | 165.20 | 171.36 | 143.74 | 137.46 | 158.20 |
| 实分现金(元) | 3 550.88 | 4 194.33 | 4 239.72 | 4 886.12 | 3 205.35 | 3 236.26 | 5 425.18 |
| 每人平均(元) | 32.88 | 40.72 | 35.63 | 37.59 | 30.82 | 31.12 | 50.23 |

资料来源:淀东人民公社经管办档案"一九七八年秋季决算分配方案(全)"(1978 年度永久 4 卷)大队各生产队 1978 年秋季决算分配方案资料。

于 2013 年 12 月 8 日摘录汇总。空缺和个别项之间数据不和,原资料所为。

表 5-2-19　　1982年淀东公社复明大队资料一览表

| 队别 | 1 | 2 | 3 | 4 | 5 | 6 | 7 |
| --- | --- | --- | --- | --- | --- | --- | --- |
| 户数 | 25 | 21 | 28 | 33 | 25 | 23 | 29 |
| 人口 | 101 | 103 | 119 | 132 | 98 | 101 | 111 |
| 正半劳力 | 64 | 73 | 77 | 90 | 70 | 90 | 80 |
| 水稻(亩) | 235 | 230.7 | 236.7 | 271.8 | 198.3 | 214.4 | 240.8 |
| 单产(斤) | 904 | 914.6 | 890 | 819.2 | 924.3 | 891.5 | 858.1 |
| 总产(斤) | 212 444 | 211 003 | 210 097 | 222 670 | 183 294 | 191 130 | 206 627 |
| 三麦(亩) | 100.1 | 95 | 99.2 | 110.6 | 86.1 | 92.5 | 94.9 |
| 单产(斤) | 493 | 503.6 | 552.3 | 545 | 623.7 | 592.6 | 462.8 |
| 总产(斤) | 49 357 | 47 841 | 54 847 | 60 343 | 53 701 | 54 814 | 43 919 |
| 油菜(亩) | 101 | 107 | 105.3 | 133.4 | 90 | 100 | 115 |
| 单产(斤) | 277.2 | 256.3 | 304.4 | 252.7 | 273.8 | 285.3 | 257.4 |
| 总产(斤) | 29 664 | 27 454 | 32 056 | 33 706 | 24 637 | 28 532 | 29 605 |
| 总收入(元) | 58 253.26 | 57 703.13 | 59 441.74 | 63 512.93 | 53 104.29 | 57 001.9 | 58 425.53 |
| 其中农业收入(元) | 55 027.87 | 54 865.66 | 54 720.84 | 57 036.91 | 47 299.94 | 53 340.89 | 54035.57 |
| 总支出(元) | 25 564.76 | 23 287.56 | 24 657.56 | 29 177.36 | 21 479.05 | 23 187.18 | 25017.72 |
| 国家税金(元) | 2 177.29 | 2 120.38 | 2 107.06 | 2 446.67 | 1 781.76 | 2 056.42 | 2 092.76 |
| 纯收入(元) | 30 511.21 | 32 295.19 | 32 677.12 | 31 888.90 | 29 843.48 | 31 758.30 | 31 315.05 |
| 公共积累(元) | 4 912.65 | 4 991.15 | 4 630.07 | 4 474.36 | 4 604.55 | 4 599.28 | 4 439.22 |
| 社员分配(元) | 25 598.56 | 27 304.04 | 28 047.05 | 27 414.54 | 25 238.93 | 27 159.03 | 26 875.83 |
| 每人平均(元) | 253.45 | 265.09 | 235.69 | 207.69 | 257.54 | 268.90 | 242.12 |
| 实分现金(元) | 13 839.31 | 13 556.98 | 10 962.62 | 8 623.37 | 10 502.36 | 12 554.05 | 11 552.49 |
| 每人平均(元) | 137.02 | 131.62 | 92.12 | 65.33 | 107.17 | 124.30 | 104.08 |

资料来源:淀东人民公社经管办档案"一九八二年秋季决算分配方案(全)"(1982年度永久3卷)大队各生产队1982年秋季决算分配方案资料。

于2013年12月8日摘录汇总。空缺和个别项之间数据不和,原资料所为。

表5-2-20　　　　　　　　　　1982年淀东公社复利大队资料一览表

| 队别 | 1 | 2 | 3 | 4 | 5 | 6 | 7 | 8 |
|---|---|---|---|---|---|---|---|---|
| 户数 | 21 | 27 | 38 | 25 | 15 | 31 | 22 | 14 |
| 人口 | 85 | 101 | 131 | 100 | 67 | 121 | 114 | 47 |
| 正半劳力 | 42 | 49 | 64 | 53 | 31 | 61 | 60 | 28 |
| 水稻(亩) | 197 | 228.8 | 303 | 255.7 | 160.7 | 292 | 274 | 144.1 |
| 单产(斤) | 843.2 | 863.5 | 833.6 | 890 | 824.8 | 808 | 817.3 | 860.3 |
| 总产(斤) | 166 112 | 197 569 | 252 584 | 227 573 | 132 544 | 235 975 | 223 934 | 123 969 |
| 三麦(亩) | 76 | 92 | 133 | 106 | 66 | 118 | 108 | 58 |
| 单产(斤) | 511.8 | 495.4 | 488.8 | 495 | 460.6 | 510 | 502 | 540.8 |
| 总产(斤) | 38 897 | 45 576 | 65 008 | 52 473 | 30 402 | 60 190 | 54 015 | 31 365 |
| 油菜(亩) | 80 | 95 | 130 | 100 | 65 | 120 | 108 | 60 |
| 单产(斤) | 267.9 | 307.1 | 275.7 | 262.5 | 270.6 | 267.8 | 281.7 | 282.4 |
| 总产(斤) | 21 430 | 28 286 | 35 836 | 26 348 | 17 584 | 32 130 | 30 424 | 16 945 |
| 总收入(元) | 45 434.21 | 54 362.21 | 70 347.22 | 57 872.65 | 34 904.88 | 65 475.62 | 61 088.24 | 34 442.83 |
| 其中农业收入(元) | 42 016.65 | 51 570.97 | 68 428.82 | 56 174.6 | 33 978.26 | 63 576.88 | 58 646.92 | 33 226.76 |
| 总支出(元) | 19 851.06 | 23 019.8 | 27 498.77 | 24 364.09 | 15 275.17 | 26 241.71 | 26 252.14 | 13 189.39 |
| 国家税金(元) | 1 862.91 | 2 168.16 | 2 863.36 | 2 397.56 | 1 471.2 | 2 813.34 | 2 505.88 | 1402.8 |
| 纯收入(元) | 23 720.34 | 29 174.25 | 39 985.09 | 31 111.00 | 18 158.51 | 36 420.57 | 32 330.22 | 19 850.64 |
| 公共积累(元) | 4 568.66 | 4 434.44 | 6 620.15 | 4 625.69 | 2 820.58 | 4 401.32 | 5 601.8 | 3670.86 |
| 社员分配(元) | 19 151.58 | 24 739.84 | 33 364.94 | 26 485.31 | 15 337.93 | 32 019.25 | 26 728.42 | 16179.78 |
| 每人平均(元) | 225.31 | 244.95 | 254.69 | 264.85 | 228.92 | 264.62 | 234.46 | 344.25 |
| 实分现金(元) | 5 560 | 9 247 | 11 372 | 7 476.36 | 5 433 | 14 700 | 9 700 | 7 929.24 |
| 每人平均(元) | 65.41 | 91.55 | 86.81 | 74.76 | 81.09 | 121.49 | 85.09 | 168.71 |

资料来源：淀东人民公社经管办档案"一九八二年秋季决算分配方案(全)"(1982年度永久3卷)大队各生产队1982年秋季决算分配方案资料。

于2013年12月8日摘录汇总。空缺和个别项之间数据不和，原资料所为。

表 5-2-21　　1982年淀东公社复新大队资料一览表

| 队别 | 1 | 2 | 3 | 4 | 5 | 6 |
|---|---|---|---|---|---|---|
| 户数 | 19 | 29 | 30 | 14 | 29 | 20 |
| 人口 | 87 | 116 | 115 | 69 | 118 | 76 |
| 正半劳力 | 55 | 72 | 59 | 47 | 69 | 53 |
| 水稻(亩) | 183.9 | 228.1 | 267.1 | 151 | 268.7 | 149.8 |
| 单产(斤) | 782.9 | 818.9 | 806.8 | 758.8 | 866.7 | 798.6 |
| 总产(斤) | 143 949 | 187 010 | 215 497 | 119 429 | 232 876 | 119 626 |
| 三麦(亩) | 74 | 93 | 116 | 62.44 | 108 | 60.12 |
| 单产(斤) | 503.2 | 400.1 | 509.9 | 410.7 | 493 | 498.9 |
| 总产(斤) | 37 238 | 37 256 | 59 142 | 25 647 | 53 748 | 29 993 |
| 油菜(亩) | 74 | 93.5 | 116 | 62.44 | 108 | 70 |
| 单产(斤) | 299.3 | 279.7 | 216.3 | 376 | 299 | 296.8 |
| 总产(斤) | 22 147 | 26 166 | 36 687 | 23 518 | 32 296 | 20 798 |
| 总收入(元) | 40 003.48 | 47 586.88 | 63 211 | 33 276.18 | 62 222.81 | 33 801.12 |
| 其中农业收入(元) | 38 899.49 | 47 459.23 | 62 853.62 | 33 186.81 | 61 892.26 | 32 759.67 |
| 总支出(元) | 18 836.64 | 23 526.88 | 27 716.5 | 14 434.85 | 26 725.26 | 14 976.56 |
| 国家税金(元) | 1 575.24 | 1 982.63 | 2 449.91 | 1 404.33 | 2 287.91 | 1 376.85 |
| 纯收入(元) | 19 591.60 | 22 077.37 | 33 044.59 | 17 437.00 | 33 209.64 | 17 447.71 |
| 公共积累(元) | 1 897.43 | 2 105 | 4 401.31 | 2637.78 | 3 834.74 | 1 878.57 |
| 社员分配(元) | 17 694.17 | 19 972.37 | 28 643.28 | 14 799.22 | 29 374.9 | 15 569.14 |
| 每人平均(元) | 203.38 | 172.18 | 249.07 | 214.48 | 248.94 | 204.86 |
| 实分现金(元) | 6 131.92 | 6 951.47 | 11 639.44 | 5 413.14 | 13 236.47 | 5 200.47 |
| 每人平均(元) | 70.48 | 59.93 | 101.21 | 78.45 | 112.17 | 68.43 |

资料来源:淀东人民公社经管办档案"一九八二年秋季决算分配方案(全)"(1982年度永久3卷)大队各生产队1982年秋季决算分配方案资料。

于2013年12月8日摘录汇总。空缺和个别项之间数据不和,原资料所为。

## 四、农机农具

新中国成立前,农田耕作,农作物的播种、灌溉、排涝、除虫、收割、脱粒、运输,均依靠人力、畜力和风力,一直沿用到新中国成立初期,部分仍沿用至今。

兴复村域内传统农具有:

翻耕农具:犁、耙、铁鎝(阔齿、尖齿)、大铁鎝。

灌溉农具:手牵车、踏水车、牛车、风车。

中耕农具:耥、锄头。

积肥农具:船、罱网、拉草铁鎝、粪桶、粪勺、土大、扁担、竹畚箕。

收割农具:镰刀、带纽木扁担、担勾绳。

装运农具:船、橹、篙子、麻袋、笆斗、斛子、栲栳、栈条、跳板。

脱粒农具:稻床、鞭盖、削柴棒、手摇风车、脚踏脱粒机。

碾米农具:木砻、臼(摇臼、石臼、椿臼)。

播种农具:菜花柱、沉豆棒。

新中国成立后,双人脚踏轧稻机、脱粒机得到推广,稻床被逐步淘汰。之后,随着动力设备的不断更新,先后使用以柴油机和电动机为动力的大、中、小型脱粒机。

耕田一直沿用畜力拉犁、耙。20世纪50年代推广双轮双铧犁,60年代初又试行推广电动绳索牵引犁,因不适应水乡土壤特性而被淘汰。60年代后期,试用手扶拖拉机,配备牵引犁、旋耕犁,翻耕效果好,得到逐步推广,以后复利村还购置了中型拖拉机。

收割机械:从手工收割到联合收割机。

植保机械:从背负式小型喷雾器、喷粉器发展到机械农药泵喷洒农药。

表5-2-22　　　　1950年兴复村(原复新村、复利村、复明村)三车统计表　　单位:部

| 村名 | 人力 | | 牛车 | 风车 |
|---|---|---|---|---|
| | 牵车 | 踏水车 | | |
| 复新 | 15 | | 30 | 24 |
| 复利 | 18 | | 19 | 19 |
| 复明 | 52 | 15 | 23 | 21 |

表 5-2-23　2000 年兴复村（原复新村、复利村、复明村）农业机械统计表

| 村名 | 机电排灌工具 | | | 交通运输工具 | | | | |
|---|---|---|---|---|---|---|---|---|
| | 抽水机船（条） | 机灌站（座） | 电灌站（座） | 人力船 | | 机动 | | |
| | | | | 木船（条） | 水泥船（条） | 挂机船（条） | 小拖（条） | 中拖（条） |
| 复新 | 1 | | 1 | 84 | 67 | 3 | 7 | 1 |
| 复利 | 1 | | 2 | 82 | 124 | 22 | 2 | 1 |
| 复明 | 1 | | 2 | 42 | 91 | 12 | 13 | 1 |

表 5-2-24　2000 年兴复村（原复新村、复利村、复明村）其他农机农具统计表　　单位：台

| 村名 | 割晒机 | 联合收割机 | 直播机 | 开沟机 | 潜水泵 | 小型喷雾机 | 电动机 | 脱粒机 | 农药泵 | 发电机组 |
|---|---|---|---|---|---|---|---|---|---|---|
| 复新 | | | | 2 | 7 | 114 | 73 | 61 | 2 | 1 |
| 复利 | 1 | | | 3 | 2 | 165 | 96 | 75 | 2 | 1 |
| 复明 | | 1 | 1 | 3 | 4 | 167 | 92 | 76 | 2 | |

常用农具见下图。

### 20 世纪 50～80 年代常用农具图

掼稻用的稻床

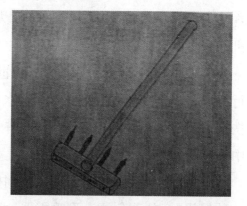

拉耙

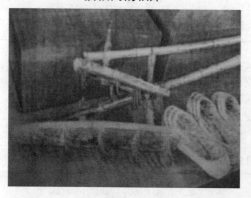

耥稻用的浪耥

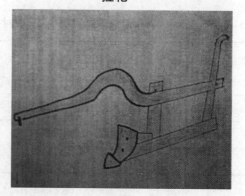

单头犁

# 第五章 村级经济

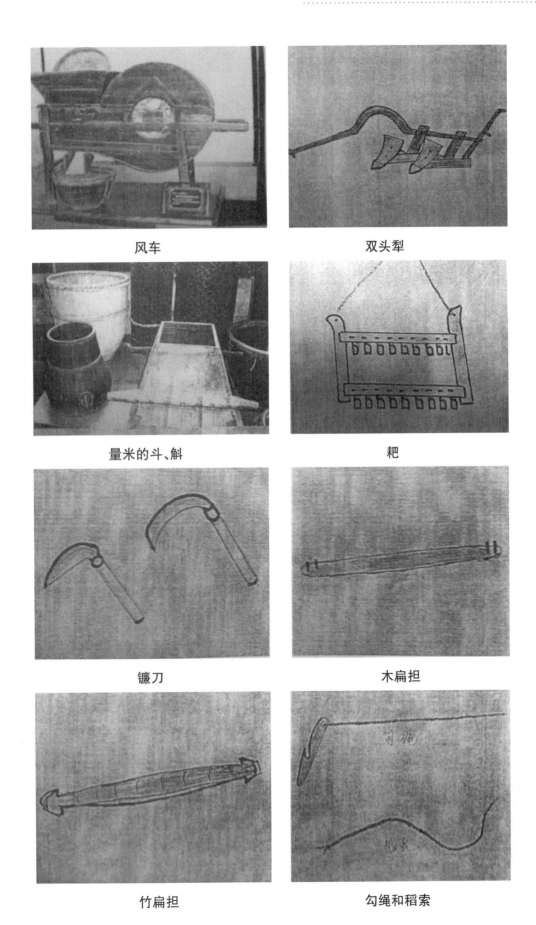

风车　　　　　　　　双头犁

量米的斗、斛　　　　耙

镰刀　　　　　　　　木扁担

竹扁担　　　　　　　勾绳和稻索

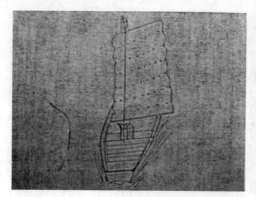
帆船

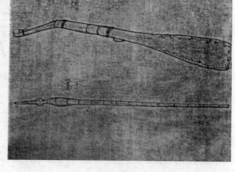
橹、篙子

料刀与料桶

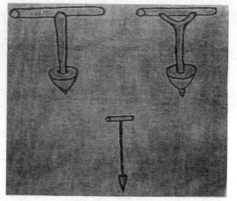
菜花柱

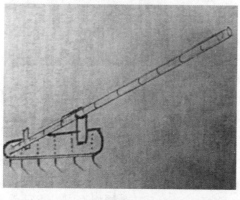
耥

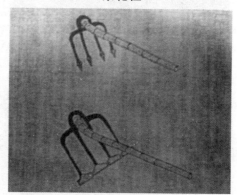
铁鎝

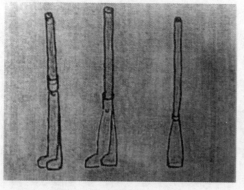
铲

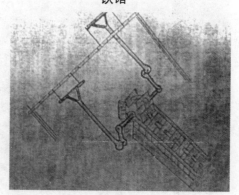
牵车

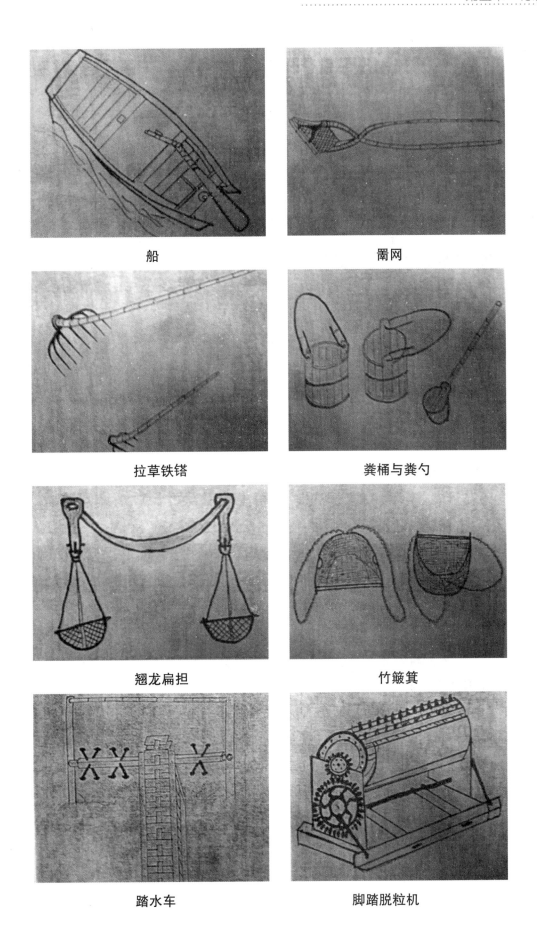

| 船 | 罱网 |
| 拉草铁锴 | 粪桶与粪勺 |
| 翘龙扁担 | 竹簸箕 |
| 踏水车 | 脚踏脱粒机 |

牛水车

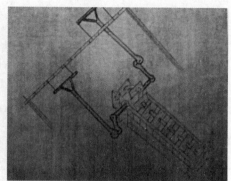
牵车

农船铁锚

牛耙田

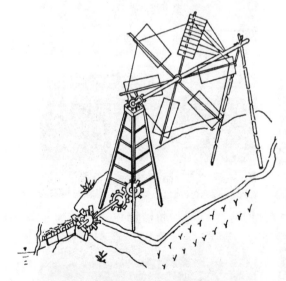
风力水车示意图

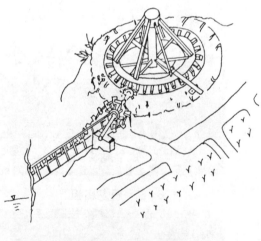
牛力水车示意图

人力脚踏水车示意图

## 现代农业机械

电灌站(一)

电灌站(二)

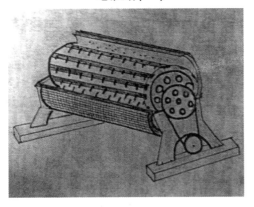

电动脱粒机

稻麦联合收割机

中型拖拉机

农药泵

插秧机

中型拖拉机

手扶拖拉机

开沟机

收割机

联合收割机

## 五、农业科技

新中国成立初期,淀东区建立农业技术推广站,配备站长、副站长,县派国家农技员 1~2 人指导农业新技术的推广。兴复村域内各自然村在淀东区农业技术推广站指导下,开展农业新技术的应用和实践,如推广盐水选种等。

人民公社化时,公社管理委员会由一名副社长和国家农技员 1~2 人负责全社农业科技。1963 年各大队自己配一名农技员,1975 年后发展到各生产队配一名农技员,形成较好的农技网络和农业技术推广体系,重点做好新品种、新农药、新技术的推广应用。

## 第三节 多种经营

### 一、瓜类种植

新中国成立前,有少数农户种植西瓜、香瓜、南瓜、老地瓜、地蒲瓜等;西瓜品种一般有黑皮瓜、白皮瓜;香瓜品种有黄皮香瓜、青皮绿肉、白小娘、老来黄,主要供自己食用,很少出售。

新中国成立后,20 世纪 50 年代末至 60 年代,利用旱地、十边地种植一些瓜类,供村民自用。1970 年后,瓜类种植有所上升,每个生产队都种植 4~5 亩西瓜,品种不断增多,又引进了不少新品种,如台湾黑皮瓜,栽培技术上也有所提高。既要不减少粮食生产,又要讲究经济收入,西瓜收获后留一部分农田做油菜秧田,其余的种植水稻,俗称瓜翻稻。收获的西瓜一部分分给社员食用,一部分上市出售,经济效益比单一种植水稻好得多。实行联产承包制的初期,种西瓜的农户也不少,后来由于推行规模经营及外地瓜的大量涌入,就很少有农户种植了。

### 二、桑蚕生产

1992 年,淀山湖镇调整种植业结构,在各村全面铺开种桑养蚕,由集体负责桑树苗、养蚕工具的采购,蚕种和防治药物的发放,聘请技术员进行指导。经济上按发放的品种、数量与社员个人结算,蚕茧由社员自行出售给烘茧收购站。

表 5-3-1　　兴复村(原复新村、复利村、复明村)种桑养蚕统计表　　单位:户、亩

| 年份 | 队别 | 户数 | 面积 |
| --- | --- | --- | --- |
| 1992~1994 | 复明1队 | 23 | 21.48 |
| 1992~1994 | 复明2队 | 22 | 21.5 |
| 1992~1994 | 复明3队 | 31 | 28.13 |
| 1992~1994 | 复明4队 | 29 | 28.04 |
| 1992~1994 | 复明5队 | 28 | 23.99 |
| 1992~1994 | 复明6队 | 23 | 20.27 |
| 1992~1994 | 复明7队 | 26 | 23.51 |
| 1992 | 复利1队 | 20 | 20 |
| 1992 | 复利2队 | 23 | 24.5 |
| 1992 | 复利3队 | 31 | 36.5 |
| 1992 | 复利4队 | 20 | 31.5 |
| 1992 | 复利5队 | 12 | 17 |
| 1992 | 复利6队 | 26 | 34.5 |
| 1992 | 复利7队 | 19 | 30 |
| 1992 | 复利8队 | 7 | 10 |

1994年,因镇工业经济发展的需要,蚕桑生产逐步减少、停止。

## 三、其他经济作物

为增加集体经济收入,兴复村境内有些生产队试行种植经济效益较好的作物,如白菊花,但由于缺乏技术指导,经济效益达不到预期效果而放弃,仅复利村种桃子收入较好,坚持种植数年。

表 5-3-2　　兴复村(原复新大队、复利大队、复明大队)选年种植其他经济作物统计表

| 作物名称 | 种植单位 | 种植时间 | 种植面积(亩) |
| --- | --- | --- | --- |
| 席草 | 复明4队 | 1964~1965 | 10 |
| 席草 | 复明2队 | 1964~1965 | 4 |
| 茭白 | 复明6队 | 1967~1971 | 10 |
| 草蒲 | 复利6队 | 1980 | 2 |
| 桃子 | 复利6队 | 1980~1985 | 20 |
| 桃子 | 复利村集体 | 1991~1994 | 20 |

## 四、水产养殖

村域内河湖纵横,水资源丰富,水产养殖具有良好的条件。

1978年,党的十一届三中全会后,开始利用荒塘、河浜、荡养鱼。1989年后,利用低洼地开挖鱼塘,经营精养鱼塘。水产品种,鱼类主要有四大家鱼,有虾、蟹,有时还养殖河蚌珍珠。1990年后,渔业生产全面推广池塘虾、蟹混养,微孔增氧,微生物制剂水质调控和高密度投放鱼苗、分层次捕捞四项技术,使渔业产量有所提高。

表5-3-3　　兴复村(原复利村、复明村、复新村)水产养殖统计表　　单位:亩

| 年份 | 村名 | 养殖户 | 面积 |
| --- | --- | --- | --- |
| 1998 | 复利 | 顾元顺 | 32.5 |
| 1989~1991 | 复利 | 顾兴根 | 6 |
| 1989~1991 | 复利 | 庞介明 | 4.8 |
| 1989~1991 | 复利 | 单小夯 | 12.3 |
| 1989~1991 | 复利 | 马文元 | 4 |
| 1989~1991 | 复利 | 庞美林 | 15 |
| 1989~1991 | 复利 | 何苗荣 | 5 |
| 1989~1991 | 复利 | 陈桂兴 | 6.3 |
| 1989~1991 | 复利 | 顾祖德 | 2 |
| 1989~1991 | 复利 | 顾元兴 | 2 |
| 1989~1991 | 复利 | 周虎生 | 2.9 |
| 1990~1993 | 复利 | 盛志林 | 5 |
| 1990~1993 | 复利 | 朱金元 | 3.5 |
| 1988~1990 | 复利 | 顾德田 | 4 |
| 1988~1990 | 复利 | 庞贤祥 | 4.3 |
| 1988~1990 | 复利 | 庞志良 | 3.75 |
| 1988~1990 | 复利 | 顾生林 | 5.8 |
| 1988~1990 | 复利 | 钟惠明 | 3.75 |
| 1988~1990 | 复利 | 姚阿三 | 19.34 |
| 1988~1990 | 复利 | 钟阿小 | 15 |
| 1997~1999 | 复利 | 马文元 | 1 |
| 1997~1999 | 复利 | 李红豪 | 30 |

续表

| 年份 | 村名 | 养殖户 | 面积 |
|---|---|---|---|
| 1997～1999 | 复利 | 徐金荣 | 5 |
| 1997～1999 | 复利 | 顾祖德 | 3 |
| 1997～1999 | 复利 | 陈惠新 | 9 |
| 1997～1999 | 复利 | 陈幸福 | 4 |
| 1997～1999 | 复利 | 周大元 | 6 |
| 1997～1999 | 复利 | 庞美林 | 12 |
| 1997～1999 | 复利 | 顾元兴 | 6 |
| 1997～1999 | 复利 | 何苗荣 | 5 |
| 1997～1999 | 复利 | 陈桂兴 | 6 |
| 1997～1999 | 复利 | 顾阿四 | 3.7 |
| 1997～1999 | 复利 | 钟阿三 | 4 |
| 1992 | 复明 | 张阿大 | 6 |
| 1992 | 复明 | 杨祥荣 | 5 |
| 1992 | 复明 | 唐荣生 | 8 |
| 1992 | 复明 | 黄仁岐/祝英明 | 31 |
| 1992 | 复明 | 朱福明 | 7 |
| 1992 | 复明 | 李红弟 | 13 |
| 1992 | 复明 | 陈福生 | 4 |
| 1992 | 复明 | 陈小夯 | 10 |
| 1992 | 复明 | 顾建林 | 9 |
| 1992 | 复明 | 陈大夯 | 6 |
| 1992 | 复利 | 赵福强 | 11 |
| 1998～2000 | 复明 | 唐荣生 | 7.8 |
| 1998～2000 | 复明 | 沈小弟 | 10.7 |
| 1998～2000 | 复明 | 徐福明 | 10.1 |
| 1998～2000 | 复明 | 王引元 | 7.23 |
| 1998～2000 | 复明 | 倪进福 | 6.6 |
| 1998～2000 | 复明 | 沈全福 | 10.4 |
| 1998～2000 | 复明 | 张胜琪 | 4.5 |
| 1998～2000 | 复明 | 翁雪兴 | 10.64 |

续表

| 年份 | 村名 | 养殖户 | 面积 |
| --- | --- | --- | --- |
| 1998~2000 | 复明 | 朱福明 | 7.4 |
| 1998~2000 | 复明 | 黄仁祥 | 2.8 |
| 1998~2000 | 复明 | 顾荣生 | 19.8 |
| 1998~2000 | 复明 | 盛玉峰 | 10.2 |
| 1998~2000 | 复明 | 李红弟/陈小夯 | 32.5 |
| 1998~2000 | 复明 | 周卫生 | 9.36 |
| 1998~2000 | 复明 | 吴小文 | 10.89 |
| 1998~2000 | 复明 | 张星夫 | 10.13 |
| 1998~2000 | 复明 | 姜国元 | 7.29 |
| 1998~2000 | 复明 | 姜卫林 | 15.2 |
| 1998~2000 | 复明 | 陈大夯/黄荣元 | 30.4 |
| 1998~2000 | 复明 | 顾引华 | 10.4 |
| 1998~2000 | 复明 | 朱仁兴 | 20.7 |
| 1998~2000 | 复明 | 顾引光 | 20 |
| 1998~2000 | 复明 | 姜雪明 | 0.42 |
| 2000~2002 | 复明 | 陈大夯 | 36.6 |
| 2000~2002 | 复明 | 钱建松 | 36.4 |
| 2000~2002 | 复明 | 杨林根 | 22.7 |
| 2000~2002 | 复明 | 黄荣元 | 11.4 |
| 2000~2002 | 复明 | 王引元 | 11.44 |
| 2000~2002 | 复明 | 沈小弟 | 15.53 |
| 2000~2002 | 复明 | 倪进福 | 11.41 |
| 2000~2002 | 复明 | 倪学明 | 12.77 |
| 2000~2002 | 复明 | 张星夫 | 14.13 |
| 2000~2002 | 复明 | 吴小文 | 13.89 |
| 2000~2002 | 复明 | 姜卫林 | 12 |
| 2000~2002 | 复明 | 周卫生 | 9.36 |
| 2000~2002 | 复明 | 姜国元 | 20.22 |
| 2000~2002 | 复明 | 沈全福 | 21.44 |
| 2000~2002 | 复明 | 唐荣生 | 10.32 |

续表

| 年份 | 村名 | 养殖户 | 面积 |
|---|---|---|---|
| 2003 | 复明 | 刘卫明 | 17.95 |
| 2003 | 复明 | 黄荣根 | 17.4 |
| 2003 | 复明 | 杨林根 | 28.11 |
| 2003 | 复明 | 陈福元 | 14.07 |
| 2003 | 复明 | 张世荣 | 15.73 |
| 2003 | 复明 | 李红弟/陈小夯 | 15.73 |
| 1998 | 复新 | 姚云良 | 8.9 |
| 1998 | 复新 | 姚祖兴 | 30 |
| 1998 | 复新 | 郑祥明 | 25 |
| 1998 | 复新 | 金惠林 | 20 |
| 1998 | 复新 | 姜卫星 | 7 |
| 1998 | 复新 | 庞利荣 | 12 |
| 1998 | 复新 | 黄 | 35 |
| 1998 | 复新 | 王小夯 | 12 |
| 1998 | 复新 | 李永德 | 9 |
| 1998 | 复新 | 王国新 | 8 |
| 1998 | 复新 | 徐秀兴 | 12 |
| 1998 | 复新 | 朱仁华 | 13 |
| 1998 | 复新 | 王革命 | 30 |
| 2004 | 复明 | 倪学明 | 7.47 |
| 2004 | 复明 | 倪进福 | 18.99 |
| 2004 | 复明 | 朱小弟 | 12.89 |
| 2004 | 复明 | 唐文革 | 6 |
| 2004 | 复明 | 翁雪兴 | 7.68 |
| 2004 | 复明 | 黄荣根 | 10.54 |
| 2004 | 复明 | 黄荣元 | 20.8 |
| 2004 | 复明 | 张星夫 | 13.4 |
| 2004 | 复明 | 朱川明 | 18.95 |
| 2004 | 复明 | 盛彩兴 | 17.4 |
| 2004 | 复明 | 唐荣生 | 6 |

续表

| 年份 | 村名 | 养殖户 | 面积 |
|---|---|---|---|
| 2004 | 复明 | 黄兴龙 | 16.81 |
| 2004 | 复明 | 姜国元 | 23.94 |
| 2004 | 复明 | 赵明标 | 7 |
| 2004 | 复明 | 杨林根 | 40.01 |
| 2004 | 复明 | 姜卫林 | 12.68 |
| 2004 | 复明 | 李宏弟 | 15.73 |
| 2004 | 复明 | 王引元 | 18.44 |
| 2004 | 复明 | 张世荣 | 31.48 |
| 2004 | 复明 | 沈小弟 | 15.53 |
| 2004 | 复明 | 陈小夯 | 15.73 |
| 2004 | 复明 | 陈大夯 | 43.7 |
| 2004 | 复明 | 李宏弟 | 62.5 |
| 2004 | 复明 | 程福元 | 14.07 |
| 2004 | 复利 | 何二夯 | 21.4 |
| 2004 | 复利 | 何苗荣 | 20 |
| 2004 | 复利 | 钟佰年 | 18.04 |
| 2004 | 复利 | 许勇福 | 20.08 |
| 2004 | 复利 | 陈幸福 | 12.5 |
| 2004 | 复利 | 钟阿三 | 15.5 |
| 2004 | 复利 | 陈惠新 | 22.5 |
| 2004 | 复利 | 周大元 | 22.66 |
| 2004 | 复利 | 褚采弟 | 3.5 |
| 2004 | 复利 | 单大夯 | 6 |
| 2004 | 复利 | 陈桂兴 | 23.29 |
| 2004 | 复利 | 庞小青 | 12.79 |
| 2004 | 复利 | 李红豪 | 65.5 |
| 2004 | 复利 | 许永林 | 14 |
| 2004 | 复利 | 顾元兴 | 23.35 |
| 2004 | 复利 | 徐菊全 | 17.74 |
| 2004 | 复利 | 顾再其 | 22.44 |

续表

| 年份 | 村名 | 养殖户 | 面积 |
|---|---|---|---|
| 2004 | 复利 | 顾志龙 | 16 |
| 2004 | 复利 | 顾炳坤 | 6 |
| 2004 | 复利 | 黄士兴 | 7.92 |
| 2004 | 复利 | 钟阿小 | 16.32 |
| 2004 | 复利 | 庞美林 | 26.93 |
| 2004 | 复利 | 周进福 | 24.33 |
| 2004 | 复利 | 顾进圪 | 58 |
| 2004 | 复新 | 金惠林 | 11 |
| 2004 | 复新 | 庞利荣 | 7.74 |
| 2004 | 复新 | 姜卫新 | 2.8 |
| 2004 | 复新 | 黄密琴 | 12.7 |
| 2004 | 复新 | 谈雪林 | 8.3 |
| 2004 | 复新 | 许林泉 | 9 |
| 2004 | 复新 | 郑祥明 | 21.27 |
| 2005 | 复明 | 倪学明 | 7.47 |
| 2005 | 复明 | 倪进福 | 18.99 |
| 2005 | 复明 | 杨春华 | 12.38 |
| 2005 | 复明 | 翁雪兴 | 7.68 |
| 2005 | 复明 | 盛彩兴 | 17.4 |
| 2005 | 复明 | 朱川明 | 18.95 |
| 2005 | 复明 | 张星夫 | 13.4 |
| 2005 | 复明 | 黄荣元 | 20.8 |
| 2005 | 复明 | 唐文革 | 6 |
| 2005 | 复明 | 唐荣生 | 8.27 |
| 2005 | 复明 | 姜国元 | 23.94 |
| 2005 | 复明 | 黄兴龙 | 10.09 |
| 2005 | 复明 | 陈大夯 | 43.7 |
| 2005 | 复明 | 朱小弟 | 12.89 |
| 2005 | 复明 | 黄荣根 | 10.54 |
| 2005 | 复明 | 黄兴龙 | 6.72 |

续表

| 年份 | 村名 | 养殖户 | 面积 |
|---|---|---|---|
| 2005 | 复明 | 杨林根 | 8.7 |
| 2005 | 复明 | 姜惠林 | 12.68 |
| 2005 | 复明 | 杨林根 | 31.31 |
| 2005 | 复明 | 沈小弟 | 15.53 |
| 2005 | 复明 | 张世荣 | 5.65 |
| 2005 | 复明 | 李宏弟 | 15.53 |
| 2005 | 复明 | 王引元 | 18.44 |
| 2005 | 复明 | 程福元 | 14.07 |
| 2005 | 复明 | 张世荣 | 10.08 |
| 2005 | 复明 | 陈小夯 | 15.73 |
| 2005 | 复利 | 何苗荣 | 17.6 |
| 2005 | 复利 | 钟阿三 | 15.5 |
| 2005 | 复利 | 陈幸福 | 11.7 |
| 2005 | 复利 | 周大元 | 11.3 |
| 2005 | 复利 | 钟佰年 | 11.3 |
| 2005 | 复利 | 顾再其 | 22.44 |
| 2005 | 复利 | 褚采弟 | 3.5 |
| 2005 | 复利 | 顾炳坤 | 6 |
| 2005 | 复利 | 顾元兴 | 23.35 |
| 2005 | 复利 | 钟阿小 | 7.6 |
| 2005 | 复利 | 庞美林 | 7.22 |
| 2005 | 复利 | 何二夯 | 19.4 |
| 2005 | 复利 | 周进福 | 24.33 |
| 2005 | 复利 | 徐菊全 | 30.2 |
| 2005 | 复利 | 顾再其 | 20.8 |
| 2005 | 复利 | 徐菊全 | 17.74 |
| 2005 | 复利 | 顾志龙 | 16 |
| 2005 | 复利 | 黄士勇 | 7.92 |
| 2005 | 复利 | 顾再其 | 7 |
| 2005 | 复利 | 庞美林 | 7.71 |

续表

| 年份 | 村名 | 养殖户 | 面积 |
|---|---|---|---|
| 2005 | 复利 | 钟佰年 | 5.04 |
| 2006 | 复明 | 朱荣根 | 19.53 |
| 2006 | 复明 | 倪进福 | 11.4 |
| 2006 | 复明 | 倪学明 | 16.49 |
| 2006 | 复明 | 翁雪兴 | 17.4 |
| 2006 | 复明 | 朱小弟 | 18.95 |
| 2006 | 复明 | 张星夫 | 13.4 |
| 2006 | 复明 | 黄荣元 | 20.8 |
| 2006 | 复明 | 姜国元 | 19.04 |
| 2006 | 复明 | 陈大夯 | 43.7 |
| 2006 | 复明 | 姜品才 | 12.89 |
| 2006 | 复明 | 姜惠林 | 12.68 |
| 2006 | 复明 | 黄荣根 | 28.7 |
| 2006 | 复明 | 杨林根 | 40.01 |
| 2006 | 复明 | 沈小弟 | 15.53 |
| 2006 | 复明 | 李宏弟 | 15.73 |
| 2006 | 复明 | 王引元 | 11.4 |
| 2006 | 复明 | 程福元 | 14.07 |
| 2006 | 复明 | 沈全福 | 15.73 |
| 2006 | 复明 | 张世荣 | 15.73 |
| 2006 | 复利 | 何苗荣 | 16.8 |
| 2006 | 复利 | 单小妹 | 15.4 |
| 2006 | 复利 | 钟洁明 | 11.3 |
| 2006 | 复利 | 钟佰年 | 11.3 |
| 2006 | 复利 | 陈幸福 | 12.5 |
| 2006 | 复利 | 唐建龙 | 11.4 |
| 2006 | 复利 | 钟阿三 | 17.75 |
| 2006 | 复利 | 周海兴 | 23.35 |
| 2006 | 复利 | 徐菊全 | 30.2 |
| 2006 | 复利 | 徐永元 | 47.2 |

续表

| 年份 | 村名 | 养殖户 | 面积 |
|---|---|---|---|
| 2006 | 复利 | 顾元兴 | 25.33 |
| 2006 | 复利 | 顾炳坤 | 17.74 |
| 2006 | 复利 | 黄士勇 | 7.92 |
| 2006 | 复利 | 顾志龙 | 16 |
| 2006 | 复利 | 钟阿小 | 14.4 |
| 2006 | 复利 | 庞美林 | 15.93 |
| 2007 | 复明 | 朱荣根 | 19.53 |
| 2007 | 复明 | 倪进福 | 11.4 |
| 2007 | 复明 | 倪学明 | 16.49 |
| 2007 | 复明 | 翁雪兴 | 17.4 |
| 2007 | 复明 | 朱小弟 | 18.95 |
| 2007 | 复明 | 张星夫 | 13.4 |
| 2007 | 复明 | 黄荣元 | 20.8 |
| 2007 | 复明 | 姜国元 | 19.04 |
| 2007 | 复明 | 陈大夯 | 43.7 |
| 2007 | 复明 | 姜品才 | 12.89 |
| 2007 | 复明 | 姜惠林 | 12.68 |
| 2007 | 复明 | 黄荣根 | 28.7 |
| 2007 | 复明 | 杨林根 | 40.01 |
| 2007 | 复明 | 沈小弟 | 15.53 |
| 2007 | 复明 | 李宏弟 | 15.73 |
| 2007 | 复明 | 王引元 | 11.4 |
| 2007 | 复明 | 程福元 | 14.07 |
| 2007 | 复明 | 沈全福 | 15.73 |
| 2007 | 复明 | 张世荣 | 15.73 |
| 2007 | 复利 | 何苗荣 | 16.8 |
| 2007 | 复利 | 单小妹 | 15.4 |
| 2007 | 复利 | 钟洁明 | 11.3 |
| 2007 | 复利 | 钟佰年 | 11.3 |
| 2007 | 复利 | 陈幸福 | 12.5 |

续表

| 年份 | 村名 | 养殖户 | 面积 |
| --- | --- | --- | --- |
| 2007 | 复利 | 唐建龙 | 11.4 |
| 2007 | 复利 | 钟阿三 | 17.75 |
| 2007 | 复利 | 周海兴 | 23.35 |
| 2007 | 复利 | 徐菊全 | 30.2 |
| 2007 | 复利 | 徐永元 | 47.2 |
| 2007 | 复利 | 顾元兴 | 25.33 |
| 2007 | 复利 | 顾炳坤 | 17.74 |
| 2007 | 复利 | 黄士勇 | 7.92 |
| 2007 | 复利 | 顾志龙 | 16 |
| 2007 | 复利 | 钟阿小 | 14.4 |
| 2007 | 复利 | 庞美林 | 15.93 |
| 2008 | 复明 | 朱荣根 | 19.53 |
| 2008 | 复明 | 倪进福 | 11.4 |
| 2008 | 复明 | 倪学明 | 16.49 |
| 2008 | 复明 | 翁雪兴 | 17.4 |
| 2008 | 复明 | 朱小弟 | 18.95 |
| 2008 | 复明 | 张星夫 | 13.4 |
| 2008 | 复明 | 黄荣元 | 20.8 |
| 2008 | 复明 | 姜国元 | 19.04 |
| 2008 | 复明 | 陈大夯 | 43.7 |
| 2008 | 复明 | 姜品才 | 12.89 |
| 2008 | 复明 | 姜惠林 | 12.68 |
| 2008 | 复明 | 黄荣根 | 28.7 |
| 2008 | 复明 | 杨林根 | 40.01 |
| 2008 | 复明 | 沈小弟 | 15.53 |
| 2008 | 复明 | 李宏弟 | 15.73 |
| 2008 | 复明 | 王引元 | 11.4 |
| 2008 | 复明 | 程福元 | 14.07 |
| 2008 | 复明 | 沈全福 | 15.73 |
| 2008 | 复明 | 张世荣 | 15.73 |

续表

| 年份 | 村名 | 养殖户 | 面积 |
|---|---|---|---|
| 2008 | 复利 | 何苗荣 | 16.8 |
| 2008 | 复利 | 单小妹 | 15.4 |
| 2008 | 复利 | 钟洁明 | 11.3 |
| 2008 | 复利 | 钟佰年 | 11.3 |
| 2008 | 复利 | 陈幸福 | 12.5 |
| 2008 | 复利 | 唐建龙 | 11.4 |
| 2008 | 复利 | 钟阿三 | 17.75 |
| 2008 | 复利 | 周海兴 | 23.35 |
| 2008 | 复利 | 徐菊全 | 30.2 |
| 2008 | 复利 | 徐永元 | 47.2 |
| 2008 | 复利 | 顾元兴 | 25.33 |
| 2008 | 复利 | 顾炳坤 | 17.74 |
| 2008 | 复利 | 黄士勇 | 7.92 |
| 2008 | 复利 | 顾志龙 | 16 |
| 2008 | 复利 | 钟阿小 | 14.4 |
| 2008 | 复利 | 庞美林 | 15.93 |
| 2009 | 复明 | 朱荣根 | 19.53 |
| 2009 | 复明 | 倪进福 | 11.4 |
| 2009 | 复明 | 倪学明 | 16.49 |
| 2009 | 复明 | 翁雪兴 | 17.4 |
| 2009 | 复明 | 朱小弟 | 18.95 |
| 2009 | 复明 | 张星夫 | 13.4 |
| 2009 | 复明 | 黄荣元 | 20.8 |
| 2009 | 复明 | 姜国元 | 19.04 |
| 2009 | 复明 | 陈大夯 | 43.7 |
| 2009 | 复明 | 姜品才 | 12.89 |
| 2009 | 复明 | 姜惠林 | 12.68 |
| 2009 | 复明 | 黄荣根 | 28.7 |
| 2009 | 复明 | 杨林根 | 40.01 |
| 2009 | 复明 | 沈小弟 | 15.53 |

续表

| 年份 | 村名 | 养殖户 | 面积 |
|---|---|---|---|
| 2009 | 复明 | 李宏弟 | 15.73 |
| 2009 | 复明 | 王引元 | 11.4 |
| 2009 | 复明 | 程福元 | 14.07 |
| 2009 | 复明 | 沈全福 | 15.73 |
| 2009 | 复明 | 张世荣 | 15.73 |
| 2009 | 复利 | 何苗荣 | 16.8 |
| 2009 | 复利 | 单小妹 | 15.4 |
| 2009 | 复利 | 钟洁明 | 11.3 |
| 2009 | 复利 | 钟佰年 | 11.3 |
| 2009 | 复利 | 陈幸福 | 12.5 |
| 2009 | 复利 | 唐建龙 | 11.4 |
| 2009 | 复利 | 钟阿三 | 17.75 |
| 2009 | 复利 | 周海兴 | 23.35 |
| 2009 | 复利 | 徐菊全 | 30.2 |
| 2009 | 复利 | 徐永元 | 47.2 |
| 2009 | 复利 | 顾元兴 | 25.33 |
| 2009 | 复利 | 顾炳坤 | 17.74 |
| 2009 | 复利 | 黄士勇 | 7.92 |
| 2009 | 复利 | 顾志龙 | 16 |
| 2009 | 复利 | 钟阿小 | 14.4 |
| 2009 | 复利 | 庞美林 | 15.93 |
| 2010 | 复明 | 朱荣根 | 19.53 |
| 2010 | 复明 | 倪进福 | 20.1 |
| 2010 | 复明 | 倪学明 | 16.47 |
| 2010 | 复明 | 翁雪兴 | 17.4 |
| 2010 | 复明 | 朱小弟 | 18.95 |
| 2010 | 复明 | 张星夫 | 13.4 |
| 2010 | 复明 | 黄荣元 | 20.8 |
| 2010 | 复明 | 姜国元 | 19.04 |
| 2010 | 复明 | 陈大夯 | 43.7 |

续表

| 年份 | 村名 | 养殖户 | 面积 |
|---|---|---|---|
| 2010 | 复明 | 姜品才 | 12.89 |
| 2010 | 复明 | 姜惠林 | 12.68 |
| 2010 | 复明 | 黄荣根 | 28.3 |
| 2010 | 复明 | 杨林根 | 40.01 |
| 2010 | 复明 | 沈小弟 | 15.53 |
| 2010 | 复明 | 李宏弟 | 15.73 |
| 2010 | 复明 | 王引元 | 11.4 |
| 2010 | 复明 | 程福元 | 14.07 |
| 2010 | 复明 | 沈全福 | 15.73 |
| 2010 | 复明 | 张世荣 | 15.73 |
| 2010 | 复利 | 何苗荣 | 16.8 |
| 2010 | 复利 | 单小妹 | 15.5 |
| 2010 | 复利 | 钟洁明 | 11.3 |
| 2010 | 复利 | 钟佰年 | 11.3 |
| 2010 | 复利 | 陈幸福 | 12.5 |
| 2010 | 复利 | 唐建龙 | 11.4 |
| 2010 | 复利 | 钟阿三 | 17.75 |
| 2010 | 复利 | 周海兴 | 23.35 |
| 2010 | 复利 | 徐菊全 | 30.2 |
| 2010 | 复利 | 徐永元 | 47.2 |
| 2010 | 复利 | 顾元兴 | 25.33 |
| 2010 | 复利 | 顾祖德 | 4.86 |
| 2010 | 复利 | 顾炳坤 | 17.74 |
| 2010 | 复利 | 黄士勇 | 17.01 |
| 2010 | 复利 | 顾志龙 | 16 |
| 2010 | 复利 | 钟阿小 | 13.04 |
| 2010 | 复利 | 庞美林 | 15.93 |
| 2011 | 复明 | 朱荣根 | 19.53 |
| 2011 | 复明 | 倪进福 | 11.4 |
| 2011 | 复明 | 倪学明 | 16.4 |

续表

| 年份 | 村名 | 养殖户 | 面积 |
| --- | --- | --- | --- |
| 2011 | 复明 | 翁雪兴 | 17.4 |
| 2011 | 复明 | 陈菊林 | 18.95 |
| 2011 | 复明 | 张星夫 | 13.4 |
| 2011 | 复明 | 黄荣元 | 20.8 |
| 2011 | 复明 | 姜国元 | 19.04 |
| 2011 | 复明 | 朱小弟 | 12.89 |
| 2011 | 复明 | 曹小龙 | 12.68 |
| 2011 | 复明 | 黄荣根 | 28.77 |
| 2011 | 复明 | 陈小夯 | 15.73 |
| 2011 | 复明 | 李宏弟 | 61.4 |
| 2011 | 复明 | 王引元 | 11.4 |
| 2011 | 复明 | 程福元 | 14.07 |
| 2011 | 复明 | 沈全福 | 15.73 |
| 2011 | 复明 | 张世荣 | 15.73 |
| 2011 | 复利 | 何苗荣 | 16.8 |
| 2011 | 复利 | 顾元兴 | 15.5 |
| 2011 | 复利 | 周大元 | 11.3 |
| 2011 | 复利 | 钟佰年 | 11.3 |
| 2011 | 复利 | 陈幸福 | 12.5 |
| 2011 | 复利 | 唐建龙 | 11.4 |
| 2011 | 复利 | 钟阿三 | 17.75 |
| 2011 | 复利 | 庞小青 | 8.5 |
| 2011 | 复利 | 周海兴 | 14.85 |
| 2011 | 复利 | 唐建龙 | 18.04 |
| 2011 | 复利 | 徐菊全 | 30.2 |
| 2011 | 复利 | 徐永元 | 47.2 |
| 2011 | 复利 | 单小夯 | 25.33 |
| 2011 | 复利 | 顾祖德 | 4.86 |
| 2011 | 复利 | 姜炳坤 | 17.74 |
| 2011 | 复利 | 黄士勇 | 17.01 |

续表

| 年份 | 村名 | 养殖户 | 面积 |
|---|---|---|---|
| 2011 | 复利 | 顾志龙 | 16 |
| 2011 | 复利 | 庞美林 | 15.93 |
| 2012 | 复明 | 朱荣根 | 19.53 |
| 2012 | 复明 | 倪进福 | 11.4 |
| 2012 | 复明 | 倪学明 | 16.47 |
| 2012 | 复明 | 翁雪兴 | 17.4 |
| 2012 | 复明 | 陈菊林 | 18.95 |
| 2012 | 复明 | 张星夫 | 13.4 |
| 2012 | 复明 | 黄荣元 | 20.8 |
| 2012 | 复明 | 姜国元 | 19.04 |
| 2012 | 复明 | 朱小弟 | 12.89 |
| 2012 | 复明 | 曹小龙 | 12.68 |
| 2012 | 复明 | 陈小夯 | 15.73 |
| 2012 | 复明 | 王引元 | 11.4 |
| 2012 | 复明 | 程福元 | 14.07 |
| 2012 | 复明 | 沈全福 | 15.73 |
| 2012 | 复明 | 张世荣 | 15.73 |
| 2012 | 复利 | 何苗荣 | 16.8 |
| 2012 | 复利 | 顾元兴 | 15.5 |
| 2012 | 复利 | 周大元 | 11.3 |
| 2012 | 复利 | 钟佰年 | 11.3 |
| 2012 | 复利 | 陈幸福 | 12.5 |
| 2012 | 复利 | 唐建龙 | 11.4 |
| 2012 | 复利 | 钟阿三 | 17.75 |
| 2012 | 复利 | 庞小青 | 8.5 |
| 2012 | 复利 | 周海兴 | 14.85 |
| 2012 | 复利 | 唐建龙 | 18.04 |
| 2012 | 复利 | 徐永元 | 47.2 |
| 2012 | 复利 | 单小夯 | 25.33 |
| 2012 | 复利 | 顾祖德 | 4.86 |

续表

| 年份 | 村名 | 养殖户 | 面积 |
|---|---|---|---|
| 2012 | 复利 | 姜炳坤 | 14.41 |
| 2012 | 复利 | 黄士勇 | 17.01 |
| 2012 | 复利 | 顾志龙 | 12.33 |
| 2012 | 复利 | 庞美林 | 15.93 |

### 五、畜禽养殖

兴复村民历来有饲养家畜、家禽的习惯，不过都以家庭为主，集体少量饲养。

家畜主要是牛、猪、羊。新中国成立前后一个时期，一般农户家庭都饲养耕牛，70年代后猪的饲养也比较普遍，饲养户数达总户数的80%～90%，一般每户养1～2头不等。饲料以稻谷加工后的米糠为主，辅以草糠、青饲料，户均年出栏3～4头，可以增加一些经济收入。另外，猪塮由生产队作价收去，也可增加一些收入。有的家庭还饲养母猪，以出售苗猪为经济收入。村民除婚丧办事、过年外，很少屠宰自吃。

养羊的农户很少，养羊户以山羊为主，也有养湖羊的。养羊周期长，每天把羊牵到草地上让其自行采食，省时省力。20世纪80年代后期，已很少有人养羊，到2012年，只有个别农户养羊，主要供冬季屠宰后自用。

20世纪60年代到80年代初，每个生产队都有专门的养猪场饲养20～30头生猪，也有少数的百头饲养场，由1～2名饲养员负责喂养。农忙时节，杀1～2头，分给社员改善生活，其余的均出售给国家，增加生产队的副业经济收入。

村民饲养的家禽有鸡、鸭、鹅，一般每户饲养10只左右，以鸡为主，饲养的目的是生蛋后供自己食用，一般不出售，逢年过节或办事宰杀，以供食用。

养猪场

肥猪

山羊　　鸭

河蚌育珠　　蚌珠

耕牛

## 六、林业绿化

兴复村域历史上无成片树林,仅民间利用房前屋后、河旁、墓地四周种植一些树木,品种大体有楝树、郭树、杨树、榆树、棕树、桑树、桂花树、枇杷树、榉树、柏树,少量的银杏树和香樟树。

新中国成立后至20世纪60年代,政府提倡植树造林、绿化祖国,村民利用零星土地、道路两旁种植刺槐、泡桐、枫杨等,但管理不善,很少成材。80年代,随着镇、村建设的需要,引进水杉,主要种植在公路、河道、防洪圩堤两侧。

随着经济建设的加速发展,环境状况逐步变差。昆山市政府及时提出"既要金山银山,又要绿水青山"的口号,村民认识到环境建设是人类发展的主题、人类生存的客观要求,植树造林、大搞绿化是广大群众的义务和责任。镇政府高度重视,舍得投入,使绿化工作得到长足的发展。

兴复村结合新农村建设,南柱泾村、碛碛塘村在2007年普遍发展绿化和种植观赏性花卉,主要有香樟、红叶李、月季花、栀子花、桂花、大叶黄杨、八角金盘、花柏球等品种。

2009年,在镇绿化办公室的帮助下,东洋村大搞规模化绿化种植,面积达20亩,主要种植香樟、石楠球、石榴、杨梅、橘子、广玉兰、白玉兰、杨树等,同时铺植草皮。

表5-3-4　　　　　　　　　　兴复村选年绿化统计表　　　　　　　　　单位:亩

| 年份 | 村名 | 地点 | 渠滩 | 总面积 |
|---|---|---|---|---|
| 2007 | 南柱泾 | 道路两边500米 |  | 10 |
| 2007 | 南柱泾 | 村庄 |  | 10 |
| 2012 | 南柱泾 |  | 河滩 | 5 |
| 2009 | 东洋 | 村庄南 |  | 9 |
| 2009 | 东洋 | 村庄南 |  | 11 |
| 2012 | 东洋 |  | 朝山港河滩 | 4 |
| 2012 | 东洋 | 公路南 |  | 3 |

至2012年,兴复村绿化面积达1 368亩,占总面积的24%。

家庭绿化

道路绿化

## 第四节 农田水利

兴复村域内河港纵横,新中国成立前主要依靠这些天然蓄水库灌溉农田、调节水量、泄洪排涝。由于一家一户单干生产,一旦遇到暴雨洪涝灾害,难以抵御水灾。兴复村地处水网地区,旱灾相对较少发生,但遇到久旱无雨,由于灌溉工具落后,也难免会受到旱灾的影响。

新中国成立后,人民政府十分重视农田水利建设,进行大规模治水填土、修筑圩堤、疏浚河道、整治水系,发展电力排灌。本着防汛抗灾、洪涝旱渍兼顾的方针,形成了除涝降渍、抗洪、排涝等水利工程体系,并把农田水利建设纳入社会经济可持续发展的关键来抓。疏浚河道,沟、渠、田、路统一规划,闸站、桥、堤全面配套,实现了农田水利建设标准化,推进了农业现代化的进程。

### 一、河道建设

兴复村域内主要开挖的有分位河,于 1976～1977 年由公社统一组织开挖。复新村于 1984 年组织开挖复新丰产河,该河长 2.75 千米,底宽 4 米,面宽 12 米。

### 二、圩堤建设

新中国成立前,兴复村域内由自然分散的几十个小圩组成,农户各自种植,根本无法修筑圩堤,很少一部分农户耕种的低荡田,特别是东洋村村北的朱春荡遇到较大的洪涝灾害,只能听天由命,灾情严重时,个别田块甚至颗粒无收。

新中国成立后,人民政府着手规划圩区防洪工程,并投入大量人力、物力、财力进行圩区清理。1949年,洪水暴发,人民政府发动受灾农户,以低圩区为单位,修筑圩堤,联合抗灾,经过1954年的一次特大洪灾,逐步修筑和加固圩堤工程,同时联并圩区,形成包围,建设大马力排灌泵站。

1956年,农业合作化冲破了土地私有制束缚,因地制宜联并区圩、分级排水的治水方法得以实现。20世纪70年代,村域内主要修建了复光联圩和复明联圩。至1995年,复明联圩筑圩堤总长度6.6公里,圩内建造电力排灌站4座,总功率达272马力,建有套闸1座、防洪闸1座,受益面积4874亩,其中耕地3258亩,水面582亩。2000年,复明联圩建有电力排灌站11座,总功率233千瓦,受益面积3106亩。

## 三、防洪抗旱

1954年夏,连续阴雨,河水暴涨,水位达历史之最,高程3.88米。碛礇塘村所属农田因地势低洼,80%~90%的稻田被淹。各家各户首先奋力排水自救,但迫于能力有限,无法达到救灾的目的。在这一严峻形势下,当时县、区、乡各级领导对抗灾救灾极为重视,派出专人坐镇现场指挥,修筑圩堤,车水排水,但限于人力、物力,进度缓慢。救灾领导动员其他地势较高、受灾较轻的村民无偿支援,搞大兵团协同作战。木工赶制踏水车,充分发挥工具效能,人员轮流作业。后来县里抽调了一条大型抽水机船,从昆山赶赴碛礇塘村参加排水抽水,由于机械设备的参与,排水速度明显加快,很大程度上减少了损失。

当时碛礇塘村后的围圩,有40~50亩稻田被淹,村里组织力量排水降水后,不料圩堤决口,大水涌入,眼看前功尽弃,这时村民自觉从家里拆下门板等堵决口。因水流太急,无法堵住,村民又用自家的农船压沉后,堵在决口上,再用门板堵住,经过半天奋力抢救,终于堵住决口。再组织力量抽水排水,降低了水灾的危害程度。

1958年后首批兴建的混流泵站

淀山湖挡洪墙

1958年兴复村(原复新大队、复利大队、复明大队)民工参加疏浚浏河工程

20世纪60~70年代兴建的一字门式圩口闸

表5-4-1　兴复村(原复新村、复利村、复明村)选年防汛抗旱一览表　　　　单位:亩

| 年份 | 村名 | 受淹面积 | 救灾面积 |
| --- | --- | --- | --- |
| 1954 | 南柱泾 | 200 | 200 |
| 1954 | 东洋村 | 450 | 450 |
| 1999 | 东洋村 | 250 | 250 |
| 1954 | 西洋村 | 1 500 | 1 500 |
| 1999 | 西洋村 | 1 000 | 1 000 |
| 1954 | 潭西 | 900 | 550 |
| 1999 | 潭西 | 900 | 300 |

## 第五节 工　业

兴复村历来以农业为主,工业和商业基础十分薄弱。新中国成立前,兴复村所辖的5个自然村中没有一家工厂。

新中国成立,直到人民公社化后,最早从20世纪60年代开始,兴复村原各大队相继办起了粮食饲料加工厂。

党的十一届三中全会之后,70年代末到80年代初,兴复村域内各村先后兴办了小型企业,但因各种原因,企业往往处于关关停停的状态,不能长期、持续地经营。

### 一、村(大队)办企业

1981～1986年,淀山湖镇村办企业发展迅速,镇先后办起了水泥厂、印绸厂、砖瓦厂、印染厂、水泥制品厂等一批规模较大的工业企业。在镇办企业的带动下,复明村、复利村、复新村也先后办了一些村(大队)办工业企业。期间,企业性质是村(大队)办,产权归集体。后因推行责任制,工业企业发展为厂长负责制,前后经历了"一包三改""五定一奖"的改革过程,但集体性质始终保持不变。

1993年,企业实行产权制度改革,各村企业实行转制,开始以不动产的租赁为主,即集体资产租给承包人经营,每年上交一定费用,尔后再实行半租半卖,再到动产拍卖。企业从集体转为个体,兴复村(原复新村、复利村、复明村)村办企业转制工作于1995～1998年三年内完成。详见表5-5-1、表5-5-2、表5-5-3。

表5-5-1　　　　　　　　　复明村(大队)办企业统计表

| 企业名称 | 地点 | 职工人数 | 产品 | 开业时间 | 歇业或转制时间 | 备注 |
| --- | --- | --- | --- | --- | --- | --- |
| 复明造漆厂 | 复明 | 12 | 硝基清漆、调合漆等 | 1977 | 1997.11 | 更名为淀山湖造漆厂 |
| 复联砖瓦厂 | 复明 | 340 | 八五砖 | 1982 | 1991 | 与复光、复利联办,1991年转为昆山第一丝绸厂 |
| 光明石灰厂 | 复明 | 54 | 石灰 | 1983 | 1992 | 与复光联办 |
| 复明电子厂 | 复明 | 15 | 拉力、压力传感器、电子秤 | 1987 | 1991 | 与上海工业大学联办 |
| 复明助剂厂 | 复明 | 21 | 氯化钙、干燥剂 | 1993 | 1996 | |

续表

| 企业名称 | 地点 | 职工人数 | 产品 | 开业时间 | 歇业或转制时间 | 备注 |
|---|---|---|---|---|---|---|
| 复明网罩厂 | 复明 | 11 | 变压器网罩 | 1993 | 1994 | |
| 复明玩具厂 | 复明 | 25 | 长毛绒类玩具 | 1994 | 1996 | |
| 复明石棉瓦厂 | 复明 | 13 | 石棉瓦 | 1981 | 1991 | |
| 淀山湖造漆厂 | 复明 | 16 | 硝基清漆、调合漆等 | 1997.11 | 1998 | 1998年转制 |
| 复明加工厂 | 复明 | 5 | 粮食、饲料加工 | 1965 | 1999 | |

表 5-5-2　　　　　　　　　复新村(大队)办企业统计表

| 企业名称 | 地点 | 职工人数 | 产品 | 开业时间 | 歇业或转制时间 | 备注 |
|---|---|---|---|---|---|---|
| 复新加工厂 | 复新 | 6 | 粮食、饲料加工 | 1963 | 2000 | |
| 合成化工厂 | 复新 | 14 | 化工合成中间体 | 1973 | 1999 | |

表 5-5-3　　　　　　　　　复利村(大队)办企业统计表

| 企业名称 | 地点 | 职工人数 | 产品 | 开业时间 | 歇业或转制时间 | 备注 |
|---|---|---|---|---|---|---|
| 复利服装厂 | 复利 | 120 | 服装 | 1978 | | |
| 复利门帘厂 | 复利 | 33 | 铝合金门窗 | 1981 | | |
| 复利砂轮厂 | 复利 | 30 | 砂轮 | 1983 | 1998 | |
| 磨具塑料厂 | 复利 | 22 | 塑料制品 | 1988 | 1999 | |
| 神奇彩印厂 | 复利 | 18 | 纸塑印刷品 | 1991 | 1999 | |
| 闻氏纸业有限公司 | 复利 | 15 | 纸张 | 1989 | 1996 | |
| 复利塑料厂 | 复利 | 14 | 塑料粒子 | 1989 | 1994 | |
| 复利加工厂 | 复利 | 6 | 粮食、饲料加工 | 1960 | 2000 | |
| 复联砖瓦厂 | 复利 | 340 | 八五砖 | 1982 | 1991 | 与复明、复光联办 |

## 二、民营企业

1998年,村办企业产业产权改革全面完成,原来的集体企业转制为民营企业,而且成为民营企业的骨干。在这些骨干企业的带动下,村里陆续开办了多家民营企业。民营企业产权归个人所有,自主经营,缴纳税收,自负盈亏。这些企业一般都租赁集体的空闲厂房为生产基地,缴纳给集体一定的房屋租赁费用。规模较小的企业则利用自家空闲住房为厂房。

民营企业是社会主义市场经济的重要组成部分,在经济发展中某些地方表现出公有制不可替代的作用,为村民就地就业创造了条件。但民营企业,尤其是小化工企业随意排污,污染了村域环境,近年来结合环境整治,大部分小化工企业已关闭。

表5-5-4　　　　　　　　　2012年年底兴复村民营企业一览表

| 企业名称 | 法人代表 | 开业时间 | 地址 | 职工数 |
| --- | --- | --- | --- | --- |
| 昆山富宏装潢有限公司 | 顾火荣 | 1996.01.30 | 淀山湖镇新区 | 20人左右 |
| 昆山市陈氏化工有限公司 | 陈永清 | 1998.11.20 | 黄浦江南路177号 | 10人 |
| 昆山市富盛达服装有限公司 | 顾火荣 | 2001.02.11 | 复利村 | 10人 |
| 昆山市兴复五金塑料厂 | 顾祥林 | 2002.10.24 | 兴复村 | 2~3人 |
| 昆山胜丰五金木业有限公司 | 朱永生 | 2002.12.03 | 淀山湖镇新兴路4号 | 20~30人 |
| 昆山市淀山湖金属表面材料厂 | 姜引中 | 2003.04.21 | 淀山湖镇淀兴路 | 30人 |
| 昆山隆森木业有限公司 | 何秀明 | 2003.05.14 | 兴复村 | 10人 |
| 昆山永宙漆业有限公司 | 陈永文 | 2003.07.22 | 淀山湖镇民和村 | 10人 |
| 昆山金氏金属表面材料有限公司 | 黄翠娥 | 2003.08.07 | 民和村 | 4~5人 |
| 昆山东田包装有限公司 | 姜志强 | 2003.11.06 | 淀山湖镇丁家浜路32号 | 15人 |
| 昆山青峰代工物资有限公司 | 盛玉峰 | 2005 | 淀山湖私营经济城 | 4人 |
| 昆山畅天塑料制品厂 | 马文明 | 2005.03.22 | 淀山湖镇兴复村 | 4~5人 |
| 昆山明华造漆有限公司 | 吴建华 | 2005.11.03 | 淀山湖镇淀兴路 | 10人左右 |
| 昆山鑫业达机械五金厂 | 黄祖新 | 2007.01.09 | 淀山湖镇兴复村 | 6人 |
| 昆山建信金属制品有限公司 | 王健 | 2009.07.16 | 淀兴路95号 | 45人 |

兴复村民营企业昆山明华造漆有限公司(2011年7月摄)

## 三、租地入驻企业

兴复村域内原有企业因种种原因,或撤走,或关闭,留下了部分空闲厂房。为盘活存量,村级组织把空闲厂房经过改造,租给域外企业,收取一定的租金。

表5-5-5　　　　　　　2012年年底兴复村租地入驻企业统计表

| 企业名称 | 地点 | 性质 | 法人代表 | 职工人数 | 产品 | 入驻时间 |
| --- | --- | --- | --- | --- | --- | --- |
| 昆山众志制罐有限公司 | 复明村 | 民营 | 张永强 | 40 | 各类铁制包装盒 | 2009.05 |
| 昆山昆腾五金有限公司 | 复明村 | 民营 | 张雪明 | 10 | 五金加工 | 2000 |
| 香甜园食品公司 | 复利村 | 民营 | 冯丹 | 8 | 食品 | 2009 |
| 昆山三洋纺织公司 | 复利村 | 民营 | 徐跃飞 | 40 | 无纺布 | 2009.05 |

## 第六节　商　业

新中国成立前后一个时期,兴复村所辖5个自然村,没有一家个体商店和商贩。村民置办东西一般至度城或杨湘镇上商店、供销社购买,或者到青浦、朱家角等较大的集镇上买一些日用品或工具用品。

20世纪60年代后期至70年代初,淀东供销社同时在全镇农村建立了16个农村代购代销店,复明大队、复新大队、复利大队分别设立一家代购代销店,业务从生活资料扩大到生产资料,商店营业人员一般为当地人员。

为适应农业联产承包责任制的需要,方便农民购买化肥、农药,在搞好代购代销的基础上,各双代店增设肥药代销业务。90年代后,随着居民生活水平的提高,商品销售额逐渐增多,很多农户看到了商机,陆续开办了一些个体商店,主要经营品种为酒、烟、日常生活用品,规模不大。

另外,有一部分农户在淀山湖农贸市场租赁摊位,经营茶叶、食品类产品。至2012年兴复村共有个体商业8户。

表 5-6-1　　　　　　　　　　2012 年兴复村个体商户一览表　　　　　　　　　单位:万元

| 名称 | 经营者姓名 | 经营场所 | 资金数额 | 核准日期 |
|---|---|---|---|---|
| 昆山市淀山湖镇复明杂货商店 | 朱荣泉 | 淀山湖镇兴复村磏碘塘 14 号 | 0.4 | 2012.01.12 |
| 昆山市淀山湖镇东升商店 | 沈引芳 | 淀山湖镇兴复村 6 组东洋村 11-1 号（永利路与复明路南口） | 0.5 | 2011.09.08 |
| 昆山市淀山湖镇建新商店 | 顾建新 | 淀山湖镇兴复村(6)东洋村 13 号 | 1 | 2011.09.14 |
| 昆山市淀山湖镇玉龙商店 | 黄玉龙 | 淀山湖镇兴复村磏碘塘 54 号 | 1 | 2011.09.16 |
| 阿明小店 | 朱 明 | 淀山湖镇兴复村(2)南柱泾 45 号 | 5 | 2010.03.24 |
| 学明小店 | 倪学明 | 淀山湖镇兴复村(2)南柱泾 45 号 | 20 | 2011.02.24 |
| 昆山市淀山湖镇兴复勤锦建材店 | 钟铭辉 | 淀山湖镇兴复村西洋村 35 号 | 2 | 2010.03.02 |
| 淀山湖镇长采五金商行 | 庞志洪 庞志荣 | 淀山湖镇淀兴路 788 号 | 20 | 2001 |
| 茶叶摊位 | 蔡菊妹 | 淀山湖综合市场内 | 1 | 2001 |

# 第六章 生活保障

新中国成立前,兴复村村民在封建土地制度的束缚下,缺田少地,饱受剥削和压迫,再加上匪盗频繁出没,百姓屡遭抢劫,更无宁日。租米、高利贷和苛捐杂税是架在农民头上的三把刀。当时流行的民谣"租米重、利息高、苛捐杂税如牛毛",是旧社会村民长期处于贫苦状态的真实写照。以本地区原属度潭乡土改前各阶层占有土地的情况为例,地主、富农占有土地4 559.4亩,占全乡土地的60.1%,而贫农、雇农只占569.8亩,占全乡土地的7.92%。贫农、雇农中,有的租种田地,有的外出做长工,少数背井离乡去讨饭,个别家庭陷入了妻离子散、家破人亡的悲惨境地。

新中国成立后,人民当家做了主人。经过土地改革,农民分得了土地,人均3.8亩,消灭了封建剥削制度,清剿了匪盗,人民生活日趋安定,逐渐摆脱了吃穿无保障的困境。经过农业合作化运动,广大农民组织起来,调动了生产积极性,提高了生产力,再加上科学技术的不断推广,新技术、新产品的广泛应用,单位面积产量逐步提高,农民生活日益改善。党的十一届三中全会后,随着改革开放的不断深入,乡镇企业、民营企业的飞速发展,给全村人民带来了前所未有的发展机遇。村民经济收入大幅度提高。村民在衣食住行等方面得到极大改善,电瓶车、摩托车、电动三轮车已成为广大村民普遍使用的代步工具。一部分村民还购置了轿车、面包车和卡车。电风扇、空调成为普通家庭常见的家用电器。大多数家庭使用电饭锅、热水器、微波炉作为厨房电器。绝大多数用户都安装了电话,移动手机成为广大村民最常见的通信工具。多年来,村民家庭设施实现现代化的梦想终于成为现实。2012年,全村工农业总产值10 236万元,村民人均纯收入20 248元。

# 第一节 村民日常生活

## 一、衣

新中国成立前后,本地村民一般能解决温饱,而困难的村民由于受经济条件限制,衣着都非常差,一般衣服都用自己纺织的土布缝制,仅能御寒,即使用洋布添置的新衣服,也只舍得在走亲访友、节日时穿上一回,所以一件衣服要穿上好多年。平时穿的衣服打满补丁,俗话说"一年新、二年旧,缝缝补补穿三年"。儿童衣服更是少得可怜,除新生儿添置一些衣服外,都是老大穿新,老二穿旧,老三穿破。经过农业合作化运动,调动了广大村民的生产积极性,农业经济有了很大提高,村民生活也逐步得到改善。改革开放后到21世纪初,广大农民的穿着跟城里人没有区别,每年都会购买几套新衣服,从御寒型逐步走上时尚型,买衣讲究款式,面料质量轻盈、柔软。

## 二、食

新中国成立前,一部分村民交了租米以后所剩无几,经常过着日不果腹的日子,为吃了上顿没下顿犯愁,粮食不能自给自足,紧张时,一天三顿粥,甚至用米粉糊充饥,很少买鱼、肉。新中国成立后,经过土地改革,村民分得了土地,消灭了封建剥削,农民自己种田产粮,口粮基本没有问题,一天三顿能够吃饱。兴复村域内习惯于早饭吃粥,中饭、晚饭吃干饭,间或煮面条、吃团子等调剂口味,但由于经济条件限制,菜基本以自家种植的蔬菜为主,很少吃荤,一般在节日或年关才购买鱼、肉等改善生活。改革开放后,随着村民经济收入的提高,逐渐重视饮食方面的质量、卫生、安全,吃鱼、吃肉并不是人们所向往的了。好多家庭过年到大饭店订年夜饭。特别是婚、丧等重大事件,操办的酒席十分丰盛,除日常菜肴外,一般都有几样海鲜。

## 三、住

新中国成立前,村民住房极不平衡,少数富裕户的住房为通前八间前后埭,但大部分农民只能住平房、草房,甚至无房。独门独户的农户也不多,一般两家合住七椽深三间,居住十分拥挤。房屋低矮潮湿,有些房屋屋檐伸手可及,窗户用木板制成,面积很小,屋面上开个天窗,通风采光条件较差。新中国成立后,特别是农业合作化以后,村民的经济收入逐年增加。20世纪60年代末开始,村民改善住房条件的愿望日益强烈,掀起了翻建房屋的第一次小高潮。村民把原有的房屋拆除重建,由于当时经济条件有限,一般都建七椽深或五椽深三间平房,独门独户。80年代改革开放后,村民经济收入进一步增加,掀起了第二次建房高潮,将原有平房拆除翻建楼房。兴复村域内一般受宅基地等条件限制,每户建三上三下楼房一幢,居住面积、居住条件又进一步改善。从20世纪90年代开始,随着房产开发形式的多样化,兴复村域内超过半数的村民,在苏州、昆山、淀山湖镇购买商品房,住房条件又得到大幅度改善。原复新村由于房地产开发的需要,整村拆迁,由集体安排或自行建别墅一套,或安排多层住宅,装修十分讲究,居住环境优美。

表6-1-1　　　　　　　　　1999年兴复村居民住房统计表　　　　单位:户、人、平方米

| 村名 | 总户数 | 总人口 | 已建楼房户数 | 占总户数的百分比(%) | 楼房面积(平方米) | 平房面积(平方米) | 人均面积 |
| --- | --- | --- | --- | --- | --- | --- | --- |
| 复新 | 148 | 494 | 144 | 97.3 | 26 208 | 200 | 53.46 |
| 复利 | 182 | 627 | 178 | 97.8 | 27 968 | 600 | 45.56 |
| 复明 | 190 | 716 | 185 | 97.4 | 49 871 | 1 020 | 71.07 |

2012年年底,兴复村总户数527户,总人口1 742人,有511户已建楼房,占总户数的96.96%,楼房总面积为97 160平方米,人均拥有楼房面积55.78平方米。

现代村民住宅

拆迁户村民新区住宅

## 四、行

兴复村域内河流密布，纵横交错，地处偏僻，交通不便。新中国成立前和成立初期，村民在生产和生活中，交通出行十分困难，出门靠步行或靠摇船。乡间道路都为弯弯曲曲的泥土路，碰到雨天，泥泞不堪。过河必须用船摆渡。一般村民到朱家角购物只能乘个体的不定期航船或几户农户一起摇船去。

农业合作化以后，由于集体生产的需要，各生产队在河面上自行搭建简易便桥，初步解决了过河摆渡、摇船的问题。

20世纪70年代中期，各大队开始拓宽路面，铺上"黑脚子"，简易竹木桥改建为水泥桥。村民陆续购买了自行车，交通初步摆脱了靠步行、摇船的方式。

1990年，淀金公路建成，并开通了昆山市农村客运班车线路，兴复村域设复明、复利两个公交车站。村民出行可以乘坐公交汽车。1992年，镇区域内陆续修建了纵横几条高等级水泥或沥青公路。村民开始购买两轮摩托车、农用小汽车，原来用来耕地的小拖拉机，改装为简易运输车。

改革开放后，随着交通道路的不断改善，村民开始购买轿车、面包车、两轮电瓶车、三轮电瓶车和卡车等作为交通工具与运输工具。

至2012年年底，境内有黄浦江南路、万园路、新乐路、南苑路、永利路、盈湖路等高等级公路。另有复明路、朝山港路等简易公路。这些公路紧接域外公路，可直达上海、苏州、昆山等地，四通八达。

**新中国成立前后一个时期村民传统家具图**

被絮箱

马桶箱

马桶

八仙桌、长凳

粉团匾

灶头、灶具

水缸

碗菜橱

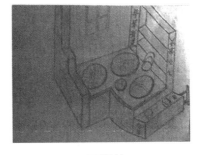

三眼灶

脚桶(盆)

套桶

春凳

大簸箕

大、小饭篮

针线团匾

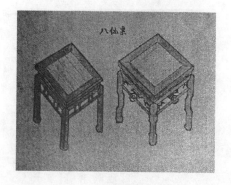
八仙桌

条桌

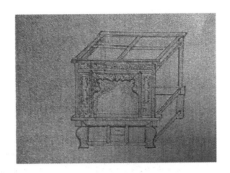
段三湾床

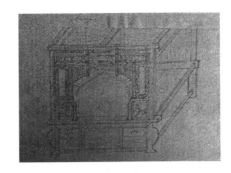
踏步床

衣橱

长凳、条凳

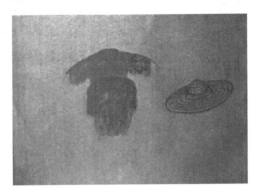
蓑衣、箬帽

**小康生活后村民住房及生活用品图**

"红灯"牌收音机(一)

"红灯"牌收音机(二)

"凤凰"牌自行车

录音机磁带

"蝴蝶"牌缝纫机

电视机

村民家里健身房

村民私家轿车

第六章　生活保障

村民睡床

村民家会客室一角

村民家厨房、餐厅

## 第二节　养老保险

兴复村域内居民,世代以农业生产为主,村民在青壮年时期主要的经济来源是从事农业生产劳动,一旦年岁较大或生病、伤残,失去劳动能力,就断绝了经济来源,生活无着落,只能依靠子女供养。由于子女受经济收入的限制,有些家庭的子女不能满足父母的需求,因此往往造成家庭矛盾。

2003年4月1日起,按照昆山市人民政府《昆山市农村基本养老保险试行办法》实施细则(昆财发〔2002〕56号)和昆山市人民政府办公室《昆山市农村基本养老保险试行办法实施细则》昆政办发〔2002〕95号的通知精神,兴复村全面实施农村养老保险。根据文件精神,参加的范围和对象是未进入机关和事业单位、企业单位工作的年满20周岁起至男性60周岁、女性55周岁,有本市户籍的农民、农村个体工商业主及其从业人员(包括征土后农转非小城镇户口),本村农林各类企业中,暂未参加企业养老保险的大龄农民职工。

从2004年起,兴复村向被征地单位(村民小组)村民发放征地保养金(养老金)。

2009年后,根据上级规定,失地农民可列入城镇养老保险。

表6-2-1　　　　　　　　兴复村历年养老保险参保情况表　　　　　　　　单位:人

| 年份 | 应参保人数 | 实际参保人数 |
| --- | --- | --- |
| 2004 | 41 | 37 |
| 2005 | 30 | 28 |
| 2006 | 22 | 21 |
| 2007 | 37 | 37 |
| 2008 | 27 | 27 |
| 2009 | 463 | 216 |
| 2010 | 34 | 34 |
| 2011 | 15 | 15 |
| 2012 | 37 | 37 |

表6-2-2　　　　　2012年兴复村"五保户"进入淀山湖镇敬老院一览表

| 家庭地址 | 姓名 | 性别 | 出生年月 | 入院时间 |
| --- | --- | --- | --- | --- |
| 兴复村 | 陈平生 | 男 | 1946.08 | 2010 |
| | 钟英明 | 男 | 1932.12 | 2002 |
| | 杨杏菊 | 女 | 1928.02 | 2003 |
| | 周惠珍 | 女 | 1962.08 | 1996 |
| | 姚定荣 | 男 | 1942.08 | 2007 |

## 第三节 医疗保险

1969年,开始建立合作医疗,合作医疗基金由社员个人和生产队集体共同筹集。参加合作医疗的社员每人每年缴纳1~2元,集体从公益金中提取2~4元,基金主要用于参加者的医疗费。报销标准一般在村医疗站就诊,医药费全免,若转公社卫生院就诊,医疗费报销50%;转县以上医院就诊,每次限额报销医药费20%~30%。

1975年1月,合作医疗由"队办队管"转为"队办社管",公社成立合作医疗管理委员会(简称医管会),配备专职人员加强管理。参加合作医疗者,每人每年缴纳2元(女)、3元(男),均由集体公益金支付。

1996年后,农村合作医疗基金的筹集由集体转向个人,参加农村合作医疗的村民,按规定每人每年缴纳6~8元不等,除挂号出诊、注射费自理外,在村卫生室就诊全额报销,转镇卫生院就诊的医药费个人负担30%,另外70%由卫生院向医管会结算,年终医管会向行政村结算。转市以上医院就诊限额报销药费的50%(限额300元),服中药每剂中药报销0.5元。

1992年前农村合作医疗属福利型,1992年后转为福利奉献型。1992年实行风险基金制度,以解决重病人支付大额医疗费的困难,一次性报销由500~3 000元不等,一般疾病治疗仍享受报销一定数额的医药费。

2004年开始,推行农村医疗保险制度,彻底改变了农村中"小病当无病,大病抗一抗"的习惯,做到有病及时医。村里还规定每年给一定年纪的老人做免费体检,能使广大村民有病及早发现、及早治疗,村民的生活质量和预期寿命得到了大幅度提高,同时基本消除了因病致贫、因病返贫。

## 第四节 土地补偿

新中国成立前,土地为私有财产,可以自由买卖,征用他人之地,必须购置土地使用权。新中国成立后,土地实行国家所有制和集体所有制。

### 兴复村志

1962年9月,中共中央发布的《农村人民公社工作条例(修正草案)》(即《农业六十条》)中规定:"生产队范围内的土地归生产队所有,生产队所有的土地包括社员自留地、自留山、宅基地等,一律不准出租和买卖。乡(镇)村企业建设需要使用土地的,必须持县级以上人民政府批准的设计任务书或者其他批准文件,向县级人民政府土地管理部门提出申请,按照规定的用地批准权限由县级以上人民政府批准。"

随着社会主义经济建设的发展,各部门、各单位需要,建设用地不断增加。

1994年7月,淀山湖镇"淀山湖旅游度假中心"获江苏省人民政府(苏政复50号)批准规划用地1 238.62公顷,兴复村位于规划中的"旅游度假中心"内,因旅游用地、房产开发用地被征用。

按照昆山市和淀山湖镇交通规划,兴复村域内修建了黄浦江南路、永利路、中旭路、万园路等高等级公路,被征用了一定面积的土地。

历代以土地为主要生活来源的农民,失去土地以后,国家根据相应的政策,对失地农民予以安置和补偿。

由于征用土地的时间阶段不同,享受补偿的方法和金额也不同。

(1)2002年前征用的每亩每年补300元,加60周岁以上老人每人每年补900~1 000元。

(2)2002年至2003年征用的土地分责任田、自留田和口粮田,每年每亩补300元、600元和900元。

(3)2004年起土地补偿标准,将以前被征用的土地分责任田、口粮田、自留田,每年每亩补偿调整为400元、800元和1 200元。

(4)2004年当年征用的土地按每亩12 600元一次性补偿分五年付清。

(5)2005年征用的土地按每亩12 600元一次性付清。

(6)2011年起征用的土地按每亩16 800元一次性付清。

表6-4-1　　　　2008~2012年兴复村实际支付土地补偿费汇总表　　　　单位:人、元

| 年份 | 补偿人数 | 补偿标准 | 补偿金额 |
| --- | --- | --- | --- |
| 2008 | 2 051 | 3 014.88 | 3 784 148 |
| 2009 | 2 038 | 3 014.88 | 935 046 |
| 2010 | 2 022 | 3 022.45 | 1 030 418 |
| 2011 | 2 015 | 3 198.37 | 3 890 492 |
| 2012 | 2 013 | 3 434.36 | 5 678 684 |

## 第五节　动迁安置

1995~2007年,兴复村潭西自然村因淀山湖镇房地产业开发用地,分四批将村民房屋拆迁,全部失地面积为1 393.75亩。

表6-5-1　　　　　　　　　　复新村拆迁汇总表　　　　　　　　　　单位:户

| 拆迁时间 | 户数 | 迁往何处 |
| --- | --- | --- |
| 1996 | 22 | 晟泰新村 |
| 2003 | 40 | 淀辉锦园 |
| 2003 | 21 | 马安新村 |
| 2007 | 65 | 香馨佳园 |

表6-5-2　　　　　　　　　　复新村拆迁明细表　　　　　　　　　　单位:平方米

| 户主姓名 | 原住址 | 原住房面积 | 现住址 | 现住房面积 |
| --- | --- | --- | --- | --- |
| 姚阿夯 | 淀山湖镇兴复村(18)潭西117号 | 216 | 香馨佳园 | 267 |
| 王祖兴 | 淀山湖镇兴复村(21)潭西118号 | 246 | 香馨佳园 | 290 |
| 张永光 | 淀山湖镇兴复村(21)潭西27号 | 240 | 香馨佳园 | 344 |
| 汤伟荣 | 淀山湖镇兴复村(19)潭西121号 | 216 | 香馨佳园 | 234 |
| 姚雪峰 | 淀山湖镇兴复村(18)潭西122号 | 240 | 香馨佳园 | 344 |
| 周卫荣 | 淀山湖镇兴复村(17)潭西123号 | 100 | 香馨家园 | 117 |
| 盛品泉 | 淀山湖镇兴复村(17)潭西124号 | 216 | 香馨佳园 | 234 |
| 吴幸福 | 淀山湖镇兴复村(17)潭西108号 | 120 | 香馨佳园 | 294 |
| 姚小毛 | 淀山湖镇兴复村(18)潭西125号 | 240 | 香馨佳园 | 234 |
| 朱曾华 | 淀山湖镇兴复村(18)潭西126号 | 240 | 香馨佳园 | 304 |
| 顾阿兴 | 淀山湖镇兴复村(17)潭西105号 | 224 | 香馨佳园 | 267 |
| 冯永彪 | 淀山湖镇兴复村(17)潭西106号 | 252 | 香馨佳园 | 317 |
| 冯永明 | 淀山湖镇兴复村(17)潭西93号 | 204 | 香馨佳园 | 234 |
| 朱建华 | 淀山湖镇兴复村(17)潭西107号 | 128 | 香馨佳园 | 117 |
| 吴阿夯 | 淀山湖镇兴复村(17)潭西94号 | 243 | 香馨佳园 | 290 |
| 吴仁泉 | 淀山湖镇兴复村(17)潭西95号 | 254 | 香馨佳园 | 234 |

续表

| 户主姓名 | 原住址 | 原住房面积 | 现住址 | 现住房面积 |
|---|---|---|---|---|
| 姜正育 | 淀山湖镇兴复村(17)潭西89号 | 150 | 香馨佳园 | 187 |
| 姜卫星 | 淀山湖镇兴复村(17)潭西90号 | 229 | 香馨佳园 | 327 |
| 姜引生 | 淀山湖镇兴复村(17)潭西91号 | 274 | 香馨佳园 | 317 |
| 王建明 | 淀山湖镇兴复村(17)潭西103号 | 226 | 香馨佳园 | 247 |
| 朱道生 | 淀山湖镇兴复村(17)潭西109号 | 251 | 香馨佳园 | 277 |
| 朱道根 | 淀山湖镇兴复村(16)潭西81号 | 190 | 香馨佳园 | 234 |
| 杨冬梅 | 淀山湖镇兴复村(17)潭西111号 | 120 | 香馨佳园 | 160 |
| 张巧林 | 淀山湖镇兴复村(20)潭西47号 | 60 | 香馨佳园 | 127 |
| 顾永根 | 淀山湖镇兴复村(16)潭西87号 | 248 | 香馨佳园 | 304 |
| 陆生元 | 淀山湖镇兴复村(16)潭西88号 | 268 | 香馨佳园 | 354 |
| 顾全荣 | 淀山湖镇兴复村(16)潭西85号 | 251 | 香馨佳园 | 277 |
| 顾文荣 | 淀山湖镇兴复村(16)潭西86号 | 203 | 香馨佳园 | 237 |
| 徐会兴 | 淀山湖镇兴复村(21)潭西30号 | 240 | 香馨佳园 | 237 |
| 方世豪 | 淀山湖镇兴复村(21)潭西28号 | 269 | 香馨佳园 | 290 |
| 张凤英 | 淀山湖镇兴复村(21)潭西29号 | 140 | 香馨佳园 | 198 |
| 王 龙 | 淀山湖镇兴复村(18)潭西76号 | 60 | 香馨佳园 | 117 |
| 沈 阳 | 淀山湖镇兴复村(20)潭西43号 | 145 | 香馨佳园 | 297 |
| 李阿小 | 淀山湖镇兴复村(18)潭西53号 | 174 | 香馨佳园 | 187 |
| 金兴龙 | 淀山湖镇兴复村(19)潭西42号 | 224 | 香馨佳园 | 198 |
| 朱永生 | 淀山湖镇兴复村(17)潭西110号 | 204 | 香馨佳园 | 198 |
| 杨宝德 | 淀山湖镇兴复村(17)潭西112号 | 120 | 香馨佳园 | 117 |
| 冯阿夯 | 淀山湖镇兴复村(17)潭西97号 | 246 | 香馨佳园 | 247 |
| 冯小弟 | 淀山湖镇兴复村(17)潭西102号 | 176 | 香馨佳园 | 197 |
| 姜卫明 | 淀山湖镇兴复村(17)潭西99号 | 184 | 香馨佳园 | 197 |
| 汤正清 | 淀山湖镇兴复村(17)潭西100号 | 247 | 香馨佳园 | 247 |
| 王长根 | 淀山湖镇兴复村(17)潭西10号 | 170 | 香馨佳园 | 210 |
| 黄正林 | 淀山湖镇兴复村(20)潭西76号 | 106 | 香馨佳园 | 247 |
| 黄玉峰 | 淀山湖镇兴复村(20)潭西70号 | 90 | 香馨佳园 | 130 |
| 黄金龙 | 淀山湖镇兴复村(20)潭西67号 | 193 | 香馨佳园 | 224 |
| 俞小弟 | 淀山湖镇兴复村(20)潭西66号 | 216 | 香馨佳园 | 247 |

续表

| 户主姓名 | 原住址 | 原住房面积 | 现住址 | 现住房面积 |
|---|---|---|---|---|
| 黄仁惠 | 淀山湖镇兴复村(20)潭西65号 | 236 | 香馨佳园 | 80 |
| 黄上年 | 淀山湖镇兴复村(20)潭西64号 | 233 | 香馨佳园 | 297 |
| 黄老初 | 淀山湖镇兴复村(20)潭西63号 | 230 | 香馨佳园 | 234 |
| 顾进元 | 淀山湖镇兴复村(20)潭西62号 | 103 | 香馨佳园 | 117 |
| 黄 敏 | 淀山湖镇兴复村(20)潭西61号 | 262 | 香馨佳园 | 117 |
| 黄亚琴 | 淀山湖镇兴复村(20)潭西60号 | 348 | 香馨佳园 | 444 |
| 姚菊林 | 淀山湖镇兴复村(21)潭西58号 | 237 | 香馨佳园 | 250 |
| 李 峰 | 淀山湖镇兴复村(20)潭西52号 | 182 | 香馨佳园 | 187 |
| 王卫林 | 淀山湖镇兴复村(20)潭西54号 | 205 | 香馨佳园 | 224 |
| 王桂荣 | 淀山湖镇兴复村(20)潭西55号 | 195 | 香馨佳园 | 224 |
| 张伟清 | 淀山湖镇兴复村(20)潭西56号 | 279 | 香馨佳园 | 224 |
| 张云林 | 淀山湖镇兴复村(20)潭西57号 | 259 | 香馨佳园 | 214 |
| 姚幸福 | 淀山湖镇兴复村(20)潭西51号 | 188 | 香馨佳园 | 197 |
| 姚雪林 | 淀山湖镇兴复村(20)潭西50号 | 192 | 香馨佳园 | 197 |
| 姚阿全 | 淀山湖镇兴复村(20)潭西49号 | 250 | 香馨佳园 | 224 |
| 王会生 | 淀山湖镇兴复村(20)潭西48号 | 237 | 香馨佳园 | 237 |
| 冯祥弟 | 淀山湖镇兴复村(20)潭西44号 | 211 | 香馨佳园 | 421 |
| 黄士兴 | 淀山湖镇兴复村(20)潭西45号 | 196 | 香馨佳园 | 314 |
| 郭小弟 | 淀山湖镇兴复村(20)潭西46号 | 245 | 香馨佳园 | 267 |
| 李阿三 | 淀山湖镇兴复村(20)潭西114号 | 205 | 香馨佳园 | 237 |
| 吴志强 | 淀山湖镇兴复村(17)潭西98号 | 255 | 香馨佳园 | 267 |
| 朱进荣 | 淀山湖镇兴复村(16)潭西82号 | 70 | 香馨佳园 | 117 |
| 吴幸梅 | 淀山湖镇兴复村(17)潭西108号 | 30 | 香馨佳园 | 80 |
| 吴幸中 | 淀山湖镇兴复村(17)潭西108号 | 50 | 香馨佳园 | 80 |
| 黄玉龙 | 淀山湖镇兴复村(4)碛硙塘54号 | 60 | 香馨佳园 | 117 |
| 王 成 | 淀山湖镇兴复村(18)潭西76号 | 224 | 香馨佳园 | 234 |
| 曹世生 | 淀山湖镇兴复村(20)潭西24号 | 60 | 香馨佳园 | 117 |
| 姚云良 | 淀山湖镇兴复村(18)潭西18号 | 189 | 淀辉锦园 | 198 |
| 王品根 | 淀山湖镇兴复村(16)潭西84号 | 64 | 淀辉锦园 | 198 |

续表

| 户主姓名 | 原住址 | 原住房面积 | 现住址 | 现住房面积 |
| --- | --- | --- | --- | --- |
| 姚祥元 | 淀山湖镇兴复村(18)潭西14号 | 228 | 淀辉锦园 | 198 |
| 金祥生 | 淀山湖镇兴复村(19)潭西6号 | 224 | 淀辉锦园 | 198 |
| 朱奎兴 | 淀山湖镇兴复村(16)潭西79号 | 258 | 淀辉锦园 | 198 |
| 王小夯 | 淀山湖镇兴复村(16)潭西72号 | 234 | 淀辉锦园 | 198 |
| 金惠明 | 淀山湖镇兴复村(16)潭西78号 | 204 | 淀辉锦园 | 198 |
| 庞利荣 | 淀山湖镇兴复村(16)潭西75号 | 256 | 淀辉锦园 | 198 |
| 姚建平 | 淀山湖镇兴复村(18)潭西11号 | 216 | 淀辉锦园 | 198 |
| 郑雪龙 | 淀山湖镇兴复村(18)潭西9号 | 248 | 淀辉锦园 | 198 |
| 姚惠良 | 淀山湖镇兴复村(18)潭西17号 | 230 | 淀辉锦园 | 198 |
| 王丽清 | 淀山湖镇兴复村(21)潭西41号 | 258 | 淀辉锦园 | 198 |
| 李永德 | 淀山湖镇兴复村(19)潭西34号 | 216 | 淀辉锦园 | 198 |
| 俞根元 | 淀山湖镇兴复村(21)潭西37号 | 220 | 淀辉锦园 | 198 |
| 俞阿根 | 淀山湖镇兴复村(21)潭西39号 | 220 | 淀辉锦园 | 198 |
| 徐菊泉 | 淀山湖镇兴复村(21)潭西16号 | 230 | 淀辉锦园 | 198 |
| 徐秀华 | 淀山湖镇兴复村(18)潭西13号 | 235 | 淀辉锦园 | 198 |
| 谈林根 | 淀山湖镇兴复村(18)潭西8号 | 220 | 淀辉锦园 | 198 |
| 金卫生 | 淀山湖镇淀辉新村25号 | 204 | 淀辉锦园 | 198 |
| 汤木虎 | 淀山湖镇兴复村(16)潭西74号 | 242 | 淀辉锦园 | 248 |
| 谬永强 | 淀山湖镇兴复村(16)潭西71号 | 230 | 淀辉锦园 | 248 |
| 徐秀兴 | 淀山湖镇兴复村(18)潭西12号 | 240 | 淀辉锦园 | 248 |
| 姜引中 | 淀山湖镇兴复村(17)潭西101号 | 202 | 马安新村 | 198 |
| 汤志星 | 淀山湖镇兴复村(19)潭西22号 | 224 | 马安新村 | 198 |
| 朱初中 | 淀山湖镇兴复村(16)潭西80号 | 230 | 马安新村 | 198 |
| 金建初 | 淀山湖镇兴复村(19)潭西25号 | 236 | 马安新村 | 198 |
| 姚雪林 | 淀山湖镇兴复村(20)潭西50号 | 198 | 马安新村 | 198 |
| 姚仁强 | 淀山湖镇兴复村(18)潭西21号 | 189 | 马安新村 | 198 |
| 姚文荣 | 淀山湖镇兴复村(16)潭西10号 | 227 | 马安新村 | 198 |
| 许林泉 | 淀山湖镇兴复村(18)潭西4号 | 254 | 马安新村 | 198 |
| 汤慧新 | 淀山湖镇兴复村(19)潭西35号 | 248 | 马安新村 | 198 |

续表

| 户主姓名 | 原住址 | 原住房面积 | 现住址 | 现住房面积 |
|---|---|---|---|---|
| 金祥华 | 淀山湖镇兴复村(19)潭西31号 | 210 | 马安新村 | 198 |
| 徐小峰 | 淀山湖镇兴复村(18)潭西7号 | 220 | 马安新村 | 198 |
| 许林元 | 淀山湖镇兴复村(18)潭西23号 | 222 | 马安新村 | 198 |
| 俞林元 | 淀山湖镇兴复村(21)潭西38号 | 218 | 马安新村 | 198 |
| 金建平 | 淀山湖镇马安新村1-55号 | 220 | 马安新村 | 198 |
| 金祥龙 | 淀山湖镇兴复村(19)潭西42号 | 178 | 马安新村 | 198 |
| 金惠林 | 淀山湖镇兴复村(16)潭西77号 | 206 | 马安新村 | 198 |
| 王国新 | 淀山湖镇兴复村(16)潭西83号 | 220 | 马安新村 | 198 |
| 何永知 | 淀山湖镇兴复村(16)潭西73号 | 240 | 马安新村 | 198 |
| 徐建明 | 淀山湖镇兴复村(18)潭西36号 | 224 | 马安新村 | 198 |
| 王 荣 | 淀山湖镇兴复村(21)潭西999号 | 110 | 晟泰新村 | 198 |
| 郑祥明 | 淀山湖镇兴复村(18)潭西10号 | 120 | 晟泰新村 | 198 |
| 何彩萍 | 淀山湖镇兴复村(18)潭西76号 | 80 | 晟泰新村 | 198 |
| 王文星 | 淀山湖镇兴复村(21)潭西999号 | 120 | 晟泰新村 | 198 |
| 王 强 | 淀山湖镇兴复村(21)潭西25号 | 120 | 晟泰新村 | 198 |
| 王革命 | 淀山湖镇兴复村(21)潭西999号 | 130 | 晟泰新村 | 198 |
| 朱奎新 | 淀山湖镇兴复村(16)潭西11号 | 130 | 晟泰新村 | 198 |
| 王文龙 | 淀山湖镇兴复村(21)潭西999号 | 110 | 晟泰新村 | 198 |
| 朱永生 | 淀山湖镇兴复村(17)潭西110号 | 190 | 晟泰新村 | 198 |
| 王长根 | 淀山湖镇兴复村(17)潭西10号 | 178 | 晟泰新村 | 198 |
| 顾卫生 | 淀山湖镇兴复村(21)潭西13号 | 112 | 晟泰新村 | 198 |
| 金建明 | 淀山湖镇兴复村(19)潭西999号 | 130 | 晟泰新村 | 198 |
| 顾小弟 | 淀山湖镇兴复村(21)潭西12号 | 110 | 晟泰新村 | 198 |
| 姚文元 | 淀山湖镇兴复村(18)潭西2号 | 130 | 晟泰新村 | 198 |
| 姚森林 | 淀山湖镇兴复村(18)潭西15号 | 220 | 晟泰新村 | 198 |
| 倪建明 | 淀山湖镇兴复村(19)潭西999号 | 180 | 晟泰新村 | 198 |
| 姚仲夫 | 淀山湖镇兴复村(20)潭西19号 | 178 | 晟泰新村 | 198 |
| 顾东生 | 淀山湖镇兴复村(19)潭西999号 | 69 | 晟泰新村 | 198 |
| 朱道根 | 淀山湖镇兴复村(16)潭西81号 | 178 | 晟泰新村 | 198 |

续表

| 户主姓名 | 原住址 | 原住房面积 | 现住址 | 现住房面积 |
| --- | --- | --- | --- | --- |
| 姚祖兴 | 淀山湖镇兴复村(18)潭西1号 | 230 | 晟泰新村 | 198 |
| 金兴龙 | 淀山湖镇兴复村(19)潭西42号 | 218 | 晟泰新村 | 198 |
| 郭云龙 | 淀山湖镇兴复村(18)潭西3号 | 220 | 晟泰新村 | 198 |
| 姚祖生 | 淀山湖镇兴复村(19)潭西20号 | 189 | 晟泰新村 | 198 |

# 第七章 文体卫生

新中国成立前,兴复村(原复新村、复利村、复明村)文教卫生基础差,幼儿教育空白。虽然西洋村小学办得较早(民国时期),但是由于战乱不断,社会动荡,村民生活贫困,办学极不正常。大多数贫困村民子女无力上学校读书,医疗、卫生也完全空白;群众性文化体育活动,仅在有关节日(节气)活动。如农历二月十九庙会、三月三、七月半社戏(花鼓戏),村民在耕耘时在田间喊山歌助兴,民间传统活动有划龙船、摇荡湖船、打连厢等;体育活动更少,传统活动为摔跤、打玻璃弹子、踢毽子、跳绳等。新中国成立后,村里办起了幼儿园、小学,几个村联合办了初中,村村有了农村俱乐部(戏曲团队)。通了有线广播,村民安装了有线电视,电影放映队定期下乡放映电影,开办了图书室,成人教育有冬学夜校各类培训等。由于基础设施的兴建,村民的文体活动逐步活跃起来,村内的卫生事业也有了较大的进步。

## 第一节 幼托 小学

### 一、幼托

新中国成立前,兴复村的幼儿教育几乎是空白,直至1958年"大跃进"年代,每个大队开始办了幼儿班,附设在小学里。三年经济困难时期,农村幼儿班停办。1981年贯彻执行中央"抚育、培养、教育儿童和少年"的指示,各村都开办了幼儿

班,大队自聘教养员,自负教育经费,业务上由镇中心幼儿园定期组织培训、辅导。

幼儿园招收4~6周岁幼儿,分大、中、小班,为混合班上课,实行全日制教学。学制课程不是很规范,主要有语言(讲故事、认识环境)、图画、美工、音乐、体育六门课程。1996年6月,《幼儿园工作规程》颁布后,课程设置为语言、数学、音乐、美术、体育、科学6门,以游戏为教学活动的主要方式。复新村、复利村、复明村先后开设幼托班各一个,复新村由潘美英任教养员,复利村由顾美芳任教养员,复明村由王建英、沈菊芳任教养员。

2000年,由复光幼儿园、复明幼儿园、复利幼儿园、复新幼儿园,合并迁入原复光小学旧址内,更名为兴复幼儿园。2003年复月幼儿园也并入兴复幼儿园,办学规模进一步扩大。

表7-1-1　　兴复村(原复明、复利、复新)选年幼儿教育发展统计表　　单位:个、人

| 幼儿园名称 \ 年份 | 1982~1996 | | | 2000 | | | 2012 | | |
|---|---|---|---|---|---|---|---|---|---|
| | 班级 | 幼儿 | 教职工 | 班级 | 幼儿 | 教职工 | 班级 | 幼儿 | 教职工 |
| 复明 | 1 | 30~40 | 1~2 | 2 | 70 | 6 | 2 | 66 | 6 |
| 复利 | 1 | 50~60 | 1 | | | | | | |
| 复新 | 1 | 30 | 1 | | | | | | |

## 二、小学

民国前,小学教育主要有私塾和学馆。民国二年(1913年),兴复村域内开始办了第一所小学,杨村初小,设1个班,教师1人,学生31人。设修身、国文、算术、手工、国画、唱歌、体操等课程。

新中国成立后,教育事业全面发展,大龄儿童也入学读书。兴复村域内共有3所公立学校:碛礅塘初小、西洋村初小、潭西初小,南柱泾和东洋村也办起了民办小学。这些小学主要实行复式教学,一般一年级至四年级在同一教室内,由同一教师上课;五年级、六年级则到度城小学完成小学阶段学习。

碛礅塘初小校先后任教的有:项宗尚、张福森、任静之、朱福嘉、朱家权、曹正球、黄承福、黄家复、何雪林、方钰芬、李志煜等老师。

潭西初小校先后任教的有:汤学铭、姚幸福、冯巧根、黄振麟、糜美珍等老师。

复利初小校先后任教的有:周锦兵、徐松年、吴丽娟、徐向锋等老师。

东洋村小学先后任教的有:沈小弟、任静之、沈引根、朱卫成、黄家复等老师。

南柱泾小学先后任教的有:李志煜等老师。

度城小学（2012 年摄）

1958 年"大跃进"中实行"四集体"：教师、学生集中在西洋村，实行同吃同住，学生入学率达 100%。三年自然灾害期间，教育遭受严重挫折，南枉泾、东洋村民办学校停办，只保留潭西、西洋村、碛碬塘三所初小，学生人数锐减。1963～1965 年教育出现新转机，有了很大的发展，在原来三所公办小学的基础上，南枉泾、东洋村民办小学重新开办，另外又增开了碛碬塘耕读小学一所。"文化大革命"期间，小学教育混乱，学校停课闹革命，教师被称为"臭老九"，教学秩序极不正常，教学质量急剧下降。

20 世纪 70 年代，群众办学热情高涨，原来碛碬塘初小、潭西初小、西洋村初小、东洋村小学都翻建了新的校舍。1987～1992 年，复明、复利初小校舍相继迁建，学生人数也相应增加，从原来的单班校，发展为二班校、三班校，教师人数也从 1 人增加至 2～3 人。1993 年，镇投入 300 万元易地新建复光、永安、榭麓三所完小，兴复村域内的三所初小亦并入复光小学。

1996 年，初小学生全部进入淀山湖中心小学读书。

## 第二节　医　疗

20 世纪 60 年代，随着农村合作医疗的普遍实行，各大队抽调一些有文化的青年，送上级部门培训，学习农村常见病的预防、治疗，经考试合格后，回大队担任保健员或"赤脚医生"，负责本大队社员常见病的医治，同时各村普遍建立医疗站，方便社员就近治病。另外,如遇休息时间或晚上,"赤脚医生"能随叫随到,广大农村社员的治病有了切实保障。

复明医疗站先后由祝秀英、朱金泉、鲍志超、周卫忠、顾秀娟任"赤脚医生"。

复新医疗站先后由王炳根、张祖荣、王取芬任"赤脚医生"。

复利医疗站先后由徐桂林、金凤珍、钟铭钰任"赤脚医生"。

表7-2-1　　　　　　　兴复村各大队(村)医疗站统计表　　　　　单位:人

| 医疗站名称 | 建立时间 | "赤脚医生"人数 | 建站地点 |
| --- | --- | --- | --- |
| 复新医疗站 | 1969 | 2 | 复新潭西村 |
| 复利医疗站 | 1969 | 3 | 复利西洋村 |
| 复明医疗站 | 1969 | 3 | 复明碛碨塘村 |

## 消灭血吸虫病

兴复村所处地区气候温和湿润,境内河浜交叉,沟塘纵横。新中国成立前,条条河沟有钉螺,村村户户有血吸虫病人,是血吸虫病严重流行的地区之一,一片家破人亡的凄惨景象。有些人因患了血吸虫病,丧失劳动能力。复新村北原有一村叫何字里,与行泾村同样受血吸虫病危害,变成了无人村,村落消失。复明村的行泾村原有17户72人,在20世纪20年代只剩下朱金土(现健在)一人,而且他也是一个血吸虫病的晚期病人,只得搬至东洋村。

新中国成立后,党和人民政府十分重视血吸虫病的防治工作,领导组织医务人员和广大干部群众,广泛、深入地消灭血吸虫病和钉螺。通过连年查螺、灭螺、查治病人,持续了30年长期的奋斗,终于消灭了血吸虫病。

消灭血吸虫病主要从两方面着手:一是消灭血吸虫的中间宿主钉螺;二是查治病人。

1. 查螺

20世纪50年代,按县政府的要求,发动学校师生和农民捕捉钉螺。1965~1966年,各大队配备了血防大队长,生产队配备了灭螺员,开展全面的查螺灭螺工作。

2. 灭螺

1956年连续进行了4次以土埋为主的群众性灭螺工作,填平不用的小沟、池塘、洼地,结合兴修水利开沟除草,达到三面光,用铲下的土填埋钉螺,河道两边也用同样的方法填埋钉螺,社员称为筑灭螺带(又名"反修带")。对稻田、洼地、沟渠中的钉螺采用除草、药物浸杀等方法消灭钉螺,药物主要有碳氮、五氯酚钠。

3. 查病

从1951年起至20世纪60年代,对全体村民进行了查病治病,主要采用粪检进行查病,粪检又分直接涂片和沉淀孵化,不漏检每一位血吸虫病人。

4. 治病

1952年,华东军政委员会卫生部组织上海同德医学院师生150人和华东卫生部医疗预防大队、华东区苏南血吸虫病防治所、昆山县卫生院、血防站、各区卫生人员成立了21个治疗小组,分别到淀东区各乡(度城乡也是其中之一)进行血吸虫病治疗,主要用1%酒石酸锑钾静脉注射,20天一个疗程。1956年3~7月,苏州市组织医务人员用中西医结合和用酒石酸锑钾20天治疗方法,治疗血吸虫病人。1965年,采用血防-846合并人用型锑钾丸治疗。1967年,复字片各大队血吸虫病人集中在复明东洋村,由上级医疗队负责治疗。1970年曾一度服用枫杨叶、小茴香、川椒等治疗,以后改口服锑-273为主,部分病人仍用酒石酸锑钾治疗。70年代末,对晚期血吸虫病病人采用切脾手术方法进行治疗,病人下降率为99.9%。1993年,淀山湖镇通过江苏省血吸虫达标考核,达到消灭血吸虫病标准。1985~2000年未查到钉螺,1981~2000年未查到血吸虫病人,历时30年的反复查治,终于送走了"瘟神"。

**图为1964年恢复征兵后,治愈的血吸虫病患者的参军情景**

兴复村因血吸虫病连续七年(1957~1963年)免去征兵任务

表 7-2-2　　1973~1979 年兴复村(原复新大队、复利大队、复明大队)螺点统计表　　单位:个、亩

| 大队名称 | 螺点总数 | 其中 | | | | | | 有螺面积 | 其中 | | | | |
| --- | --- | --- | --- | --- | --- | --- | --- | --- | --- | --- | --- | --- | --- |
| | | 1973年 | 1974年 | 1975年 | 1976年 | 1977年 | 1978年 | 1979年 | | 河溇 | 沟渠 | 塘滩 | 稻田 | 其他 |
| 复新 | 5 | 5 | | | | | | | 1 583 | 185 | | 1 398 | | |
| 复利 | 12 | | 8 | 3 | | 1 | | | 392 | 220 | 40 | 132 | 1 | |
| 复明 | 1 | | | 1 | | | | | 13 | 13 | | | | |

表 7-2-3　　兴复村（原复新大队、村）历年血吸虫病查治统计表

单位：人、人次

| 年份 | 总人口 | 查病 应检人数 | 查病 实检 人数 | 查病 实检 人次数 | 查出阳性 合计 | 查出阳性 初检阳性 | 上年底未治人数 | 实有病人数 | 累计病人数 | 治疗人数 合计 | 治疗人数 其中 加杂症 | 治疗人数 其中 晚血 | 累计治疗人数 | 治疗人次数 | 剔除病人数 合计 | 剔除病人数 其中 死亡 | 剔除病人数 其中 迁出 | 本年底未治疗人数 合计 | 本年底未治疗人数 其中 加杂症病人 | 本年底未治疗人数 其中 晚血病人 | 病人下降率（%） |
|---|---|---|---|---|---|---|---|---|---|---|---|---|---|---|---|---|---|---|---|---|---|
| 1969 | 537 | | | | 384 | | | 384 | 384 | 384 | | | 384 | | | | | | | | |
| 1970 | 537 | 522 | 490 | 656 | 463 | 145 | | 463 | 529 | 306 | | | 486 | 690 | | | | 157 | | | |
| 1971 上半年 | 547 | 508 | 500 | 967 | 83 | | 157 | 240 | 529 | 160 | | | 486 | 690 | | | | 240 | | | |
| 1971 下半年 | 547 | 498 | 441 | 711 | 81 | | 240 | 321 | 529 | 97 | | | 486 | 850 | | | | 161 | | | |
| 1972 上半年 | 562 | 512 | 510 | 1 373 | 89 | | 161 | 250 | 529 | 44 | | | 522 | 947 | | | | 153 | | | |
| 1972 下半年 | 552 | 362 | 329 | 845 | 32 | | 153 | 185 | 529 | 130 | | | 522 | 991 | | | | 141 | | | |
| 1973 上半年 | 556 | 419 | 417 | 1 248 | 48 | 2 | 141 | 189 | 531 | 56 | | | 527 | 1121 | | | | 59 | | | |
| 1973 下半年 | 563 | 387 | 381 | 1 133 | 22 | | 59 | 81 | 531 | 53 | | | 527 | 1 177 | | | | 25 | | | |
| 1974 上半年 | 569 | 484 | 484 | 3 246 | 64 | | 25 | 89 | 531 | 18 | 3 | | 527 | 1 230 | | | | 36 | | | |
| 1974 下半年 | 566 | 407 | 404 | 1 201 | 18 | | 36 | 54 | 531 | 68 | 1 | | 527 | 1 248 | | | | 36 | 12 | | |
| 1975 | 563 | 466 | 466 | 3 280 | 62 | | 36 | 98 | 531 | 35 | 4 | | 527 | 1 316 | | | | 30 | 11 | | |
| 1976 | 560 | 476 | 476 | 2 324 | 17 | | 30 | 47 | 531 | 19 | 2 | | 527 | 1 351 | | | | 12 | 7 | | |
| 1977 | 558 | 475 | 471 | 2 239 | 17 | | 12 | 29 | 531 | 1 | | | 527 | 1 370 | | | | 10 | 5 | | |
| 1980 | 568 | 192 | 190 | 576 | 5 | | 7 | 12 | 532 | 7 | 4 | 1 | 531 | | 1 | 1 | | 11 | 6 | 2 | |
| 1982 | 583 | | | | | | 13 | 13 | 532 | | | | 532 | | 2 | | 2 | 5 | 1 | | |
| 1985 | 572 | | | | | | 2 | 2 | 532 | | | | 532 | | | | | | | | |
| 1986 | 570 | | | | | | | | 532 | | | | 532 | | | | | | | | |
| 1987 | 567 | | | | | | | | | | | | | | | | | | | | |

表7-2-4  兴复村（原复利大队、村）历年血吸虫病查治统计表

单位：人、人次

| 年份 | 总人口 | 查病 | | | | | | | | | 治病 | | | | | | | | | |
|---|---|---|---|---|---|---|---|---|---|---|---|---|---|---|---|---|---|---|---|---|
| | | 应检人数 | 实检 | | 查出阳性 | | | 上年底未治人数 | 实有病人数 | 累计病人数 | 治疗人数 | | | 累计治疗人数 | 治疗人次数 | 剔除病人数 | | | 本年底来治疗人数 | | | 病人下降率(%) |
| | | | 人数 | 人次数 | 合计 | 初检阳性 | | | | | 合计 | 其中 | | | | 合计 | 其中 | | 合计 | 其中 | |
| | | | | | | | | | | | | 加杂症 | 晚血 | | | | 死亡 | 迁出 | | 加杂症病人 | 晚血病人 |
| 1969 | 753 | | | | | | | | 500 | 500 | 500 | | | 500 | | | | | | | |
| 1970 | 738 | 660 | 596 | 1 719 | 578 | 100 | | | 518 | 600 | 497 | 7 | | 600 | 997 | | | | 21 | 3 | |
| 1971上半年 | 740 | 673 | 557 | 1 690 | 71 | 7 | | 21 | 92 | 607 | 71 | 4 | | 605 | 1 068 | | | | 21 | 2 | |
| 1971下半年 | 756 | 707 | 671 | 2 019 | 180 | 3 | | 21 | 201 | 610 | 174 | 6 | | 609 | 1 242 | | | | 27 | 3 | |
| 1972上半年 | 746 | 679 | 659 | 2 063 | 95 | 5 | | 27 | 122 | 615 | 84 | 8 | | 613 | 1 326 | | | | 38 | 6 | |
| 1972下半年 | 753 | 672 | 647 | 1 907 | 67 | | | 38 | 105 | 615 | 56 | 7 | | 615 | 1 382 | | | | 49 | 2 | |
| 1973上半年 | 770 | 626 | 616 | 1 839 | 103 | 9 | | 49 | 152 | 624 | 104 | 9 | | 621 | 1 486 | | | | 48 | 3 | |
| 1973下半年 | 773 | 543 | 543 | 1 629 | 44 | 11 | | 48 | 92 | 635 | 79 | 11 | | 631 | 1 565 | | | | 13 | 5 | |
| 1974上半年 | 757 | 647 | 647 | 4 282 | 53 | 3 | | 13 | 66 | 638 | 48 | 6 | | 637 | 1 613 | | | | 18 | | |
| 1974下半年 | 759 | 609 | 609 | 1 819 | 26 | 1 | | 18 | 44 | 639 | 34 | 4 | | 639 | 1 647 | | | | 10 | 2 | |
| 1975 | 763 | 654 | 654 | 4 500 | 55 | | | 10 | 65 | 639 | 59 | 5 | | 639 | 1 706 | | | | 6 | 4 | |
| 1976 | 765 | 659 | 659 | 3 332 | 44 | | | 6 | 50 | 639 | 42 | 8 | | 639 | 1 748 | | | | 8 | 3 | |
| 1977 | 761 | 655 | 651 | 3 329 | 29 | 3 | | 8 | 37 | 642 | 33 | 4 | | 642 | 1 781 | | | | 4 | 2 | |
| 1980 | 761 | 606 | 576 | 1 661 | 9 | | | 3 | 12 | 643 | 4 | 1 | | 643 | | | | | 8 | 2 | |
| 1982 | 751 | | | | | | | 8 | 8 | 643 | 9 | | | 643 | | | | | 4 | 1 | |
| 1985 | 746 | 619 | 606 | 1 775 | | | | 1 | 1 | 643 | | | | 643 | | 1 | | 1 | | | |
| 1986 | 740 | | | | | | | | | 643 | | | | 643 | | | | | | | |
| 1987 | | | | | | | | | | 643 | | | | 643 | | | | | | | |

表7-2-5　兴复村(原复明大队、村)历年血吸虫病查治统计表

单位：人、人次

| 年份 | 总人口 | 应检人数 | 实检人数 | 实检人次数 | 查病 查出阳性 合计 | 查病 查出阳性 初检阳性 | 上年底未治人数 | 实有病人数 | 累计病人数 | 治疗人数 合计 | 治疗人数 其中 加杂症 | 治疗人数 其中 晚血 | 累计治疗人数 | 治疗人次数 | 治病 剔除病人数 合计 | 治病 剔除病人数 其中 死亡 | 治病 剔除病人数 其中 迁出 | 本年底未治疗人数 合计 | 本年底未治疗人数 其中 加杂症病人 | 本年底未治疗人数 其中 晚血病人 | 病人下降率(%) |
|---|---|---|---|---|---|---|---|---|---|---|---|---|---|---|---|---|---|---|---|---|---|
| 1969 |  |  |  |  |  |  |  | 579 | 579 | 579 |  |  | 579 |  |  |  |  |  |  |  |  |
| 1970 | 701 | 652 | 638 | 1 197 | 518 | 100 |  | 445 | 616 | 421 |  |  | 614 | 1 000 |  |  |  | 24 |  |  |  |
| 1971上半年 | 721 | 661 | 583 | 1 761 | 53 | 2 | 24 | 77 | 618 | 6 |  |  | 618 | 1 006 |  |  |  | 71 |  |  |  |
| 1971下半年 | 721 | 686 | 665 | 1 620 | 254 | 37 | 71 | 325 | 655 | 227 |  |  | 636 | 1 233 |  |  |  | 98 |  |  |  |
| 1972上半年 | 741 | 692 | 619 | 1 732 | 109 | 7 | 98 | 207 | 662 | 66 |  |  | 656 | 1 299 |  |  |  | 141 |  |  |  |
| 1972下半年 | 741 | 506 | 452 | 1 229 | 69 | 3 | 141 | 210 | 665 | 133 |  |  | 663 | 1 432 |  |  |  | 77 |  |  |  |
| 1973上半年 | 744 | 520 | 514 | 1 523 | 72 | 3 | 77 | 149 | 668 | 67 |  |  | 666 | 1 499 |  |  |  | 82 |  |  |  |
| 1973下半年 | 745 | 518 | 578 | 1 554 | 68 |  | 82 | 150 | 668 | 101 | 6 |  | 666 | 1 600 | 1 |  |  | 48 |  |  |  |
| 1974上半年 | 740 | 619 | 612 | 4 220 | 14 |  | 48 | 62 | 668 | 13 | 6 |  | 666 | 1 613 |  |  | 1 | 49 |  |  |  |
| 1974下半年 | 750 | 602 | 596 | 1 766 | 16 |  | 49 | 65 | 668 | 40 |  |  | 666 | 1 653 |  |  |  | 25 |  |  |  |
| 1975 | 758 | 657 | 653 | 4 658 | 54 | 1 | 25 | 79 | 669 | 57 |  |  | 667 | 1 710 |  |  |  | 22 | 10 |  |  |
| 1976 | 754 | 629 | 629 | 3 094 | 25 |  | 22 | 47 | 669 | 34 | 8 |  | 668 | 1 744 |  |  |  | 13 | 7 |  |  |
| 1977 | 762 | 673 | 671 | 3 245 | 23 |  | 13 | 36 | 669 | 18 | 5 |  | 669 | 1 762 |  |  |  | 18 | 6 |  |  |
| 1980 | 752 | 242 | 236 | 737 |  |  | 9 | 9 | 669 | 1 |  |  | 669 |  |  |  |  | 8 | 8 |  |  |
| 1982 | 765 |  |  |  |  |  | 8 | 8 | 669 |  |  |  | 669 |  |  |  |  | 8 | 8 | 2 |  |
| 1985 | 748 |  |  |  |  |  | 1 | 1 | 669 |  |  |  | 669 |  | 1 |  | 1 |  |  | 1 |  |
| 1986 | 754 |  |  |  |  |  |  |  |  |  |  |  |  |  |  |  |  |  |  |  |  |
| 1987 | 770 |  |  |  |  |  |  |  | 669 |  |  |  | 669 |  |  |  |  |  |  |  |  |

## 第三节　文化体育

以往,兴复村村域内群众文化活动在节日内较为活跃。每年春季(三月三),农村普遍演春台戏,也称花鼓戏。农历七月半,村村做社戏,演出剧种有沪剧、滩簧、锡剧、越剧和京剧。平时镇上茶馆可听书,分大书(评话)和小书(评弹)两种。村民田头劳动常喊唱山歌尽兴。

1948年春,度城及周边自然村(南厍、西港、潭西)的众多男性戏曲爱好者,如南厍冯永德,度城周志贞,潭西周梦飞、王访祥,渔民林弟等7人组成度城花鼓戏班子,由教师周云章教戏,逢时过节演社戏。特别是农历七月十五,村里都要搭台,请他们来演戏,比较有名的一出《僧帽记》曾轰动一时。

1951年,经过土地改革,淀山湖地区按当时9个小乡建立农村俱乐部,开展群众业余文化娱乐活动。农村俱乐部设有图书阅览室、黑板报、墙报、画廊等;同时,建立文艺宣传小分队,自编自演节目。以冬学民校为阵地,开展文化宣传活动,为党的农村中心工作服务。

1956年,农业合作化后,各高级农业生产合作社都建立了俱乐部,由乡文化站具体辅导。1964年,俱乐部改为大队文化室,成立了大队文艺宣传队。复明大队、复利大队的文艺宣传队较为活跃,宣传队中有丝竹队,排练锡剧、沪剧等小戏。

"文革"时期,盛行唱"语录歌",跳"忠字舞",学唱样板戏。复明大队文艺宣传队曾到昆山观摩昆山锡剧团的锡剧《红灯记》,并请剧团辅导,排演了锡剧《红灯记》,不但在本地区各自然村演出,还到红二、复光、复利等邻近大队演出,甚至还到青浦县周荡公社、沈巷公社等地演出,青浦县的文艺宣传队也到复明大队交流演出。

80年代起,随着电影、电视事业的发展,农村俱乐部活动逐渐减少,各大队文艺宣传队由淀东文化站的文艺宣传队代替。当时各大队文艺宣传队的工作主要由各大队团支部书记负责,白天坚持搞生产,晚上进行文艺宣传演出。

结合淀山湖镇创建"戏曲之乡",2007年8月,在兴复村党支部、村委会的领导下,兴复村组建了文艺宣传队,队员主要由原来有一定基础的中老年为主,共18人,利用农闲业余时间排演节目。至2012年年末,共排演《赖婚记》《哑女告状》《泪洒相思地》《双珠凤》《梅花谣》《寻儿记》《双女闹花堂》7部大戏。另外,结合当时形势,组排11部小戏。镇、村两级机构还调拨专门经费为宣传队配置活动舞台、音响设备、无线话筒、灯光等较为现代化的设备。

每逢春节、国庆节等重大节日,宣传队都在本村或邻村演出戏剧,也参加镇组织的文艺会演。2013年5月,参加了苏州工业园区庙会活动,参与演出。至2012年年末,演出了几十场次,观众达上万人次。苏州电视台、昆山电视台曾做过专门报道。2011年,中央电视台11频道曾做过专门报道。2012年,兴复村在村委会内修建了一座戏台,极大地方便了文艺宣传队的演出和群众的观看。

**附:兴复村文艺宣传队名单**

黄家华(男)　唐取珍(女)　夏玲玲(女)　黄承郁(男)　许乃荣(男)

钟正明(男)　徐桂菊(女)　朱玉芳(女)　顾祥妹(女)　庞小青(男)

顾幸福(男)　顾全荣(男)　徐玉新(女)　张星夫(男)

1966年,淀东公社广播站建成,各村各户都装上了广播,主要收听新闻、部分文艺节目、广播站自编节目;同时,各大队都建有广播室,主要转播淀东广播站的节目及发布本大队有关通知等。

1997年,原复利村率先建成有线电视村。之后,广播站架设光缆通往各村,村村通了有线电视。2007年统计,兴复村架设电缆30.08公里,有线电视用户279户。

为丰富村民业余生活,村里还开办了"农家书屋",面积72平方米,陆续添置了各类书籍2 700余册。

**兴复村图书室**

## 一、农村体育

新中国成立前,本地区群众体育活动较少,有些活动也是群众根据个人喜好,零星地组织进行。

新中国成立后,群众体育活动受到党和政府的重视,遵照毛泽东主席"发展体育运动,增强人民体质"的指示,全乡大多数农业合作社建立了篮球队,利用农闲时间进行训练和比赛。兴复村原复利篮球队一度极为活跃,各篮球队之间进行友谊邀请赛,特别是"五一""十一""春节"的假期,各队之间的比赛往往会历时多天。"文化大革命"期间,群众体育活动一度停顿。1978年后,农村群众体育活动逐步恢复,各村篮球队重新组织,开展活动。90年代,复利村利用小学操场还建起了简易灯光球场,晚上也能进行训练和比赛。2001年以后,兴复村在原有基础上,建成篮球队,利用业余时间进行训练和比赛。另外,村里还组织成立了老年舞蹈队,既锻炼了身体又活跃了身心。

2004年,兴复村共建有篮球场1个,面积364平方米;室内健身房1个,面积72平方米,拥有齐全的健身设施;棋牌室3个,面积144平方米;乒乓室1个,面积60平方米。

## 二、传统少年儿童游戏活动

### 1. 骑马

三人一组,一人站立做马头,另一人在他背后双手搭住他的双肩,弓身俯首做马身。第三人为骑马者,骑在做马身者的肩上。玩时三人同时口喊"嘿!嘿!嘿——",数匹"马"竞相跑步向前,比谁跑得快。

骑马

### 2. 坐轿

三人一组,两人抬轿一人坐轿。抬轿的两人各自把左手握在右手腕上,然后互相把右手握在对方的左手腕上,形成一"井"字形。坐轿者双脚各插进抬轿者双手形成的环圈中,坐在手掌形成的"井"字上。玩时各组侧向疾跑,快者为胜。坐轿、抬轿者轮换担任。

**3. 骑竹马**

用一根1.5~2米长的竹竿做"竹马",夹在骑者的双腿间,左手握住竹竿的一端,另一端拖地,右手作持马鞭状。玩时口喊"嘿、嘿、嘿——"向前奔跑。多人玩时同时奔跑,快者为胜。

**4. 老鹰抓小鸡**

一人扮老鹰,一人扮母鸡,其余人数不定,扮作小鸡。一"小鸡"在"母鸡"背后抓住"母鸡"衫尾,其余"小鸡"也都各牵住一人的后背衫尾,形成一列纵队。玩时,"老鹰"尽力设法抓住"母鸡"后面的"小鸡",扮"母鸡"的则张开双臂拦住"老鹰",保护"小鸡"不被抓,众"小鸡"也在"母鸡"后面

老鹰抓小鸡

不断躲闪。若有"小鸡"被"老鹰"的手摸到,便算被抓住,就得退场。达到一定时间后,"老鹰"抓到的"小鸡"超过"小鸡"数的一半,则"老鹰"胜;不到一半则"母鸡"胜。"老鹰""母鸡""小鸡"由游戏孩童抽签轮流担当。

**5. 斗鸡(顶牛)**

斗鸡者,拐起自己的一腿,双手抱脚,膝头为角,相互顶斗。两人单斗,也可多人群斗。斗倒对方或所抱腿落地为输,不可用手去推对方,最后不败者为将军。斗鸡是一种锻炼身体平稳及耐力的活动。热闹激烈,过去很受青少年们喜爱。

斗鸡(顶牛)

**6. 轧庄头**

寒冷的冬天,几个幼儿靠墙而立,用肩部的力量向中间挤,被挤出的人向旁边去,再向中间挤,如此反复进行。如果让幼儿边念儿歌边游戏,更能增添情趣,并培养协作精神。

**7. 拉"大锯"**

两人对坐,双脚自然盘曲,双手对握,随儿歌的节奏做拉锯似的前俯后仰动作。

**8. 捉迷藏**

参加游戏的几个幼儿,用剪刀、石头、布的方法来定输赢,谁赢谁就藏在指定

的区域里,输的人就来找藏起来的人,找之前要从1数到10,然后开始找,找到就为胜者。

#### 9. 斗蟋蟀

斗蟋蟀起源于唐,盛行于宋,是一项古老的娱乐活动。20世纪四五十年代在农村颇为流行,孩子们特别喜欢。

#### 10. 叉铁箍

叉铁箍,几乎是每个乡下男孩都会玩的一项活动。先找一个木桶或木盆上废弃的铁箍,然后用粗铁丝弯成一个一头直一头弯的回形针似的铁钩。直的一头插入细竹竿当手柄,弯的一头钩住铁箍,借助铁钩推着铁箍往前滚。熟练的孩子能在高高低低的乡间小路上叉,技术高超的甚至能自如地上下台阶。孩子们叉着铁箍飞奔,发出"哐啷啷"的声响,十分有趣。

叉铁箍

#### 11. 打菱角

用一个硬质木块,做成一个直径5厘米、高5厘米左右的圆锥形菱角,主体成橄榄形,上部比下部略长,上端留有倒凸形端子,便于绕绳,不易滑落。然后用一根细绳沿菱角端子有规则地绕入,倒捏菱角于手中,手指用力抽绳并将菱角丢在地上,菱角自然正立,很快在地上旋转,煞是好玩。有时还可以比赛,两个转动的菱角互相对撞,哪个被撞停,谁就输了。

#### 12. 打弹子

所谓弹子,就是带花心的玻璃球。打弹子是男孩们最常玩的一种游戏。一般用大拇指和食指弹球,才能容易掌握力度和打中目标。玩法通常是"打老虎洞"。在地上挖出比弹子稍大的6个坑,谁的玻璃球先打进6个洞,就变成"老虎",就可以先打谁的球,打着了就算赢,这就叫"打老虎洞"。

弹子

#### 13. 飞竹蜻蜓

竹蜻蜓是中国古老的玩具。早在公元前500年,我们的祖先就从大自然中蜻蜓飞翔的观察中受到启示而制成了竹蜻蜓。竹蜻蜓的外形呈"T"字形,横的一片像螺旋桨,当中有一个小孔,孔中插一根笔直的竹棍子,用两手搓转这根竹棍子,竹蜻蜓便会旋转着飞向天空。当升力减弱,它才落到地面。

### 14. 踢毽子

踢毽子,相传起源于汉代,盛行于南北朝和隋唐,至今已有两千多年的历史。这是我们地区民间体育娱乐的项目之一,深受青少年儿童的喜爱,尤其是青少年的女子。毽子一般用公鸡的长羽毛和圆形方孔的铜钱做成。踢毽子比赛有单人赛与集体赛。单人赛以每人踢毽的次数多少来判定胜负;集体赛按个人技术的高低分组,以总踢次数多少来判定输赢。技艺高超者可连踢数千次而毽不落地。还有一种团踢,即一群人共踢一毽,当毽落到谁面前,谁可任意选择踢法把毽复踢给别人,接毽者也以自己的踢法把毽踢给别人,毽掉在谁的面前谁为输。踢毽子以下肢肌肉的协调运动为主,功夫在脚上。

踢毽子时,髋关节、膝关节、踝关节、脊椎各关节、腿部肌肉、肩背部肌肉都能得到有效的锻炼,可促进人的身体健康。

### 15. 削水片

平时或散步,或劳动歇息,一时性起,便在河边墙角取一块碎瓦片、碎缸片、碎碗片之类,朝河面飞去。随着一阵"嗒嗒嗒——"的声音,水面上便会溅出漂亮的水花,这就叫"削水片"。削水片看似简单,却很有讲究,也有一定的技巧。一是要有力,二是要使缸片、瓦片紧贴水面,掠水而行,出没跳跃,能在水面上激起一串串的涟漪。飞出的涟漪由近及远,由小而大,在水面上画出一朵朵美丽的"白莲花",给人以无穷的乐趣。

### 16. 跳橡皮筋

跳橡皮筋也叫跳牛皮筋,是女孩子们特别喜欢玩的一项活动。不少街头巷尾、弄堂院落经常可以看到女孩子们哼着童谣、和着节奏在跳橡皮筋。人多的时候总会由两个高手分别率领两支队伍比赛;人少的时候一根橡皮筋(牛皮筋)加两个小板凳,一个人也可以玩得热火朝天。

### 17. 扇"洋片"

"洋片",又叫娱人片,是一种彩色的卡片。早年装在烟盒里,叫"纸烟画片",也有人称为"香烟牌子"。画面都为三国、水浒等故事中的人物,还有各类兵器,全套攒齐很不容易。小摊、货郎担上常有整版或分条出售,小孩子买回将其剪成单张,用橡皮筋绷住,藏好。每当放学后,一帮顽童蹲在墙脚边的空地上,或庭院、马路旁,将自己的"洋片"按单张、多张,正面朝下摞起。先猜拳决出先后,然后用手掌扇洋片。所谓扇,就是将洋片的正面翻出,翻出即赢。扇时,根据各人掌握的技巧与力度,利用手掌扇动时产生的风力将洋片扇翻。有时一扇能扇翻一两张,甚至好几张。当然,也有可能连一张也扇不翻,看似简单却魅力无穷。

### 18. 滚铜钿

滚铜钿,是一项适宜少年儿童玩的竞技性很高的民间游戏活动。滚铜钿是用铜钿滚,也有的用铜板滚。铜板跟铜钿有区别,铜钿也叫铜钱,它跟铜板不同,中间有一个方孔,体量轻而薄,不好滚。但它是金钱的代名词,所以叫作滚铜钿。

铜钿

滚铜钿时先在地上斜支一块砖,在前面五六米开外设一障碍物。然后用大拇指和食指扣着铜钿或铜板,在砖面上用力一磕,铜钿(板)就叮的一声落在砖上并弹离砖面,顺着地面一路往前滚,谁滚得远,就是胜者。如果用力过猛,铜钿(板)从障碍物上弹回来,反而距离近了,谁的铜钿(板)能正好靠着障碍物上停下,那就是优胜者了。如果几个人滚就能决出第一名、第二名……然后,由第一名先出手用自己的铜钿(板)打别人的铜钿(板),打中一个就吃掉一个。打不中则由第二名出手打,这样依次类推,十分刺激、好玩。

### 19. 打铜板

打铜坂是两个人以上玩的一项活动,以男孩居多。先在场地上平放一块砖,参与者每人将一个或数个铜板叠放在砖面上。然后,通过猜拳决出出场名次。胜者第一个出场,用自己手中的铜板瞄准砖面上的铜板用力击打。打掉几个就赢取几个。然后由第二个出手击打,依次类推。击打时,既要眼力好,打得准;又要力度巧,打得多。技艺高的人可以一记一锅端,叫"端庄";技艺差的可能连一个也打不着,叫"太烂光"。十分刺激、好玩。

铜板

后来铜板少了,成了奢侈品,一般的孩子拿不出几个铜板。于是用硬纸板剪成一个个铜板状的圆圈来打,叫作"打圆圈"。有时用瓦片敲成一个个圆的来打,叫作"打象脐",效果也不错。

### 20. 挑绷绷

挑绷绷,先取一根一米不到的"扎底线",把线的两头打结拴住。然后,你来我往,利用双手的十个指头,或钩,或挑,或叉,变换出许多不同的图形,有"大方砖""梭子块""大手巾""乱草把"等,变幻无穷。

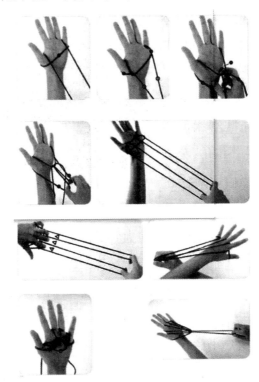

**挑绷绷**

### 21. 跳绳

跳绳,在我国历史悠久,盛行于清代,名谓"跳百索"。《松风阁诗抄》有记载:"白光如轮舞索童,一童舞索一童唱,一童跳入光轮中。"当时,这种跳绳加伴唱的游戏娱乐性很强,对促进少年儿童发展灵敏、速度、弹跳力及耐力等身体素质都有好处,因此,跳绳运动一直流传至今。

跳绳器械简单,场地到处都是,随时可做,是一项适合大众的体育健身运动。跳绳花样繁多,可简可繁,无论在家庭、社区、机关、学校乃至各企事业单位都可开展这项活动。

### 22. 掼纸包

掼纸包,也叫打四角,是由两个人玩的游戏。把书页撕下,取两张纸对折成长条形,然后把两张长条形的纸交叉相叠,折成一个四方形,一个纸包就做成了。然后,平放在地上,用自己手中的纸包击打别人的纸包。如果能把别人的纸包打得翻个身来,就算赢了。如果觉得自己的纸包太单薄,经不起打,容易被别人的纸包打翻,可以把三四张纸叠起来做,做得厚实就不容易输了。这是少年儿童,特别是男孩子们十分普遍又很爱玩的一种游戏和娱乐活动。

### 23. 放风筝

追寻风筝的起源,可上溯到两千多年前的春秋战国时期。由于战争的需要,古人以鸟为形,以木为料,制成可在空中飞行的"木鸢"。木鸢产生于战争之中,用于战争之时,它随着我国丝织业的进步和造纸术的发明,不断演变,不断发展。相传,公元前203—202年,在楚汉相争对峙的最后阶段,汉兵先包围楚营,汉将张

放风筝

良借大雾之机,从南山之隐放起丝制的大风鸢,并让吹箫童子伏于其上,吹奏楚歌,同时又命汉军在四面唱起楚歌,使楚营官兵思乡心切,不战而散,楚王项羽也自刎于乌江边。以后,风筝逐步成为民间节日风俗中的娱乐活动。

### 24. 扔镰刀(丢吉子)

农村孩童放学后,几个小伙伴割草结束,选择一块土质松软地方,如农田横头干软的泥塘上,比赛丢吉子(镰刀),一人丢一次,看谁的吉子造型好看又难成形,谁得分高为胜者。有时还以所割青草为赌注,每人放同样大小的一堆,得分多为赢者统吃(拿走)。

### 25. 着纸箭

纸箭,用稍硬的纸折叠成尖三角状纸箭,为了让纸箭着(射)得远。放学后,几个孩童聚在一起,比赛着纸箭。为了让纸箭着得稳、着得远,他们都会在纸箭头上绕几圈铜丝或铁丝,增加重量,纸箭会着得更远,最远为赢家。

### 26. 打雪仗

冬天下雪后,孩童们把雪团成球,相互投掷,打雪仗。

拔河

摇快船

# 第八章

## 古 迹

兴复村位于度城潭边,千百年来,这里的祖先曾留下了一笔笔珍贵的文化遗产。2009年7月,苏州市考古研究所、昆山市文物管理所联合对村域内富力湾庄园项目进行考古勘探,调查发现度城遗址文化遗存的区域集中在中区,南区。而中区在兴复村域中。考古勘探调查组在中区、西区发现了距今5 000~6 000年的史前文化堆积,属于马家浜至良渚文化时期,还发现春秋战国时期的文化遗存,出土陶片,在中区东片发现唐宋时期的文化遗存,出土良渚时期的陶片,其中马家浜文化遗存在淀山湖镇首次发现。

表8-0-1　　　　　　　　　兴复村域内古迹、遗址统计表

| 类型 | 名称 | 所在地 | 创建人 | 基本情况 |
|---|---|---|---|---|
| 遗址 | 王氏忠孝堂 | 度城潭北德丰桥西侧 | 明朝进士王鉴 | 明朝天顺年间建。王鉴亲题"忠孝"两个大字,并制成大匾额,悬挂于自家祠堂正厅。昆山先贤归有光著有《王氏忠孝堂记》,清末废 |
| 古桥遗址 | 德丰桥 | 度城潭口德丰庵东 | | 《淞南志》第764页载潭西王氏建,平板石桥,1985年改成公路桥 |
| | 白龙桥 | 磙磙塘村东,跨朝山港 | | 石拱桥,1970年拆除 |
| 文物 | 陶片 | 度城潭西 | | 富力湾房产置业公司在施工中发现的陶片,经专家考证分别为马家浜文化和良渚文化两个时期的文物 |
| 庙庵祠墓遗址 | 西林庵 | 度城潭北 | | 位于度城潭北,原何墅里村(现潭西北港,自然村已消亡),民国初毁 |
| | 德丰庵 | 度城潭北 | | 度城里人王氏建,王氏祖坟边。清末毁 |
| | 王鉴墓 | 度城潭北 | | 位于度城潭北德丰庵西,为王家祖坟,1968年拆除 |
| | 王塘墓 | 度城潭北 | 王氏家庙 | 王氏祖坟西,归有光志其墓,1968年拆除 |
| | 王继孝墓 | 度城潭北 | 王氏家庙 | 王氏祖坟,1968年拆除 |

续表

| 类型 | 名称 | 所在地 | 创建人 | 基本情况 |
|---|---|---|---|---|
| 庙庵祠墓遗址 | 王文昌墓 | 度城潭北 | 王氏家庙 | 王氏祖坟,1968年拆除 |
| | 王懋德墓 | 度城潭北 | 王氏家庙 | 王氏祖坟,1968年拆除 |
| 古人书籍 | 《孝行录》 | 度城潭北 | 王鉴著 | 王鉴,明朝进士 |
| | 《贤阋录》 | 度城潭北 | | |

表8-0-2　　　　　　兴复村(原复新村、复利村、复明村)庙宇一览表

| 庙宇名称 | 位置 | 变迁 |
|---|---|---|
| 南柱泾东庙 | 南柱泾村河北边人家东头 | 50年代末拆除 |
| 南柱泾西庙 | 南柱泾村河北人家东头 | 50年代末拆除 |
| 碛碨塘南庙 | 碛碨塘村河南人家东头 | 60年代合作医疗站用房,后拆除重建 |
| 碛碨塘东庙 | 碛碨塘村河北人家东头 | 60年代前作为学校用房,60年代后期拆除 |
| 碛碨塘西庙 | 碛碨塘村河北人家西头 | 50年代前期作为夜校用房,50年代后期拆除 |
| 尼阿南庙 | 西洋村河北人家东头 | 年代久远失修倒塌 |
| 潭西村庙 | 潭西村河西人家东头 | 曾作为学校用房,60年代拆除 |

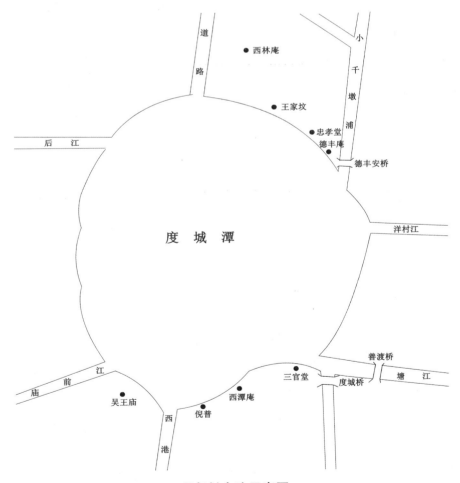

**兴复村古迹示意图**

# 第九章 村民忆事

新中国成立后,农村发生了天翻地覆的变化,农村政治运动和重大事件一个接着一个,在村民的共同记忆中有昆山解放、新中国成立、抗美援朝、土地改革、办冬学夜校、建俱乐部、"三反""五反"、1954年抗水灾、镇压反革命、粮食统购统销、互助合作化运动、高举"三面红旗"、农村"四清"、电灯、电话、广播、电影、学习毛主席著作、"文化大革命""一打三反""农业学大寨"、消灭血吸虫病、计划生育、农村合作医疗、发展镇村企业、农业机械化、家庭联产承包责任制、规模经营、多种经营、电视、电脑、土地流转等数十项。也有重大个性方面的记忆,如重大事故、刑事犯罪,有媒体报道,此外还有民间传说、民间习俗等,这里选择几项记录如下。

## 第一节 村民公共记忆的大事

### 一、昆山、杨湘泾地区解放

1949年4月21日,人民解放军百万雄师强渡长江,南京、苏州等地相继解放。4月底,中共昆山县委、昆山县人民政府机关及工作人员百余人随军南下,抵达正仪,正仪、角直、巴城先期解放,正仪区委、区政府接管正仪政权。县委、县政府在正仪设立办公机构,张贴县政府的安民告示和以解放军名义统一印制的标语,领导机关有关干部前往角直、巴城开展工作。在角直与"江苏省人民自卫军吴、昆、沪大队"司令申镜寰展开了谈判,促其率部投诚。5月12日18时,上海战役外围战解放昆山之战打响。人民解放军第十六军七十六师、七十八师以6个团的兵力按照"水陆并进"迂回包围、断敌退路、一举全歼的作战方案,在西巷火车站、青阳港、菉葭浜火车站等地歼俘国民党军东逃之敌2 200余人,13日凌晨战斗结束,昆山宣告解放。

上午8时,县委、县政府机关及工作人员百余人由正仪移驻昆山县城,沿地受到城区各界人民的热烈欢迎。当日,县长刘同温颁布昆山县人民政府第一号布告,宣告昆山县人民政府正式成立。县委、县政府各办事机构也相继成立。16日,中共昆山地区党员百余人在县城米业公会与南下干部胜利会师。17日,县委、县政府各部门正式办公,各区委、区政府小乡干部到职开展工作。5月18日,县委、县政府按照中共中央和华东局"按照系统、整套接收、调查研究、逐渐改造"的接管方针,全面接管国民党所属机构。1949年5~7月,县委、县政府开始部署和开展民主建政工作,巩固新生的人民政权,先后成立县民主妇女联合会筹备委员会、中国新民主主义青年团苏南区昆山县工作委员会、县农民协会筹备委员会、县职工总会,各基层建立了妇代会、农会、团委、工会。10月1日中华人民共和国成立,北京30万人集会开庆祝大会。此后,开始分阶段在全县开展废除保甲制度、建立农村基层人民政权的工作。1950年8月,建立度潭乡,辖度城、石灯、官里等9个行政村,民主选举产生各村村长,建立了基层人民政权。

## 二、土地改革

1950年6月,中共中央颁布《中华人民共和国土地改革法》,淀东区通过度潭、小泾等乡先行试点,于1950年秋全面推开。随即成立农民协会,进行土地登记,清查各阶层土地占有情况,按农户实有人口、人均占有生产资料,分清剥削和被剥削界限,评定成分。全村分雇农、贫农、中农、富裕中农、富农、地主六个成分。农民协会与地主进行说理斗争,依法没收地主剥削所得的土地、财物及征收其他阶层多余的土地及征收公产。根据贫雇农缺田少田的情况,分别按大平均、小平均两种方式分配给农民土地及四大财产,四大财产即土地、房屋、大型生产资料(牛、船、车)及生活资料。土改整个过程一是试点,淀东区设在度潭乡,从1950年11月至1951年1月为全区土地改革打开了局面。二是全面展开(全区),一方面纠正过急行为,另一方面着重开展与地主的说理斗争,同时镇压了少数恶霸地主。三是复查发证工作。土地改革工作的重点一是划分阶级,二是斗垮地主,三是分配土地(包括四大财产)。

通过土改,本村农民人均占有土地3.8亩,同时贫农、雇农在农村的优势地位得到确立,使当时农村出现了三大高潮,一是农业生产掀起高潮,二是农民学文化掀起高潮,三是参军参战掀起高潮。

## 三、抗美援朝　保家卫国

1950年6月25日,朝鲜战争爆发,随后美国操纵所谓联合国军进入朝鲜,并悍然越过"三八线",大举进军朝鲜北方,迅速向朝中边境推进。在这严峻的时刻,党中央于1950年10月初毅然做出"抗美援朝、保家卫国"的重大战略决策。10月19日,中国人民志愿军开赴朝鲜战场,开始了抗美援朝。国内进行大张旗鼓的宣传。1951年6月,各地纷纷开展爱国公约、捐献飞机大炮和优待烈军属三项活动,并掀起参军高潮。1952年,农村开展爱国增产竞赛活动,以支援抗美援朝。1953年2月,县政府又一次发动广大青年参军参战,兴复村优秀青年中先后有南柱泾顾小苟、潭西村黄佩林于1950年10月参军入朝作战,1952年光荣牺牲在朝鲜战场上。

## 四、农业合作化运动

1951年春(土地改革结束后),昆山县委根据党中央《关于农业生产互助合作的决议》《关于发展农业生产合作化的决议》《关于农业合作化问题的决议》,按照"积极发展、稳步推进"的方针和"自愿互利"的原则,采取典型示范、逐步推进的方法,由点到面发展农业生产互助合作组织,对农业逐步进行社会主义改造。开始由互助组到初级社,到1956年8月,全村农户全部参加高级农业生产合作社(原复新高级社、复利高级社、复明高级社),不仅实现了生产资料所有制的转变,也促进了农业生产力的发展,进一步发展社会主义农业经济,适应社会主义工业化,为农村机械化生产创造了条件。

兴复村域内(原复新村、复利村、复明村)1952年初成立了互助组,1954年春成立初级社,1956年6月成立高级社。

## 五、粮食统购统销

1953年起,国家对粮油实行统购统销,执行粮食四统(征购、销售、调拨、库存)管理制度,全面兼顾国家、集体、个人三者利益。

粮油收购,1955年实行粮食征购"三定"(定产、定购、定销)。1956年,实行"一定三年"的收购办法。1971年起实行"一定五年"的收购政策。1978年,党的十一届三中全会后,农村实行休养生息政策,调减了粮食征购基数。1981年,实行粮食购、销、调拨包干政策。1985年,粮食统购政策停止执行,实行超购加价,提高农民种粮的经济效益。

粮油供应,1953年实行粮食计划(统销)供应。1955年实行按人分等定量供应,对工商行业用粮油实行按计划分配供应。对缺粮队以及从事非粮食生产的农业人口,实行统销(定销)。在多次提高粮油定购价的情况下,粮食统销提高很小,差价由国家财政补贴。1993年4月1日粮油销售和经营全部放开,原粮油票停止使用,从而结束了40年粮油计划销售的经营体制。

**1. 实行统购统销,合理分配粮油(1953～1957年)**

1953年开始执行第一个五年计划,在党和人民政府的正确领导下,粮食形势趋于好转,供应正常,价格稳定,后来由于城乡粮食销售量剧增,导致收购计划不能完成。1953年11月,国家开始实行粮食统购统销政策。在农村实行粮食计划收购的情况下,由国家严格控制粮食市场,禁止私商经营,实行中央统一管理下的由中央和地方分工负责的粮食管理政策。这时期,昆山县委认真落实上级指示,从党政机关抽调大批干部深入农村,进行调查摸底。在粮食统购统销政策家喻户晓的基础上,发动农民自报余粮,按多余多购、少余少购、不余免购的原则,进行民主评议,协商定购。1953～1954年超额完成粮食统购任务。一是设立粮食交易市场。1953年春,为便于农民在完成粮食统购任务后,进行余缺调剂、品种串换,根据上级有关规定,结合当地实际,建立粮食交易市场、交易站,在夏收征购期间关闭。粮食交易在当时十分活跃。1957年,由于"左"的思想影响,市场关闭,停止粮食交易。二是实行"三定"政策。从1955年起,实行粮食"三定",即定产(3年不变)、定购(比例为余粮的80%～90%)、定销(对缺粮户1年一定)。三是城镇居民口粮按人定量供应。从1953年12月开始,居民按实有人数自报用粮计划,经民主评议,由镇、乡政府审查批准,发购粮证到户,凭证供应。如婚丧事等特殊情况,购粮须镇、乡政府出具证明,机关、学校团体及事业单位实有人数凭证不限量供应。1955年8月25日,国务院颁发《市镇粮食按量供应暂行办法》,对城镇居民按年龄大小分等定量供应。同时发放全国通用粮票。四是对余粮户实行预购。五是实行以富补欠。六是油菜籽实行全额统购。

**2. 纠正高指标、高征购,降低统销定量标准(1958～1965年)**

1956年,原复新大队农民人均口粮270公斤,原复利大队265公斤,原复明大队275公斤,粮食形势大好。1958年"大跃进"时期,大批劳动力投入炼钢铁、修水利,秋收劳动力不足,当年丰产不丰收。同时,由于"高指标""瞎指挥"和"浮夸

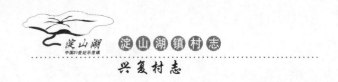

风"的干扰,普遍虚报产量,扰乱了粮食统购统销政策。1958年,粮食总产比1956年减少,而征购任务增加,1959~1961年连续三年大减产,而征购任务并未相应减少,反而购了过头粮,导致农村产、购、留比例严重失调,农民人均占有粮食大幅度下降,到1961年原复新大队人均年口粮仅有160公斤,复利大队191公斤,复明大队193公斤。1958年起粮食销售失控,城镇农村粮食销售创历史最高。1958年农村大办食堂,实行吃饭不用钱,由于高估产、高征购,及连年自然灾害,给农民造成了严重困难。1959年4月,毛泽东主席发出"粮食要十分抓紧"的指示;1960年8月,党中央、国务院下达"大办粮食、大办农业"指示及"12条""60条"政策,才扭转了粮食困难局面。一是降低定量标准,压缩城镇人口;二是建立农村粮食储备;三是对储备粮应用作出规定;四是提高统购价格;五是统购粮实行奖励;六是实行奖售工业品(棉花、棉布、食糖、香烟、胶鞋等工业品);七是工业品换购(农用物资);八是重新开放粮食贸易市场(1962年);九是开展议购议销;十是对征购任务"一定三年";十一是油料统购统销。从1962年起,以生产队为单位油菜籽包干产量与统购任务,统购不超过包干任务的75%,对农民不再供应食油。

**3. 实行多征购多销售,超额完成国家任务(1966~1978年)**

"文化大革命"的10年,国民经济陷入瘫痪,粮食统购统销受到了严重影响。1965年开始实行的征购,"一定三年"到1967年满,由于"文革"的原因,1968~1970年仍按老办法,六年里,三年平均总产比1964年增加8%。一是,1971年起实行粮食征购基数"一定五年"不变的政策,超购粮继续实行加价奖励,幅度按统购价的40%以下,农民人均口粮290.5公斤。二是实行粮食"四统一"管理制度。1972年12月中央决定将粮食的征购、销售、省间调拨和库存都由中央统一安排,实行统一征购、统一销售、统一调拨、统一库存的高度集中的粮食管理制度。三是提高统购价格,维护农民的利益。1966年,昆山小麦类每50公斤统购价格为11.33元,提高22%,稻谷类调为11.40元,提高16.5%,大米调为16.10元,提高19%,10年"文革"中征购超购粮比前10年有一定增长,粮食产量增长10%左右。四是压缩城镇人口,减少商品粮销售。

**4. 坚持粮食统购统销政策,实行粮食多渠道疏通(1979~1984年)**

从1979年夏粮收购起,提高统购价20%,超购加价幅度由原来的40%提高到50%,麦类11.33元,谷类11.40元,米16.10元,调为13.17元、13.5元、18.53元。重新开展粮食议价供应,恢复农村粮油集体贸易。1985年起,粮食征购停止,实行统购政策(实施合同订购),1979年起粮食统销逐步缩小平价供应,扩大议价销售。

**5. 扩大议价供应范围,缩小计划(平均)销售(1985~1993年)**

随着粮食生产形势的进一步好转,国家缩小计划销售,扩大议价供应,使除产粮区以外的地区也能供应到议价粮食,如运输船民、渔民及食品企业等。

## 六、高举"总路线、大跃进、人民公社""三面红旗"

1958年5月,党的八大二次会议正式通过"鼓足干劲,力争上游,多快好省地建设社会主义的总路线"。在总路线指引下,广大农村进行了为期三年的"大跃进"运动。在这期间,农村开展大炼钢铁,大办人民公社,大办水利,大搞农田建设,大办食堂等"大跃进"运动。10月,淀东人民公社成立,实行"政社合一","工农商学兵"五位一体。高级社改称大队,公社统一经营,分级管理。

大力宣传人民公社"一大二公"。在劳动管理上按军事化编制,大队设营,自然村为连,实行大兵团作战。生活上办公共食堂,半供给制,提出放开肚皮吃饱饭,鼓足干劲搞生产,生产上片面追求高指标,盲目生产,造成了"共产风""命令风""瞎指挥风"和"多吃多占风"。直到1959年5月下旬,县委召开"三级"干部会议,传达中央郑州会议精神后,才纠正了上述错误。

## 七、"农业学大寨"运动

昆山的粮食生产是国家重要商品粮基地之一。在坚持贯彻"抓革命,促生产"的方针下开展"农业学大寨",加强了农业的基础地位。

1964年2月20日,《人民日报》发表了《大寨之路》的长篇报道。毛泽东主席提出了"农业主要靠大寨精神,自力更生"的指示。周恩来总理对"农业学大寨"学什么做出了精辟的概括:提出要学习大寨大队,坚持无产阶级政治挂帅、毛泽东思想领先的原则,自力更生、艰苦奋斗的精神,爱国家爱集体的共产主义风格,为"农业学大寨"指明了方向。1965年2月,昆山召开县、社、大队、小队"四级"干部会议。要求学习大寨人自力更生、奋发图强、艰苦奋斗精神,坚持以粮为纲、多种经营、全面发展方针。1966年1月,昆山县委召开"三级"干部会议,并赴上海参观大寨展览会。提出要走大寨之路,学习大寨精神,要做到"三依靠"(依靠大寨精神、依靠广大农民、依靠党的政策)、"四种田"(革命种田、科学种田、勤俭种田、民主种田)、"三变化"(人的精神面貌大变化、农田基建面貌大变化、生产面貌大变化)。农村普遍掀起了发扬大寨精神,推广陈永康水稻高产经验,开展比学赶帮超运动,使高产单位纷纷涌现。兴复村(复新大队、复利大队、复明大队)1966年粮食产量大幅度提高,与1960年相比,粮食总产增长19.46%,油料产量增长175.86%,农村人均净收入达150元左右,增长20%。1966年5月"文革"开始,农村开展学大寨劳动管理经验,由点到面推行大寨的"标兵工分,自报互评"的评分方法,并把强调推行"大寨式"记工评分提到要不要坚持社会主义方向,要不要开展两个阶级、两条道路斗争,要不要突出毛泽东思想,要不要不断革命的高度上来。至1966年10月,原复明大队、复利大队、复新大队全部实行"大寨式"记工评分。由于劳动管理上取消劳动定额,记工评分上采取先评政治分,后评劳动分,推行"标兵分",及分配上平均主义重新抬头影响了广大社员的生产积极性。与此同时,强调"以粮为纲",把发展多种经营作为资本主义尾巴来批判。加上"文革"动乱,无政府主义泛滥,导致农业产量连续两年下降(1967年、1968年)。1970年10月,国务院召开北方农业会议,明确重申"农业学大寨"就是要学大寨大队的先进经验,掀起农业生产高潮。同年,昆山县革命委员会召开"学大寨"誓师大会。1973年,昆山全县更加广泛深入地开展"农业学大寨"群众运动。原复明大队、复利大队、复新大队打响了农村五大会战(田间管理、农田水利、积肥造肥、绿化造林、血防灭螺)。在农业学大寨运动中,大办农业、大办粮食,进一步突出"以粮为纲"。

党的十一届三中全会后,由于党的工作重心转移,"农业学大寨"逐渐趋于弱化,至1980年年底终结。同时,在1980年11月中共中央批转《山西省委关于农业学大寨运动中经验教训的调查报告》指出,"文革"以来大寨成为执行"左"倾路线的典型,"学大寨"运动造成了严重后果,要求全国各地认真传达,至此"农业学大寨"运动结束。

### 八、学习毛主席著作群众运动

农村学习毛主席著作始于1965年8月的"社教"运动("四清"运动)。在"社教"运动中,大家把学习毛主席著作放在首位,上至80岁,下至12~13岁,人人学"毛选",个个争先进。干部群众自发"读毛主席的书,听毛主席的话,按照毛主席的指示办事"。1966年"文化大革命"运动开始,把学习毛主席著作推向高潮。1968年,原复新大队、复利大队、复明大队都开展请宝书,搭忠字台进行"早请示、中对照、晚汇报",唱语录歌,跳忠字舞,开展"三忠于"活动。政府分级召开"活学活用"毛选积极分子讲用会、表彰会。到1970年后,学习毛主席著作运动逐渐淡化。

## 九、知识青年上山下乡运动

知识青年上山下乡始于1955年12月,组织安置从1962年起成批进行。1962年正值国民经济困难时期,城镇人口众多,就业困难,而广大农村需要有文化的农民,在压缩城镇人口、精简职工的同时,动员知识青年下乡插队落户当农民。知识青年上山下乡对提高农村人口的科学文化素质,促进农业生产,缩小城乡差别,锻炼城镇青年有着积极作用。1968年,知识青年上山下乡运动进入高潮。1968年前下乡知识青年主动响应毛主席号召,走与工农相结合的道路,到农村插队落户,涌现出一大批先进代表。"文革"开始后,全国处于"动乱状态",高等学校停招,中小学停课,工商业不招工,服务业萎缩。1968年,昆山县革委成立上山下乡革命领导小组,负责开展上山下乡运动。8月,被称为"老三届"的初高中毕业生下乡。12月,毛泽东主席发出号召"知识青年到农村去,接受贫下中农再教育,很有必要,要说服城里的干部和其他人,把自己的初中、高中、大学毕业的子女送到乡下去,来个动员,各地农村的同志应当欢迎他们去",知识青年上山下乡掀起高潮。1974年,根据中央有关文件精神,集体安置知青,建立知青点,兴办知青工厂。1978年后,下乡知识青年陆续返城,知青运动成为历史。在这段时间内原复新大队接受知青16人,均为苏州知青;原复利大队接受知青21人,其中苏州知青20人,淀山湖知青1人;原复明大队接受知青28人,均为苏州知青。

## 十、农村社会主义教育运动("四清"运动)

"四清"运动是按照党的八届十中全会精神和中共中央《关于目前农村工作若干问题的决定(草案)》(简称"前十条"),《关于农村社会主义教育运动中一些具体政策的规定(草案)》简称"后十条"和《农村社会主义教育运动中目前提出的问题》简称"二十三条"等文件精神展开的。开始是以清理账目、清理仓库、清理财务、清理工分为主要内容的"四清"。中央下发"二十三条"后,运动内容为清政治、清经济、清组织、清思想的"四清",兴复村域是后一种"四清"。1965年7月中旬,"四清"工作队进驻原复新大队、复利大队、复明大队。每个生产队由1名工作队队员负责。"社教"分清理和建设两个阶段,具体分三步,第一步清经济(重点),首先干部交代"四不清"问题,以教育人、改造人、团结人;然后在发动群众性说理"斗争"的基础上,做出三定(定事实,定性质,定减缓免),核实定案工作,组织经济退赔,在此基础上做好建章立制。第二步清政治,在清经济的基础上对干部进行"阶级教育",提高他们的阶级觉悟,"划清"敌我界限,开展对敌斗争。加强对四类分子(地主、富农、坏分子、右派分子)的监督与改造,巩固无产阶级专政。第三步清组织、清思想,是建设工作。主要是思想建设、组织建设、生产建设和其他一些必要的制度建设。一是在检查总结的基础上,建立经常性的政治思想工作制度;二是党组织进行开门整党(吸收贫下中农积极分子参加),发展新党员;三是民主选举干部;四是按照《农村人民公社工作条例(修正草案)》(即《农业六十条》)的要求,建立财务管理、粮食管理制度,处理好遗留问题(政策问题),最后制定生产规划,开展比学赶帮超运动。兴复村(原复新大队、复利大队、复明大队)社会主义教育运动从1965年8月初至1966年5月下旬结束,前后达10月余。在"四清"运动中,把落实责任制、发展多种经营当作资本主义的尾巴,进行批判,有些干部和群众受到了不当处理,少数群众被定为漏划地主、富农,受到错误处理。

## 十一、潭西村沉船事故

1967年6月的一天,昆山县电影队下乡放映电影《苦菜花》,放映地点在复光三观堂前广场上。吃过晚饭,附近村庄的村民纷纷前往观看。

潭西村村民十几人相约前往。可能赶不上电影开映的时间了,走陆路路程较长,走水路摇船直穿度城潭路程短,时间可大大缩短。于是,他们便摇了一条小船前往度城看电影。起先大家说说笑笑,倒也顺利,但由于船只较小,所载人员达十多人,而且船头眉毛板已经在上部坏掉,大家没有觉察到潜在的危险,不料在离目的地约50米处,浪涌较大,水从船头进入船内,船体吃水立刻加深,小船有沉没的危险。船上人员发觉后一阵骚动,加速了船体的下沉。人们马上紧急呼救,在电影场内等待放映的村民,纷纷跑到岸边,紧急施救。小船沉没后,船上人员全部落水。无奈天将快黑,视线不清。于是,人们纷纷打开手电筒照明。落水者离岸还有一段距离,电影放映员利用喇叭发出呼救,会游泳的村民纷纷下水救人。可是落水者众多,救援难度较大。经过紧张的施救,终于把落水者救上了岸,清点人数后,发现缺了徐宝菊、桂菊姐妹两人,于是水性好的许多人潜入水中搜索,可是等到在水底下找到两人并救上岸时,因溺水时间太长,已无生命迹象。本来一件快乐的事,却变成了人间的悲剧。

## 第二节 传 说

### 一、度城潭

很多很多年以前,度城是一个方圆三里的大集镇,那里居住着几十户大户人家,其中金姓、王姓居多。大户人家中不乏奸诈人家。有一家姓金的财主,雇佣了不少长工、佣人,那些长工、佣人都是附近穷苦的农家子女。金财主秉性吝啬,从不接济人家,一天他左手拿着一把伞,右手提着朝烟筒在田岸上望田横头[1],只听见远处一个年轻长工在他田里喊山歌:"长工苦来苦长工咳,黄梅过后头伏天来,两脚弯弯泥里拖咳,抬头望见东家来哉,扒勿脱鸭舌头要骂煞人咳。"金财主跑到这个长工面前骂:"小杀坯!喊啥山歌,稻田耘勿干净,秋后别想拿工钿。"年轻人听后一边使劲朝前耘,一边细数着骂起草来,一口气从上近头一直耘到下近头。金财主见状就转向别的田头。

金财主见钱如命,就是剩饭剩菜也不准佣人丢掉,他训人的话让长工们急急如令出[2]。但女佣中数18岁的阿妹心眼最好,菩萨心慈肚肠。她不怕金财主的数落[3],常常把剩饭剩菜偷藏在提水桶中施舍给穷人和乞丐。有一天,一个似道士样的老者来金家讨饭。阿妹把早已藏在提桶里的饭菜拿给他,并小声地说:"快,拿了就走,别让东家看见。"行乞老者却说:"不忙,我有话要对你讲。"此时,阿妹急得团团转,"你快讲,讲完了就走"。老者道:"你心地善良,我要救你一命。你看到大门前的石狮子眼红时,金家必有灭顶之灾,你切记向南快逃。"说完老者就走了。之后,阿妹将信将疑,每天出入必看石狮的眼睛。一天早晨,石狮眼睛果然发红,阿妹见后猛想起老者的话,急往南逃,也不敢往后看一眼。只听得身后水声哗哗,大水向她涌来,霎时鞋子、裤管全都湿透了。她一口气跑到度城观音堂,拜见观音菩萨时水声就没了,但身后是一片汪洋,金家淹没了,变成了一个度城潭。1958年大搞灭螺和水利建设时,度城潭水被抽干,湖底朝天时还见到石街、小井和坛坛罐罐。金家大量的金银财宝在湖区何处,后人无法知晓,但也听说有人拿到过。

**注释:**[1]望田横头:指看庄稼。[2]急急如令出:指命令必须服从。[3]数落:批评、训话。

## 二、缺指阿狗

相传,度城村里有一位姓陆的贫困农民,家中有5个小孩。夫妻俩种十来亩租田,十分勤俭,由于没有成本种田,一亩田只收石半头[1]。一天,陆姓农民到度城潭罱泥,突然见前方湖面上漂着一只台子,他以为是晚上路过的船只失落的,就把台子捞起来放在船上,等着人家来找。可是一连几天都没人来找,他只得把台子放在家中。过了半月,他又摇到度城潭罱泥时,又见一漂浮物,靠近仔细一看,是一只单人床。他想怎么又有人丢失东西,又把床捞起来放在船上,第二天还是无人来寻。陆姓农民就把此事讲开了。度城及周围的人家都到度城潭罱泥、拉草、捉鱼蟹,有的人家偶尔也能捞到如锅盖、凳子之类的东西。这样事情越传越广。此时,附近六里村有一个农民叫王阿狗,40多岁,秉性贪财,就连一根树枝、一根稻柴都要捡回家去。当他听说度城潭不时有东西浮出,和妻子商量之后也到度城潭去罱泥。一连几天都没碰到湖面上有什么东西出现。妻子说:"罱好了,不要再罱了。"阿狗说:"不,也许明天会碰到好运气,有东西拿回家。"第二天一早大雾迷漫,湖面上什么也看不见,泥罱满了,正当拔篙回转时,迷雾中篙子头上套着黄沉沉的东西,阿狗弯腰细细一看,是一圈金链条。他对妻子说:"快来看!发财了!"一边赶紧往上拉,拉着拉着满船头都堆着金链条,眼看船要沉下去了,妻子说:"阿狗,快放手!"阿狗说:"快拿把竹刀[2]来。"妻子提过竹刀,阿狗拿刀时一松手,金链条迅速下滑,迷雾中阿狗用力一刀砍下去,妻子只听阿狗"啊"的一声,忙细看船板上却留下了一截金链条和一个手指头。第二天,阿狗负痛到角里当了一截金链条,投医看手伤,看了数次,金子钿用光,只落得个缺指阿狗的名声。

**注释:**[1]石半头:一石半的意思,一石米约150斤。[2]竹刀:砍柴用的专用刀。

## 三、姚阿毛智退清兵

19世纪中叶,清政府腐败,义军四起,严重动摇了清政府的统治。家住度城潭滩的农民姚阿毛,30来岁,还未成亲,母子俩相依为命,靠种3亩租田为生。姚阿毛生性倔强,举止大方,好打抱不平,也热心帮助别人。一天,姚阿毛在度城买了点油盐之类的什货回家,见一农夫在吃力地上粪[1],那人走到跳板[2]中间,不慎一滑连人带粪跌入河中,顿时臭气阵阵,过路行人捂脸掩鼻而去。姚阿毛见状后,到村里借了一根櫹子[3]和几对粪桶,拿到船上用櫹子当扁担,帮他挑粪。不一会一船大粪便挑光了,那户人家千谢万谢,逢人就说姚阿毛做的好事,而阿毛听见了则一笑了之。从此,姚阿毛力大无比的名气传开了。由于姚阿毛性格豪爽,广结江湖朋友,长毛军[4]也纷纷与他交朋友,从此阿毛也加入反清行列。有一天,阿毛的长毛军朋友来找他商量劫富济贫之事,被清政府知道了,派了七八个清兵前往阿毛家捉拿长毛。阿毛设法把两个长毛兄弟藏在他家中鸡窝边的柴堆里,自己扮作母亲状,头上包一块蓝手巾,腰里结一块黑衣腰[5],一手拿着石臼,一手一把米,嘴里喊"咯咯咯"给鸡食。七八个清军中一个领头的问:"刚才有人来过吗?"阿毛说:"不曾看见。"又问:"你儿子呢?"阿毛说:"儿子在帮人家挑石头。"那位清兵的头领想:姚阿毛娘这么厉害,不知他儿子的力气有多大,还是走吧,免得吃亏。因此,随口而出"回转"。清兵走后,阿毛迅速叫两个兄弟出来,此时阿毛的娘也从地里回来了,手里拿了蔬菜。阿毛连忙劈柴,阿毛娘迅速淘米做饭,留两位长毛军朋友吃了一顿便饭。他们三人秘密商量着反清事宜,从此反清烈火在度城和淀山湖地区熊熊燃起。

**注释:**[1]上粪:指把大粪从船上挑到田里。[2]跳板:铺在船舱上面的木板。[3]樯子:即船桅杆,农船扯篷用的杆子。[4]长毛军:指太平军士兵。[5]衣腰:指系在腰部的布裙。

## 四、母子龙与白龙桥

传说古时候,度城潭边的东浜溇是龙潭,住着母、子两条龙,母龙叫乌龙,子龙叫白龙。因乌龙呼风唤雨造福于人,玉帝下旨命乌龙携子白龙下凡安度晚年,就在东浜溇安身。母子两龙相依为命,好不自在,当人们熟睡在梦中时,母、子龙出游淀山湖嬉水,十分开心。后来顽皮的小白龙擅自沿塘港一直游到朝山港玩耍,小白龙离开了母亲后竟也玩起呼风唤雨。自此,它独自在千灯石浦一带活动。离开了母龙的小白龙渐渐长大,有一年发大水,凶猛的河水吞没了朝山港两岸的稻田和村庄,小白龙见状十分痛心,就把情况告诉了母亲乌龙。母、子两龙把河水一直赶到淀山湖中,朝山港水退了,两岸的稻田和村庄得救了,老百姓欢天喜地拜祀两龙。小白龙很高兴,觉得自己有本领,有一次又玩耍呼风唤雨。玩耍时,风雨交加,圩堤塌方,老百姓怨天怨地。住在东浜溇的母亲乌龙知道了,她大发雷霆,将小白龙关禁闭。小白龙再也回不到朝山港了。老百姓很想念它,便有仙人帮助在朝山港上造了一座白龙桥,桥栏青石柱上刻上了一条"小白龙"。平时,白龙灵气印在石龙上,石龙变成白色,便年年风调雨顺。当白龙的灵气一散,桥上的石龙就会变色,不是白色了,当地百姓就要遭殃。如此,白龙成为度城周边村庄的保护神。不久,玉帝知道了很高兴,就将母子两龙召回天庭。后来,人们知道东浜溇一带是风水宝地,一些农户就在其周围居住。不久这些农户都发家了,成了大户人家,如龙首上的南厍郭家,龙脚上的度城周家等是周边有名的人家。当人们想念母、子龙时,常常遥望天空,焚香祭拜。

不过,后来母、子龙真的出现过几次,它们是来探望故居和度城潭边的乡邻的。第一次是在1949年夏。那一年发大水,7月上旬的一天下午,雷雨来临之前,天昏地暗,乌云滚滚,西南淀山湖上空一条白龙(远见一条白色水柱)直上天空,淀山湖水声哗哗响,人们纷纷出来观看。大人们在说:"白龙出世了。"过了几天,大水果然退了。这次人们记得很清楚,印象很深。第二次在1953年8月初。那一年干旱,稻苗发黄,农夫焦急万分。一天下午狂风大起,乌云密布,雷声隆隆,人们奔走相告,说:"乌龙要来了,天要下雨了。"突然见东面天上乌龙倒挂,顷刻间倾盆大雨从天而降,一场透彻的大雨驱散了大地的干旱,给人们带来了无比清凉。那一年是新中国成立后的第一个丰收年。以后,1957年人们见到过天上的乌龙、白龙,自此之后人们再也没有见到,大概母、子龙又到别的地方去做好事了。

### 五、神秘的度城潭

相传,古时候度城潭(也称度城湖)原是一家金姓大户沉没之后形成的湖。因为该金姓大户主人吝啬,不仅不肯做点行善积德之事,而且还十分苛刻乡邻,因此得罪上苍,其家被淹成为池潭。多少年来,度城潭一直是无名之潭,直到黄巢筑度城,才定名为度城湖。这里是一块风水宝地,不仅唐末黄巢看好,南宋韩世忠北上抗金也曾在度城潭边驻扎,操练水兵。古时,度城潭周边集居了九个自然村,是吴淞东南最繁华的地区。度城潭这个方圆234亩的湖泊,独特的形态孕育着杰出的水文化、水资源。因此,度城镇古称水度城。这个湖既独特又神秘,要讲独特,度城潭形如金龟,有六条泄水口,依次是小千灯浦、杨村港、塘港、南厍港、庙前港和后港,湖四周有围河深水,中央平坦浅水,平均水深5尺,四岸有芦苇,湖底只长鞭子草(一种阔叶水草,适宜生长在活水中、干净的河床上),湖床上疏下实,丰盛的水草下有一层肥沃的淤泥。过去,度城潭引来无数农船罱泥拉草,场面十分壮观。《淞南志》载:"度城潭边留庆庵,面湖有风帆沙鸟之趣。"《淞南志》称度城潭所产的鲜鱼、虾、蟹甲东南。度城潭神秘之处有二:其一,相传明、清时期,每年九月迷雾天,度城潭上常有家具之类的东西漂浮水面,让穷苦的村民、渔民拾得。其二,度城潭是个卧虎藏龙之地。过去度城流传,度城潭边(东浜溇)是龙巢,那里住着母子龙(乌龙与白龙)。度城潭、淀山湖是两龙出没游玩的地方。后来,因为小白龙拨水引发当地水灾,玉帝下旨雷公折去小白龙一只龙角。1958年,度城潭水被抽干,村民在湖底拾得似树杈,说狗屎铁又不像的黑色物体。有人说这是龙角,引来许多村民围观。此物在石头上也摔不断,拾得者用砖敲开后,发现里面似泥又似铁,黑乎乎的不知为何物,后来就干脆拿出去扔了,这和清朝雍正年间淀山湖上空白龙的出现说法不谋而合(此事《淞南志》也有记载)。

度城潭不仅有龙也有虎。古时,度城潭滩长满了芦苇,听先辈说度城潭滩芦苇中有老虎出现,老虎喜欢在那里洗澡、打滚、晒太阳,人不去碰它,它不会伤人。老虎从哪里来的也无人知道,是真是假后来人也说不清。不过与《淞南志》的记载度城潭有老虎的说法不谋而合。这里从书中摘录一段话:"壬辰冬,度城里民晨入市,见败苇中有物,卧如牛,迫而视之,咆哮而起,赫然虎也;狂奔得逸,号于市,竟持械往,虎亦舞爪迎敌,伤人面与手者,而众益集,虎即树尾渡淀湖而去。"

## 六、度城姚家的传说

在很久以前,度城潭畔住着一户姓姚的大户人家。由于一家人被病魔困扰,因病致贫,为此姚老爷一筹莫展。一天,来了一位讨茶水喝的风水先生。他在姚家宅前宅后转了一圈又一圈,自言自语道:"这户人家住宅风水较好,可惜无人指点,难发呀!"

说者无意,听者有心,送茶水的阿婆听见后,就对当时的姚老爷说了。姚老爷赶忙从堂屋里走出来,一见风水先生要走,就急忙喊住,两人就座客厅促膝交谈,说话投机,直至深夜。

姚老爷再三恳求风水先生替自家细看风水,指点迷津,以便扭转厄运,让家里从此平安无事,发家致富。风水先生深感为难,因为他心知肚明,若替这家看好了风水,自己将会双目失明,残疾终身,将来鳏夫一人由谁来抚养照顾。可看姚老爷心诚意切,不得不说出自己的苦衷。

姚老爷当场表态:"先生将来生活抚养、养老送终全由姚家包下来。"并且承诺会让先生像老爷一样过日子,吃好、住好、穿好,颐养天年。风水先生想,姚老爷定会诚信为本,一诺千金,践行约定。

次日,风水先生在姚家宅基上对着风水罗盘,详细盘算,终于找到了扭转厄运的良方。

第三天,按风水先生的指点安排,姚家在宅基上种树,垒石,挖开水塘,扩展明堂,设计屏障,铺设砖头小路等,构建门当户对,造就佳宅所具备的"藏风聚气,山环水抱,龙真穴的"三要素。果然,姚家病人全部康复,办事顺利。随着时间的推移,姚家确实一帆风顺,事事逢凶化吉,天天福星高照,财源滚滚,宅内人丁兴旺,年年风调雨顺,五谷丰登,而风水先生的眼睛却瞎了。

姚家践行约定,把风水先生伺候得好好的。风水先生与姚家宾主不分,吃喝不愁,顿顿有鱼有肉,过着十分优裕的日子,甚至他吃的鱼肉,姚家人都会帮他剔去骨头。风水先生天天享受着养尊处优的日子。

光阴如箭,日月如梭,时间过得飞快。一晃几年后的一个春来夏初的午后,姚家的鸡跑到附近人家的粪坑缸上啄食粪蛆时,一不小心掉进粪坑缸里淹死了。死鸡被家人拿回来,洗干净后煮了,姚老爷吩咐给风水先生当菜用。

正当风水先生一个人津津有味地食用鸡肉时,一个小孩问道:"爷爷,鸡肉好吃吗?"先生回答:"鸡肉太鲜了,真好吃。"

孩子又说:"这鸡是死鸡呀!"

先生惊奇地问道:"怎么回事?"

孩子漫不经心地说道:"我来告诉你吧,这鸡是掉在粪坑缸里淹死的落坑鸡。"

先生追问:"你是否品尝过?"

孩子神秘兮兮地说:"老爷不让我们吃,说专门留给你一人用的。"

听到此话,风水先生十分恼火,觉得自己太受辱了。当夜,风水先生冥思苦想,翻来覆去,一夜未眠,疑虑万分。想想也是,花无百日红,人无千日好,种种迹象都觉得姚家违背承诺,不守信用。看样子此地不是我的久留之地,我得离开。

翌日一大早,风水先生要见姚老爷,说有重要事情要关照。风水先生对老爷说:"这么多年你家待我不薄,可是那年我在看你姚家宅风水时还留一手。今天我讲给老爷听,为让姚家宅风水更佳,后代出名人,须在东河上建一座石桥,名曰'德丰桥',而且必须年内竣工。"

姚老爷信以为真,立即派人采购石料,请来上等造桥师傅,建造"德丰桥"。那年真巧是"甲子年",是六十年首年,民间流传"六十年风水轮流转"的俗语。"德丰桥"冲煞姚家宅,姚家宅的风水一冲而光。

谁知"德丰桥"造好后,姚家风水由吉变凶,而风水先生的眼睛由盲复明了。

风水先生要离去了,姚老爷专备酒席饯行。在酒席上,姚老爷一再申明,姚家在伺候先生方面做得不够,特别是先生的腰间风湿病,没有帮助治好,后来四处打听求医问药,得知民间土方"落坑鸡"能治风湿,但未能治愈,愧羞于先生,请谅解。

听到这里,风水先生内心一阵震惊,觉得自己不该只听孩童一面之词,自己成了寓言故事"失去斧子的人",疑神疑鬼,冤枉了姚家,错怪了姚家,可是事到如今,只能将错就错吧。

风水先生临行前,再三叮嘱姚老爷,将来姚家要出宅,就搬到度城潭西面去,才有望子孙出名。姚老爷听从劝告,把家搬到了潭西村,果真后来出了一个闻名四方的大力士——姚阿毛。

## 第三节　村民习俗

### 一、岁时习俗

#### 1. 春节

农历正月初一,俗称大年初一,开门要燃放爆竹,寓意连连高升,迎来好运,谓之开门炮仗。清晨家家户户必食年糕、汤圆,吃长寿面,寓意高高兴兴、团团圆圆、健康长寿。家家门上贴新春联,合家穿新衣,晚辈向长辈磕头拜年,长辈给小囡"压岁钱"。人们见面拱手相贺,说声新年好、祝你好运、祝你健康长寿、恭喜发财等吉祥话。旧时,春节期间赌风盛行,有的人家赌得倾家荡产。

#### 2. 元宵节

农历正月十五,亦称花灯节。旧时点燃彩灯,入夜家家户户门口挂灯笼,小孩子拉着大人制作的鬼子灯玩耍。元宵夜,家家户户吃汤圆、饺子,本地村民还用米粉、青菜制作米粉羹,在米粉中加入青菜、豆制品、慈姑、荸荠等制成什锦羹,可口鲜美,别有风味。元宵之夜,各处活动多样,有扛三姑娘、放野火、猜灯谜、放鞭炮等活动,至今放鞭炮、猜灯谜、吃米粉羹之风犹存。

#### 3. 清明节

这是祭祖扫墓的节日,清明到谷雨都可祭祀祖先,称为过清明,新丧人家叫新清明新时节。清明节祭祖扫墓一般都要做团子、折锡箔、化纸钱、设酒祭祖,以告慰死者。饭后上坟扫墓、修坟、加盖坟头,以表示对祖先的缅怀。新中国成立后,移风易俗实行火化,棺木入土之葬礼已不存在,死者骨灰一般安放在公墓,清明时节人们就到公墓墓地进行扫墓,摆上鲜花、焚烧锡箔、清理墓碑。

#### 4. 立夏

时兴吃酒酿、咸蛋、青蚕豆、螺蛳等,午后要称人,测量各自孩子的体重。

#### 5. 端午节

农历五月初五,家家户户包粽子,中午关闭门窗,把苍术、白芷(中草药)放在脚锣或缸里烟熏,清除蜈蚣、蛇虫等五毒,以减少疾病。也有人家用艾叶、菖蒲扎成剑形,挂在门上借以镇妖驱邪。

#### 6. 七巧节

农历七月初七,长辈至亲要给孩子杀童子鸡吃,以表示对儿童的爱心。

#### 7. 七月半

旧时家家要祭拜祖先,供奉神佛,村村做社戏。

#### 8. 中秋节

俗称八月半、团圆节,家家户户吃糖烧芋艿、月饼。新中国成立前,中秋之夜家家烧香点烛供于月下,一家人团坐月下,吃月饼水果,赏月亮,欢叙至深夜。新中国成立后,中秋节已成亲人团圆、万家欢乐的一大节日,亲朋挚友皆以月饼馈赠。

#### 9. 重阳节

农历九月初九,家家吃重阳糕。糕与高谐音,表示喜庆。有登高避灾之说,有山登山,呒山吃糕。新中国成立后,民间仍有吃重阳糕的传统习俗。90年代始,将此日定为老年节,提倡敬老爱老,形成社会新风尚。

#### 10. 送灶君

农历十二月二十四日,时兴送灶君上天。灶台上供有年糕、团子、米粉羹等祭品,还用纸钱焚化以敬灶神行善保安。此日前后,家家要掸檐尘、淘米磨粉做年糕喜迎新年。新中国成立后,破除迷信,早已不供灶君,但掸檐尘改为大扫除,除旧迎新,干干净净过新年已成为广大村民的新风尚。

#### 11. 除夕

又称大年夜,是年终的大节日。凡在外地工作、经商者都要回家过年吃年夜饭。年夜饭的菜肴是一年中最丰盛的,合家欢聚、尽情畅饮。饭后,长辈给孩子送压岁钱。除夕家门上要贴春联,入夜家家要守岁,老人小孩要洗脚,一起吃炒蚕豆、瓜子、花生米等果品;睡前要放爆竹,送走平安丰收的一年,迎来更美好的新年。新中国成立后,机关、团体、农村及企事业单位一般要开展慰问烈军属、离退休职工,尊老和扶贫帮困等活动。

## 二、礼仪习俗

### 1. 传统婚姻

（1）定亲

旧时沿袭包办的封建婚姻制度，男婚女嫁受"父母之命，媒妁之言""门当户对"等封建习俗的支配。男子在14~15岁时，父母就为其选择对象，也有在襁褓中（俗称蜡烛包）就定亲（俗称摇篮亲），一般都是"门当户对"。央媒说亲，女方将女儿的出生年月及时辰写在红纸上，谓"时辰八字"，交媒人送至男方。如合，男方选定吉日，备礼亲、首饰、衣服、喜糖、蛋糕、茶叶、香烟等，由媒人带领送往女方，称作"担盘"，这就称为"攀亲"。现在媒人称"介绍人"，彩礼仍然存在。

（2）迎亲

农村结婚一般有三天排场：第一日"开厨"，第二日"正日"，第三日"荡厨"，贫困户只在一天完成婚宴。"开厨"那天，男方送上"上头盘"至女方（又称"肚里痛盘"），盘中装鸡、肉、鱼、蛋等礼品，还有"六礼"（现金），男方还将女方的正媒（娘舅或姑父）接去吃晚饭，女方将嫁妆送往男方家。"正日"那天，亲友们喝喜酒都要送人情（现金）及礼品，迎娶新娘用花轿、轿夫、乐队、喜娘。是日，午后由媒人引导乐队和亲友伴送迎亲，新娘由喜娘扶持下轿，走地毯入堂，举行婚礼仪式，点燃花烛，鸣炮奏乐，共拜天地。然后新郎新娘手拉红绿"鸳鸯巾"（中间打着"同心结"），由花烛手送入洞房。当夜，新郎新娘须守花烛，邻居及亲友闹新房。一般富裕人家在婚礼时先由男女傧相伴新郎新娘入席，接着主婚人（族长或家长）、证婚人（有名望的人）、介绍人等入席。然后证婚人宣读证书，新郎、新娘行结婚礼，三鞠躬、交换饰物，向与席者一一致谢。整个婚礼由司仪主持，席间奏乐鸣炮不绝，然后将新郎、新娘送入洞房。"正日"这天，贺客盈门、摆酒席、请新贵、接舅爷、祭祖宗，忙碌不堪、热闹非凡。第三天是"荡厨"，新郎陪新娘备礼回门望爷娘，直至晚饭后才回男家，这一礼节流行至新中国成立。

新中国成立后，提倡自由恋爱、婚姻简办、移风易俗，废除陈年陋习，少受聘礼或不受聘礼，少设宴席或不设宴席，仅发点喜糖而已，有的举行集体婚礼，迎亲也仅用彩船、快船。20世纪90年代，随着村民生活条件的改善，婚嫁之事渐趋讲究，要求越来越高，男方必须将新房装潢一新，迎娶新娘都用轿车、中小型客车，还配有摄像车，聘礼越来越高，嫁妆越办越好，彩电、DVD、电冰箱、洗衣机、童车、摩托车、轿车、热水器、空调等一应俱全，还有十多条新被头，送礼数额年年有涨，酒席越办越丰盛，男女方家长也倾其财力用在婚礼上，但也有很多青年人节俭办事，如举行集体婚礼等。

### 2. 特殊婚姻

（1）童养媳

新中国成立前,贫苦不堪的人家无力把女儿抚养成人,就把女儿从小送给人家当童养媳。有的人家贫寒,生怕无力给儿子娶妻成婚,就从育婴堂或孤儿院里领一女孩作为童养媳,大多数童养媳受到虐待,被繁重的家务压得难以喘息。到了成年,被迫成婚,称为"并并"。新中国成立后此俗已经绝迹。

（2）兑换亲

两家穷汉都无力娶亲,双方都有兄妹或姐弟,就互换成亲,称为"兑换亲"。

（3）做女婿

这一习俗有两种形式:一是男家经济困难,娶不起媳妇而到女家做女婿,做"雄媳妇";二是女家无兄弟,为继承宗嗣而招女婿,男方到女家改姓女家的姓,生的儿女也得姓女方的姓。新中国成立后,此风俗照常,但姓谁的姓无规定,由男女双方商定。

（4）抢亲

旧时,男方订婚后或女方发财后,嫌弃穷婿企图赖婚,男方无奈,就采取抢亲的办法;也有的公婆阻止守寡儿媳再嫁,儿媳私约新的丈夫抢亲。抢亲时,男方预先邀请数位壮年人帮助,利用庙会、节场或女方家宅找到其女,即鸣放爆竹、吹响唢呐,男方突然把女方拉住,其余帮手一拥而上,将其抢至家中,当晚成亲。此举旁人大多不予干涉,受到各方认可,此风俗新中国成立后已绝迹。

（5）接叔嫂

兄长已故,弟娶兄嫂为妻,称为"叔接嫂",经长辈撮合即可同居。同样也有伯伯(即兄长)娶守寡的弟媳。新中国成立后,偶尔也有此种婚姻,但必须自愿履行结婚登记手续,才算合法夫妻。

## 三、生活习俗

### 1. 生育

孕妇临产前个把月,女方父母有催生的习俗,备好尿布、婴衣、草纸、鱼、大肉、鸡蛋、胡桃、桂圆、云片糕等送到男方家,称为"催生",孕妇临产前后叫"舍母娘"。婴儿出生后数天,男家就要办"三朝酒",两家的至亲都要去男家贺喜饮酒,送上红蛋、糕团、粑子及人情礼。男家要给邻居分喜蛋、喜糕、团子。婴儿满一个月叫"做满月",就得办"满月酒"。孩子周岁要"过周岁",亲友又馈送喜面、衣服、饰物、压岁钱,以祝贺生日,主人设宴招待。新中国成立后,此风仍然盛行,近年来规模越办越大,规格越来越高。

### 2. 庆寿

旧社会,年满60岁的老者,经济较宽裕的人家,生日那天有"做寿"的风俗。这一天,一般在客厅内设寿堂,中挂老寿星像,红烛高烧,至亲好友备有寿烛、寿香、寿面前往祝贺。庆寿老人接受晚辈跪拜,并设酒欢饮。老人年龄到了66岁,子女都要买肉备礼前往祝贺。新中国成立后,做寿风俗尚存,近年来有些经济条件好的村民,每逢老人整十岁(如七十、八十、九十)都得做寿,此风愈演愈烈。

### 3. 立嗣

旧社会,宗族中一房无子,常以一侄入室立为己子以继产业,称立嗣。也有外姓人立嗣者,但很少。

### 4. 攀过房亲

这是一种认亲方式,原因甚多,有的称谓寄父、寄母,有的俗称好爹、好娘。攀过房亲,有钱人家备供桌、寿星像,由父母带孩子带上礼物,在红毯上拜过神像,再下跪认寄父母,寄父母给子女见面钱,过年时送压岁钱。过房子女在中秋节送上月饼,过年时送烟酒等礼物,此俗至今犹存。

### 5. 建房

旧时建房,信奉迷信,选宅基先请阴阳先生看风水、择日期、定地点,泥水匠动工要备开工酒。上梁那天要设宴请客,叫"上梁酒",亲友前来送礼祝贺,正梁上贴红纸横幅、福、禄、寿等字样,左右正柱上贴红对联。上梁时,放鞭炮,抛喜糖、铜钿、馒头,说吉利话。新中国成立后,看风水等迷信活动已经消失,但设上梁酒、进宅酒等习俗仍存在。

### 6. 丧葬

旧时,凡人亡故,其家属即将此噩耗讣告亲戚朋友(称报死或报落),同时替死者净身,并将换下的衣服立即火焚,然后在客堂置一门板,将死者从房中转出,称转尸。头南脚北躺在门板上,请人理好发,用清洁被单(面)盖上,脚上穿鞋,将一巴斗套住双脚,头前挂白被单(或白篷单),称为"孝幕"。放一八仙桌,头旁点一盏油灯,昼夜不熄,点燃香烛,放上祭品,台前放一铁锅,不时焚化纸锭。子女、家属穿白衣,扎白腰带,叫"戴孝",昼夜守灵前,恸哭。亲友吊唁,系白腰带,请道士佛婆念经做道场。2~3天后入殓(尸体放入棺材),尸体四周撒上石灰。出殡前子女亲友依次跪拜作揖,子女重孝者披麻着白,扶着棺材抬出,一路撒纸钱、摔碗盏,道士吹乐,子女亲友蜂拥着棺木至坟地安放。回丧后在客堂设灵台、立牌位。

当晚宴请亲友。自死者去世之日起,子女每日早晚在灵前哀哭,逢"七"必祭,至"断七"为止(每隔七天为一个"七",至7个"七"为断七,其中"五七"最为重要)。新中国成立后,移风易俗,丧事简办,吹打已经废除,披麻改为臂戴黑纱、小白花。亲友吊唁有送花圈、挽联或挽幛的,有的召开追悼会,以寄托对死者的哀思。20世纪70年代起土葬改为火化,骨灰盒送公墓安葬。

**7. 劣俗**

(1) 吸毒

民国时期,市镇上有私设的鸦片烟馆,少数富人家里自备烟具吸毒。毒品除鸦片外,还有海洛因(俗称白粉),吸毒成瘾者面黄肌瘦、骨瘦如柴,人称鸦片鬼。有人因吸毒而倾家荡产、落魄而死。民国政府曾设戒烟所禁烟,收效甚微。新中国成立后,吸毒现象被禁绝。但到20世纪90年代,又偶见吸毒者,毒品种类也上升为新型毒品:冰毒、摇头丸、K粉,治安部门采取有力的禁毒措施进行打击。

(2) 赌博

新中国成立前,赌风盛行,有麻将、押宝、牌九、骰子、扑克等,当局采取放纵态度,有人输得破产寻死或沦为乞盗。新中国成立后,人民政府严禁赌博,已基本绝迹。20世纪80年代后,从娱乐活动开始,逐渐出现赌博现象,死灰复燃,尚未禁绝。

(3) 看风水

旧时迷信风水,不论建屋、砌灶或选择坟地都得请风水先生看风水,由风水先生择日期方能动工行事,否则任意动工触犯神煞,会招灾祸。此劣俗在人们心中根深蒂固,新中国成立后此风已基本绝迹。

(4) 算命

新中国成立前,算命也是一种职业。算命者沿街周游,串村摸户地跑。其方式有看手相、相命、论八字、拆字或鸟衔牌等,每逢婚丧病灾、遇事未决,即求算命者较多。新中国成立后,信算命者渐少,但仍有不少信者。

(5) 问仙

本地称为"看香头"。病家因久治不愈,便想到迷信求仙,以逢凶化吉。"仙人"装神弄鬼任意胡诌,此种劣俗往往贻误治疗,酿成恶果。新中国成立后,人民政府禁止巫婆、神汉用迷信骗财害命。20世纪80年代起迷信抬头,巫婆再现,屡禁不绝。

(6) 纳妾

旧社会,极少数富人本有妻室,又娶小老婆叫纳妾。新中国成立后,婚姻法规定实行"一夫一妻"制,严禁纳妾。近年来一些有钱人暗中包二奶,金屋藏娇。

## 第四节 语言

### 一、方言俗语

**1. 时间、季节**

| | | |
|---|---|---|
| 上昼　上午 | 下昼　下午 | 日里　白天 |
| 今朝　今天 | 明朝　明天 | 旧年　去年 |
| 开年　明年 | 格年子　前年 | 着格年子　大前年 |
| 热天　夏天 | 黄梅里　夏收夏种季节 | 旱黄梅　秋收季节 |
| 春三里　春天 | 秋场里　秋天 | 寒场里　冬天 |
| 大伏里　大暑天 | 后二　后天 | 格日子　前天 |
| 着格日子　大前天 | 日中心里　中午 | 啥晨光　什么时候 |
| 一歇歇　一会儿 | 夜头、夜里　晚上 | 开往　刚才 |
| 煞生头里　突然 | | |

**2. 气象**

| | | |
|---|---|---|
| 雷响　打雷 | 阵头雨　阵雨 | 雾露　雾 |
| 秋柴柴　秋雨连绵 | 阴水天　阴天 | 落雨（雪）　下雨（雪） |
| 风度　大风 | 霍歇　闪电 | 日头　太阳 |
| 麻花雨　毛毛雨 | 起阵头　雷阵雨 | 发冷头　寒潮 |
| 上云天　阴天 | 天好　晴天 | 发风　起风 |

**3. 地理**

| | | |
|---|---|---|
| 宅基　地基 | 溇潭　池塘 | 浜斗　河浜 |
| 小江　小河 | 高墩头　土丘 | 坟墩头　坟 |
| 抄直角　走近路 | 啥场化　啥地方 | 田横头　田边 |
| 墙岸　田岸 | 屋脚下　屋后 | 下场头　场前 |
| 滩涂头　河滩 | 灶下　厨房、灶间 | 村窠　自然村 |

**4. 农事、植物、动物、器具**

| | | |
|---|---|---|
| 番麦　玉米 | 内麦　元麦 | 菜籽　油菜 |
| 青头　蔬菜 | 垩壅　肥料 | 毛豆　大豆、黄豆 |

| | | |
|---|---|---|
| 老卜　萝卜 | 长生果　花生 | 落蔬　茄子 |
| 辣茄　辣椒 | 野菜　荠菜 | 柴罗　柴堆 |
| 捉稻　割稻 | 胶菜　大白菜 | 洋山芋、洋芋艿　土豆 |
| 番芋　甘薯 | 草头　红花草 | 畜牲　牲畜 |
| 猪猡　生猪 | 白乌龟　鹅 | 湖羊　绵羊 |
| 老婆鸡　老母鸡 | 鲢胖头　鲢鱼 | 雌(雄)鸡　母(公)鸡 |
| 曲蟮　蚯蚓 | 暂节　蟋蟀 | 壁虎　蜥蜴 |
| 亮亮火　萤火虫 | 知了　蝉 | 菊蛛　蜘蛛 |
| 偷瓜畜　刺猬 | 田鸡　青蛙 | 麻将　麻雀 |
| 癞团　癞蛤蟆 | 薄盖　鸽子 | 油果肉　花生米 |
| 鸡鱼　鳜鱼 | 妻鱼　青鱼 | 甲鱼　鳖 |
| 克佬,挽子　柳条箩 | 山巴　小型柳条箩 | 巴斗　土大,挑土用畚箕 |
| 铁搭　铁耙 | 叉袋　麻袋 | 莳头　锄头 |
| 吉子　镰刀 | 水关　船舵 | 篙子　竹篙 |
| 拖畚　拖把 | 樯子　桅杆 | 平几　船板 |
| 背牵　拉牵 | 扯篷　驶帆 | 扯篷船　帆船 |
| 掉抢　转向 | 转船　掉头 | 落篷　下帆 |
| 停船　停泊、靠岸 | | |

### 5. 生活

| | | |
|---|---|---|
| 客堂　客厅 | 开间　左右墙的距离 | 进深　前后墙的距离 |
| 阶沿石　起步石 | 门堂子　门框 | 门扇　门栓(闩) |
| 房里　卧室 | 镬子　锅子 | 吊子　水壶 |
| 钢宗镬子　铝锅 | 热水瓶　保温瓶 | 吉砚　镊子 |
| 瓢　汤匙 | 汰衣裳　洗衣服 | 剃头　理发 |
| 汰浴　洗澡 | 汰脚　洗脚 | 引线　缝衣针 |
| 被头　被褥 | 衬单　床单 | 蚊厨　蚊帐 |
| 被絮　棉花胎 | 手巾　毛巾 | 揩面　洗脸 |
| 困告　睡觉 | 打瞌睏　打瞌睡 | 白相　玩 |
| 吃烟　休息 | 做生活　干活 | 荡荡　散步 |
| 吃粥　早餐 | 吃饭　午餐 | 吃夜饭　晚餐 |
| 饭士　锅巴 | 线粉　粉丝 | 大草　金花菜 |
| 柴花　虾 | 满鲤　鳗鱼 | 担饭　送饭或带饭 |

## 6. 文化

| | | |
|---|---|---|
| 做戏　演戏 | 勃跤　摔跤 | 叛野猫　捉迷藏 |
| 白相干　玩具 | 千跟斗　翻跟斗 | 放鹞子　放风筝 |
| 枉东道　打赌 | 开眼瞎子　文盲 | 讲张　讲话 |
| 拍照　摄影 | 猜妹妹子　猜谜 | 回头能　告诉你 |
| 好别相　好玩 | 唱社　跪拜 | 呒不、呒啥　没有 |
| 拖身体　怀孕 | 担盘　定亲 | 师娘　巫婆 |
| 讨娘子　娶妻 | 吃官司　坐牢 | 犯法　违法 |

## 7. 商贸

| | | |
|---|---|---|
| 强、便宜　贱 | 记　贵 | 赚头　盈利,利润 |
| 拆账　利润分配 | 轧账　审计 | 进账　收入 |
| 出账　开支 | 一侧倒　货全卖光 | 克秤头　缺斤短两 |
| 会钞　付账 | 拍账　算账 | 捞钞票　贪污 |
| 票子、铜细　人民币 | 赊铟　欠账 | 找头　找零 |
| 三只手　小偷、扒手 | 利铟　利息 | 租铟　租金 |
| 货色　货物 | 房铟　房金 | 定头铟　定金 |

## 8. 其他

| | | |
|---|---|---|
| 结棍　厉害 | 滑头　不诚实 | 卸肩胛　怕负责任 |
| 来是　能干 | 笃定　有把握 | 推板　差劲 |
| 下作　下流 | 杨树头　立场不稳 | 寻开心　玩弄别人 |
| 倒胃口　恶心 | 昏闷　纳闷 | 洋盘　不精明 |
| 白白里　徒劳无益 | 茄门相　不感兴趣 | 勿壳张　没想到 |
| 写意　舒服 | 看人头　看对象办事 | 勿搭界　没关系 |
| 推头　推说 | 隔嘴舌　吵相骂、吵架 | 打相打　打架 |
| 相信　信任 | 亲眷　亲戚 | 肉麻　舍不得 |
| 懊牢　懊悔 | 讨着厌　讨厌 | 握拉不出　进退两难 |
| 惹气　不满意 | 门生　学生 | 捉板头　找岔子 |
| 瞎三话四　胡说 | 骗人　说谎 | 轧姘头,走花路　乱搞男女关系 |
| 促壁脚　挑拨离间 | 唔(我)　伊(他) | 伊拉　他们 |
| 我伲　我们 | 摊充　难为情 | 出纰漏　做了坏事 |

## 二、谚语

### 1. 农谚

一年之计在于春,一日之计在于晨

一亩园,十亩田

庄稼一枝花,全靠肥当家

尺麦怕寸水,寸麦不怕尺水

白露白迷迷,秋分稻秀齐,寒露无青稻,霜降一齐倒

娘好囡好,秧好稻好

人在岸上跳,稻在田里笑

稻熟要养,麦熟要抢

种田人不识天勿好种田

困得昏懂懂,六月初三浸稻种

伏里不搁稻,秋后喊懊恼

三分种,七分管

腊肥一滴,春肥一勺

小暑发棵,大暑发粗

八月田鸡叫,稻梢朝上翘

交秋不落糙,处暑不耘苗

秧好半年稻

养仔三年蚀本猪,交好田脚不得知。

### 2. 气象时令谚语

上看初二三,下看十六七

西南方黑笃笃,花费点圆团粥(有雨)

雾里西风莳里雨,莳里西南(风)顿时雨

热在大伏,冷在四九

东北风,雨太公

清明断雪,谷雨断霜

清明时节雨纷纷,路上行人哭断魂

若要暖,要过二月半

三莳三送,低田白种

日出一支红,无雨便有风

东吼日头,西吼雨

乌头风,白头雨(起阵雨云色)

干净冬至邋遢年

日枷风,夜枷雨

二月十二,百花生日

乌云接日头,明朝没有好日头

寒水枯,春水铺

冰冻三尺,非一日之寒

三朝迷雾刮西风

头九暖,二九寒,三九冻煞百鸟乱,四九冻煞看牛囝

春霜不隔宿,隔宿晴到大麦熟。

着夜烧(夕阳红),明朝戴个大笠帽(指雨天)

六月六,晒得鸭蛋熟

夏雨隔田生

青蛙乱叫,大雨要到

雨天知了叫,晴天马上到

腊雪一条被,春雪一把刀

朝霞不出门,晚霞行千里

西风断雨脚,不等泥头白

亮星照烂地,天亮落不及

九月初一难得晴,百廿天不盖稻罗顶

## 3. 其他谚语

有福同享,有难同当
一个篱笆三个桩,一个好汉三个帮
三个臭皮匠,合个诸葛亮
巧媳妇难为无米之炊
死马当活马骑
拼死吃河豚
吹牛皮只怕上真账
明枪易躲,暗箭难防
看人挑担勿吃力,自上肩胛嘴要歪
少壮不努力,老大徒伤悲
一只碗不响,两只碗叮当
三百六十行,行行出状元
买眼药走进石灰行
无风不起浪
锣鼓听声,说话听音
打碎水缸隔壁洇
打碎砂锅问到底
开门七件事,柴米油盐酱醋茶
外面金窠银窠,不如家里狗窠
留得青山在,不怕没柴烧
行出春风有夏雨
上梁不正下梁歪
磨镰不误割柴工
糠菜半年粮
人争一吃,佛受一香
强龙斗不过地头蛇
只准州官放火,不许百姓点灯
斧头吃凿子,一木吃一木
得寸进尺
有理无理,出在众人嘴里

真金不怕火来烧
不怕一万,只怕万一
不看神面看佛面
爷有娘有,不及自有
宰相肚里好撑船
无事不登三宝殿
皇帝不急急太监
看见大佛答答拜,看见小佛踢一脚
亲兄弟,明算账
筷头上出逆子,棒头上出孝子
养子防老,积谷防荒
万宝全书缺只角
人急叫娘,狗急跳墙
好汉不吃眼前亏
篱笆扎得紧,野狗钻不进
野贼好捉,家贼难防
大意失荆州
背靠大树好阴凉
叫花子欺难民,穷人欺穷人
砍大树有柴烧
大鱼吃小鱼,小鱼吃虾米
牛吃稻草鸭吃谷,各人头上福
吃一亏,长一智
若要好,老做小
远亲不如近邻
众人拾柴火焰高
若要身体好,一天笑三笑
日里不做亏心事,半夜敲门心勿惊
坐得正,立得稳
七石缸经不起沙眼漏

## 三、歇后语

蜻蜓吃尾巴——自吃自
癞痢头撑伞——无法(发)无天
癞痢头儿子——自家好
哑巴吃黄连——有苦说不出
缺嘴拖鼻涕——顺路
兔子尾巴——长不了
六月里做亲——不要面皮(棉被)
踏碎皮球——一包气
泥菩萨过江——自身难保
养媳妇做媒人——自身难保
老虎头上拍苍蝇——胆大包天
卫生口罩——嘴上一套
造屋请箍桶匠——不对路
顶子石臼做戏——吃力不讨好
飞机上吊蟹——悬天八只脚
城头上出棺材——远兜远转
关老爷卖豆腐——人硬货勿硬
狗捉老鼠——多管闲事
过街老鼠——人人喊打
乌龟掼石头——硬碰硬
六月里冻煞湖羊——说来话长
床底下放鹞子——大高不好(妙)
老婆鸡生疮——毛里有病
陌生人吊孝——死人肚里得知
瞎子舀油——肚里有数
瞎子磨刀——快哉
牯牛身上拔根毛——小意思
驼子跌跤——两头不着实

钥匙挂上胸口上——开心
三个指头拾田螺——稳笃笃
猴子捞月亮——一场空
初三夜里月亮——有呒一样
戴着笠帽亲嘴——差远了
瞎子吃馄饨——肚里有数
白墙头上刷白水——白刷(说)
脱裤子放屁——多此一举
肉骨头敲铜鼓——昏(荤)懂懂
黄鼠狼给鸡拜年——不怀好心
弄堂里拔木头——直来直去
棺材里伸出手来——死要
月亮里点灯——空好看
蒲鞋肚里点灯——未等货
叫花子吃三鲜——要样呒样
慢娘拳头——早晚一顿
肉包子打狗——有去无回
麻雀跺在糠囤上——空起劲
癞痢头绕辫子——兜勿转
猫哭老鼠——假慈悲
癞蛤蟆跳在秤盘里——自称自
癞蛤蟆想吃天鹅肉——梦想
王婆卖瓜——自卖自夸
雨里背稻柴——愈背愈重
鼻头上挂咸鲞——休(嗅)想(鲞)
十五只桶吊水——七上八下
秋里拔稗——赛过卖柴

# 第十章 基层组织

1950年,兴复村区域内共有3个行政村,5个自然村,均属度潭乡。在3个行政村中,潭西村、西洋村各为一个自然村;碛碛塘有3个自然村,即碛碛塘村、南柱泾村和东洋村,以后几年行政区划无变动。1958年10月淀东人民公社成立,实行政社合一,潭西村的复新高级农业生产合作社改称复新大队管理委员会(简称复新大队);西洋村的复利高级农业生产合作社改称复利大队管理委员会(简称复利大队);碛碛塘、南柱泾、东洋村组成的复明高级农业生产合作社改称复明大队管理委员会(简称复明大队)。1958年10月至1959年5月实行军事化编制,公社下设营、连、排,一个营由几个大队组成,原来的大队或自然村改称连,生产队为排。当时复新大队为淀东公社二营,下设连、排;复明大队为淀东公社二营,下设连、排;复利大队为淀东公社二营,下设连、排。不久,随即取消营、连、排编制,恢复大队管理委员会名称。1969年4月至1980年1月,三个大队分别建立大队革命委员会。1980年1月后,撤销大队革命委员会,恢复大队管理委员会。1983年6月淀东公社政社分设,复新大队改称复新村,复利大队改称复利村,复明大队改称复明村,均设立村民委员会。

1956年8月,中共复新高级农业生产合作社支部委员会、中共复利高级农业生产合作社支部委员会和中共复明高级农业生产合作社支部委员会成立。

1958年10月,人民公社化后改称中共复新大队、复利大队、复明大队支部委员会。1983年6月政社分设,分别改称中共复新村、复利村、复明村支部委员会。2000年8月,复新村、复利村合并为复利联合村,成立中共复利联合村支部委员会。2001年8月,复利联合村、复明村合并成立兴复村,建立中共兴复村支部委员会。2005年11月成立中共兴复村总支委员会,设综合支部和老龄支部,分5个党小组,全村党员84名,其中女党员14名。

20世纪50年代开始陆续成立包括农民、青年、妇女等群众团体组织。

## 第一节 中国共产党兴复村基层组织

### 一、中共复新、复利、复明高级农业生产合作社支部委员会

1950年,冯永德、王小夫等为度潭乡首批发展的中国共产党党员,时度潭乡有党员5名。担任过小乡、公社的干部有周梦飞、刘友良、姚银林。

1954年,初级农业生产合作社时期原复新村、复利村、复明村共有党员13名。

1956年8月,中共杨湘乡总支委员会成立时,复新、复利、复明高级农业生产合作社分别设立党支部委员会,至1958年10月三社有党员19名。姜建光、徐象高、刘友良分别担任复新、复利、复明高级农业生产合作社党支部书记。

### 二、中共复新大队、复利大队、复明大队支部委员会

1958年10月,淀东人民公社成立,中共复新高级农业生产合作社支部委员会改称中共复新大队支部委员会;中共复利高级农业生产合作社支部委员会改称中共复利大队支部委员会;中共复明高级农业生产合作社支部委员会改称中共复明大队支部委员会。

人民公社成立初实行军事化编制,夏祖兴任中共淀东公社二营(原复月、复光、复新、复利、复明5个大队)党支部书记(1958年10月~1959年5月);姜建光为复新大队党支部书记(1959年5月~1969年11月);徐象高为复利大队党支部书记(1959年5月~1969年11月);刘友良为复明大队党支部书记(1959年5月~1969年11月)。

1966年5月"文化大革命"开始,公社、大队党组织陷于瘫痪。1969年11月,淀东公社革命委员会整党、建党领导小组同意复新大队、复利大队、复明大队重建党的支部委员会,恢复党的组织活动,并同意复新大队由姜剑光、姚银林、姚理生组成党的支部委员会,姜剑光任党支部书记。复利大队由马永康、庞士平、许岳林、庞士忠组成党的支部委员会,由马永康任支部书记。复明大队由刘友良、顾小

苟、吴林泉组成党的支部委员会,刘友良任党支部书记。

1972年2月,姜剑光任复新大队党支部书记,姚银林、方世豪、金小妹、朱阿二任支部委员。1975年姚小腊任党支部副书记,1979年4月王祖兴任复新大队支部书记。

1971年12月,许林耀任复利大队党支部书记,马永康、庞士平、许锦炳、顾彩英任支部委员。1973年马永康任复利大队党支部书记,许林耀任副书记。1975年许岳林任复利大队党支部副书记。1976年8月许岳林任复利大队党支部书记。

1971年5月,顾小苟任复明大队党支部书记,刘友良任副书记。1975年顾小苟任复明大队支部书记,黄家循任副书记,支部委员有姜坤元、吴林泉、姜永福。

### 三、中共复新村、复利村、复明村支部委员会

1983年6月政社分设,原中共复新大队支部委员会、中共复利大队支部委员会、中共复明大队支部委员会,分别改称中共复新村支部委员会、中共复利村支部委员会、中共复明村支部委员会。1983年8月王祖兴任复新村党支部书记;1991年12月张云林任复新村党支部书记;1994年6月王虎主持复新村全面工作;1996年9月杨士元挂职任复新村党支部副书记;1997年9月王祖兴任复新村党支部书记。

1984年4月许林耀任复利村党支部书记;1987年9月马强元任复利村党支部书记;1997年9月马文青任复利村党支部书记。

1984年黄家循任复明村党支部书记;1986年12月黄世良任复明村党支部书记;1999年2月祝耿龙任复明村党支部书记。

### 四、中共复利联合村支部委员会

2000年1月由复新村党支部、复利村党支部组建复利联合村党支部,马文青任复利联合村党支部书记,王祖兴任副书记,许生明、许川芬、杨桂菊任支部委员。

2000年12月,钟金荣任复利联合村党支部书记。

### 五、中共兴复村支部委员会

2001年8月组建兴复村党支部,钟金荣任书记,祝耿龙任副书记,2003年3月许川芬任兴复村党支部书记。

2004年11月,兴复村党支部换届选举,许川芬任书记,祝耿龙任副书记,支部

委员有许永弟、姚云良。

## 六、中共兴复村总支委员会

2005年11月,兴复村组建中共兴复村总支部委员会,许川芬任书记兼综合支部书记,许永弟任总支部委员会副书记兼老龄支部书记,姚云良、徐玉新任党总支部委员。2006年许永弟任兴复村党总支书记兼综合支部书记。2007年换届选举,许永弟任党总支书记,徐玉新、黄珏、姚云良任党总支委员。2007年11月黄珏任兴复村党总支副书记。2009年8月张梦恒任兴复村党总支副书记(挂职半年)。

中共兴复村〔原复新村(大队)、复利村(大队)、复明村(大队)〕支部委员会正副书记名录,见表10-1-1、表10-1-2、表10-1-3、表10-1-4、表10-1-5、表10-1-6。

表10-1-1　　　　　　　原复新大队(村)党支部书记、副书记名录

| 组织名称 | 职务 | 姓名 | 任期 |
| --- | --- | --- | --- |
| 复新高级农业生产合作社党支部(1956.08~1958.10) | 书记 | 姜剑光 | 1956.08~1958.10 |
| | 副书记 | | |
| 淀东公社第二大队党支部(1958.10~1959.05) | 书记 | 夏祖兴 | 1958.10~1959.05 |
| | 副书记 | 陆锦生 | 1958.10~1958.12 |
| 复新大队党支部(1959.05~1983.06) | 书记 | 姜剑光 | 1959.05~1979.04 |
| | 书记 | 王祖兴 | 1979.04~1983.08 |
| | 副书记 | 张仁青 | 1966.03~1972.02 |
| | 副书记 | 姚小腊 | 1975.04~1979.04 |
| 复新村党支部(1983.06~2000.01) | 书记 | 王祖兴 | 1983.08~1991.12 |
| | 书记 | 张云林 | 1991.12~1994.06 |
| | 主持工作 | 王　虎 | 1997~2000.01 |
| | 副书记 | 王祖兴 | 1995.05~1996.03 |

表10-1-2　　　　　　　原复利大队(村)党支部书记、副书记名录

| 组织名称 | 职务 | 姓名 | 任期 |
| --- | --- | --- | --- |
| 复利高级农业生产合作社党支部(1956.08~1958.10) | 书记 | 徐象高 | 1956.08~1958.10 |
| | 副书记 | 庞士平 | 1956.08~1958.10 |
| 淀东公社第二大队党支部(1958.10~1959.05) | 书记 | 夏祖兴 | 1958.10~1959.05 |
| | 副书记 | 陆锦生 | 1958.10~1958.12 |

续表

| 组织名称 | 职务 | 姓名 | 任期 |
|---|---|---|---|
| 复利大队党支部(1959.05~1983.06) | 书记 | 徐象高 | 1959.05~1969.11 |
| | 书记 | 马永康 | 1969.11~1971.12 |
| | 书记 | 许林耀 | 1971.12~1973.04 |
| | 书记 | 马永康 | 1973.04~1976.08 |
| | 书记 | 许岳林 | 1976.08~1983.08 |
| | 副书记 | 许林耀 | 1973.04~1975.01 |
| | 副书记 | 许岳林 | 1975.01~1976.08 |
| 复利村党支部(1983.06~2000.01) | 书记 | 许岳林 | 1983.08~1984.04 |
| | 书记 | 许林耀 | 1984.04~1987.08 |
| | 书记 | 马强元 | 1987.08~1997.09 |
| | 书记 | 马文青 | 1997.09~2000.01 |

表10-1-3　　　　　　原复明大队(村)党支部书记、副书记名录

| 组织名称 | 职务 | 姓名 | 任期 |
|---|---|---|---|
| 复明高级农业生产合作社党支部(1956.08~1958.10) | 书记 | 刘友良 | 1956.08~1958.10 |
| 淀东公社第二大队党支部(1958.10~1959.05) | 书记 | 夏祖兴 | 1958.10~1959.05 |
| | 副书记 | 陆锦生 | 1958.10~1958.12 |
| 复明大队党支部(1959.05~1983.06) | 书记 | 刘友良 | 1959.05~1971.05 |
| | 书记 | 顾小苟 | 1971.05~1982.01 |
| | 书记 | 黄家循 | 1982.01~1983.08 |
| | 副书记 | 刘友良 | 1971.05~1975.04 |
| | 副书记 | 黄家循 | 1975.04~1982.01 |
| 复明村党支部(1983.06~2000.01) | 书记 | 黄家循 | 1983.08~1986.12 |
| | 书记 | 黄世良 | 1986.12~1999.02 |
| | 书记 | 祝耿龙 | 1999.02~2001.08 |

表 10-1-4　　　　　　　　　复利联合村党支部书记、副书记名录

| 组织名称 | 职务 | 姓名 | 任期 |
|---|---|---|---|
| 复利联合村党支部(2000.01～2001.08) | 书记 | 马文青 | 2000.01～2000.12 |
| | 书记 | 钟金荣 | 2000.12～2001.08 |
| | 副书记 | 王祖兴 | 2000.01～2001.08 |
| | 委员 | 许生明 | 2000.01～2001.08 |
| | | 许川芬 | 2000.01～2001.08 |
| | | 杨桂菊 | 2000.01～2001.12 |

表 10-1-5　　　　　　　　　兴复村党支部书记、副书记名录

| 组织名称 | 职务 | 姓名 | 任期 |
|---|---|---|---|
| 兴复村党支部(2001.08～2005.11) | 书记 | 钟金荣 | 2001.08～2003.03 |
| | 书记 | 许川芬 | 2003.03～2005.11 |
| | 副书记 | 祝耿龙 | 2001.08～2005.08 |
| | 委员 | 许永弟 | 2001.08～2005.08 |
| | | 姚云良 | 2001.08～2005.08 |

表 10-1-6　　　　　　　　　兴复村党总支书记、副书记名录

| 组织名称 | 职务 | 姓名 | 任期 |
|---|---|---|---|
| 兴复村党总支部(2005.11～　) | 书记 | 许川芬 | 2005.11～2006.05 |
| | | 许永弟 | 2006.05～ |
| | 副书记 | 许永弟 | 2005.11～2006.05 |
| | | 黄珏 | 2007.11～ |
| | | 张梦恒（挂职） | 2009.08～2010.01 |
| | 委员 | 徐玉新 | 2005.11～ |
| | | 姚云良 | 2005.11～ |
| | | 黄珏 | 2005.11～2007.11 |

中国共产党淀东区委于1949年11月组建(1949年5月新中国成立至1949年11月前,淀东党组织属中共茜墩区委管辖)。1950年1月全区原3个大乡改为金湖、度潭、杨湘、庙港、双护、小泾、复兴、叶荡、永安9个小乡,各小乡设立党支部,当时小乡有4名主要干部,书记、农会主席、民兵中队长、财经(信用社)主任。

1954年，淀东区辖杨湘镇及西河、吴桥、陆桥、歇马、双护、金湖、度潭、小泾、永安、复兴、叶荡12个乡。

1956年3月，淀东区、茜墩区合并为茜墩区。

1956年年底，撤区并乡，小乡并为中乡，淀东区改为县属杨湘乡，建立中共杨湘乡总支部委员会，下辖3个中乡（杨湘、度城、陆桥乡）。

1958年10月，建立人民公社，实行政社合一，杨湘乡改为淀东公社，下辖42个生产大队和一个渔业大队，成立43个党支部，每个党支部有委员3～5人，设书记、副书记、委员。兴复村境内，复新、复利、复明，各设党支部。

1983年6月，政社分设，淀东公社党委改为淀东乡党委，29个行政村建立党支部，复明村党支部建立3个党小组，复新村党支部建立2个党小组，复利村党支部建立3个党小组。1988年5月，淀东乡撤乡建镇，镇党委下辖各村各单位，党支部名称不变。

1993年3月26日，淀东镇更名为淀山湖镇，淀东镇党委更名为淀山湖镇党委，各村各单位党支部名称不变。

2000年1月，兴复村境内，复新村、复利村合并为复利联合村，原复新村党支部、复利党支部也相应合并为复利联合村党支部。

2001年8月，复新村、复利村、复明村合并为兴复村，原复新村党支部、复利村党支部、复明村党支部也随着合并为兴复村党支部。支部设书记1人，副书记1人，委员3人。每个党小组设正、副小组长各1人。2005年组建兴复村党总支部，设书记1人，副书记1人，委员2人。

各个时期的党支部，十分注重党的建设，按照党章要求定期召开党支部全体会议，带领全体党员学习，领会上级组织的政策、精神。每年组织全体党员参加镇党委举办的党员冬训培训班。定期开展党内民主生活会，以保障党员的民主权利，加强党内基层民主建设，切实推进党内民主。全面贯彻党中央关于党的建设的具体部署，按照党章要求，"坚持改革开放，推动科学发展，促进社会和谐，着眼于提高党的执政能力，保持和发展党的先进性，增强党和人民事业的使命感和责任感，着眼于保持党同人民的血肉联系"，进一步把党组织建设成立党为公、执政为民、求真务实、改革创新、艰苦奋斗、清正廉洁、富有活力、团结和谐的执政党。

把反腐倡廉建设放在更加突出的位置，坚持标本兼治、综合治理、惩防并举、注重预防。严格执行党风廉政建设责任制。

教育全体党员，坚持围绕中心，服务大局，拓宽领域，强化功能，使党的基层组织充分发挥战斗堡垒作用，推动发展。要在服务群众、凝聚人心、促进和谐上发挥作用。用中国特色社会主义理论体系武装全党,开展社会主义核心价值学习教育和实践活动。

## 第二节 村民委员会

新中国成立前,相当于村的单位是闾、保,相当于村民小组的单位是邻、甲。

新中国成立后,在村民委员会之前,经历了"行政村""联村""高级社""生产大队"等名称的改革。1983年建立村民委员会,1984年村民委员会下设村民小组。

复新村,位于淀山湖镇西南3千米处,西临淀山湖,北接官里,东泊度城潭,与复光村、复利村隔湖相望,复新村又称潭西村,民国前曾属度潭乡、全度乡、淀东乡。新中国成立后,1950～1954年属淀东区度潭乡,1952年组织4个互助组,后又组织了复荣初级社(后官里并入)。1955年组织复新高级社,1958年人民公社化后称复新大队,属二大队(二营)。1983年复新村民委员会成立,辖6个村民小组。1988年撤乡建镇和1993年更名为淀山湖镇后,复新村村民委员会名称和建制保持不变,至2000年全村共143户,473人,总劳动力262人,耕地面积543亩。改革开放后,复新村办起了合成化工厂等,2000年全村总产值617万元,其中工业生产400万元,国民生产总值191万元,人均国民生产总值4 042元。2001年并入兴复村。

复利村,位于镇西南2.5千米处,西靠度城潭,南接复光村,东连复明村,北与石墩村接壤。全村只有一个自然村,名西洋村。民国前,曾属杨湘泾区、度城乡、金度乡、淀东乡。新中国成立后,1950～1954年属淀东区度潭乡。1952年农业合作社化时期,组织4个互助组,后成立了西洋村初级社。1955年成立复利高级社,1958年公社化时属淀东公社二大队(二营)。1983年复利村村民委员会建立,辖8个村民小组。1988年6月,撤乡建镇,1993年3月更名为淀山湖镇后,复利村名称和建制保持不变。2000年全村共193户,489人,总劳动力297人,耕地面积810亩。改革开放后,村里先后办起了复利服装厂、复利门窗厂、复利砂轮厂、磨具磨料厂、神奇彩印厂、闻氏纸业有限公司、复利塑料厂等企业。2000年全村总产值2 090万元,其中工业生产1 680万元,国民生产总值715万元,人均国民生产总值11 956元。2001年并入兴复村。

复明村,位于镇西南2千米处,西与复光、复利村接壤,南靠旭宝高尔夫球场,东邻永益村,北接石墩村、永勤村。民国前曾属杨湘泾区,度潭乡,金度乡。1952年农业合作时期,组织6个互助组,后建立了复明、复堂、复平、复东4个初级社。1955年建立复明高级社,1958年公社化后,复明属淀东公社二大队(二营)。1962年称复明大队,1983年复明村民委员会建立,辖碛礇塘、东洋村、南柱泾3个自然村,7个村民小组。1988年6月撤乡建镇,1993年3月,更名淀山湖镇后,复明村村民委员会名称和建制保持不变。2000年全村共194户,678人,总劳动力365人,耕地面积483亩。改革开放后,复明村先后兴办了复明造漆厂、电子厂、助剂厂、网罩厂、复明玩具厂、复明加工厂、复明石棉瓦厂、淀山湖造漆厂等企业。2000年全村总产值575万元,其中工业生产333万元,国民生产总值265万元,人均国民生产总值3 845元,2001年并入兴复村。

兴复村位于淀山湖西南约2.5千米处,东至永新村,南靠旭宝高尔夫球场及度城村,西邻淀山湖,北隔分位河与民和村相邻。2001年由原复新村、复利村、复明村三村合并而成,辖潭西、西洋村、东洋村、碛礇塘、南柱泾5个自然村,划分为21个村民小组。全村至2012年共380户,1 742人,总劳动力1 042人。

2012年全村面积5.306平方千米,耕地面积939亩,水面养殖面积835亩。全村内拥有各类企业(民营企业)13家,各类企业营业收入5 300万元。村级集体厂房6 800平方米,富民合作社标准厂房2幢4 200平方米,打工楼2 930平方米。2006年实现地区生产总值2 320万元,农民人均纯收入10 040元。

2012年全村集体资产总额2 726万元,村级经济总收入10 790万元,村集体可支配收入385万元,村民人均纯收入21 850元。

## 一、行政村和自然村

1950年3月,兴复村域内共有5个行政村,分别为潭西、西洋村、东洋村、碛礇塘、南柱泾,均属度潭乡。直到1956年成立高级农业生产合作社,潭西村为复新高级农业生产合作社,西洋村为复利高级农业生产合作社,东洋村、碛礇塘村、南柱泾村为复明农业生产合作社,原来自然村名不再使用。

各自然村村长分别为:

潭西村:方志来　　西洋村:钟国华　　东洋村:王永夫
碛礇塘:姜志芳　　南柱泾:蔡品祥　顾小苟

## 二、大队管理委员会、革命委员会和村民委员会

1958年10月,淀东人民公社成立,政社合一。高级农业生产合作社改为大队管理委员会。设大队长、副大队长、大队会计、妇女主任、团支部书记、民兵营长及大队管理委员会委员等职。按上级批文,复新大队大队长姚银林,副大队长张仁青;复利大队大队长马永康,副大队长庞士平、顾祖甲;复明大队大队长顾小苟,副大队长杨里平、吴林泉、杨进兴。

1966年3月,据公社大队干部选举批复,复新大队,大队长为姚银林,副大队长盛小木,大队会计杨宝德,贫协主席金桃生,贫协副主席顾生祥,民兵营长金根培,民兵副营长徐菊泉,团支部书记徐菊泉,团支部副书记姜阿苟,妇女主任黄小妹,妇女副主任王全英,治保主任兼民兵教导员姚理生。

复利大队,大队长马永康,副大队长庞士平、顾祖甲,大队会计庞士忠,贫协主席朱进生,贫协副主席钟佰年,民兵营长许金炳,民兵副营长何根全、庞英娟,团支部书记许岳林,团支部副书记顾密英,妇女主任顾彩英,妇女副主任陈慧珍,治保主任何根全。

复明大队,大队长顾小苟,副大队长杨里平、杨进兴,大队会计黄振礼,贫协主席吴林泉,贫协副主席唐龙生,民兵营长唐夫生,民兵副营长翁凤珍,民兵指导员姜品才,团支部书记唐荣生,团支部副书记王树刚、黄家循,妇女主任沈小妹,妇女副主任翁凤珍,治保主任何阿宝。

1969年4月,大队成立革命委员会(简称革委会),大队管理委员会改称大队革命委员会。复新大队革命委员会由姜剑光任主任,姚银林、朱道根任革命委员会副主任,顾生祥、金姑娘、徐菊泉、姚理生、方世豪任委员。复利大队革命委员会由马永康任革命委员会主任,许林耀任革命委员会副主任,许岳林、庞士平、庞士忠、朱进生、顾维菊、许金炳、许福明、许阿义任革命委员会委员。复明大队革命委员会由刘友良任革命委员会主任,姜坤元、吴林泉任革命委员会副主任,顾小苟、唐夫生、翁凤珍、蔡进夫任革命委员会委员。

1980年1月撤销大队革命委员会,恢复大队管理委员会。1983年1月上级批复,姚小腊任复新大队大队长,顾志义任复利大队大队长,姜坤元任复明大队大队长。

1983年6月,政社分设,淀东公社改称淀东乡,建立乡政府。大队相应改称村,成立村民委员会。复新村由张引林任主任,张惠琴、顾永根任委员,金惠林任社长,方世豪任副社长兼会计;复利村由顾志义任主任,顾密英、马良明任委员,马

强元任社长,顾元顺任副社长,许福明任会计;复明村由黄世良任主任,翁凤珍、刘卫明任委员,姜坤元任社长,顾荣生任副社长,蔡进夫任会计。

### 三、兴复村村民委员会

2001年8月,复新村、复利村、复明村合并组建兴复村村民委员会。祝耿龙任主任,姚云良、徐玉新、刘卫明任委员,许川芬任村会计。2005年第八届村民委员会选举,祝耿龙当选兴复村村委会主任,姚云良、徐玉新当选为委员。村委会下设青年、妇女、文卫、计生委、生产建设等组织。

村委会在开展村民自治活动中,让村民积极参与村级事务,实行自我管理,村委会做到决策透明,制度健全,活动正常,监督到位,认真落实"四民主一公开"制度(民主选举、民主管理、民主决策、民主监督和财务公开)。

民主选举:按照《村民委员会组织法》充分发扬民主,在市、镇两级组织的指导下进行民主选举村委会组成成员。

民主管理:村民委员会的几个工作委员会按照本村实际确定全年工作,制定岗位职责、管理条例等开展日常工作。

民主决策:年初确定村委会工作计划时,提请村党(总)支部集体讨论决定,党员大会、村民代表大会通过实施,村委会一般半年召开一次村民代表会议。

民主监督:坚持村民代表会制度和村民小组议事制度,确保村民参政议政活动正常进行。

财务公开:建立民主理财小组,一般由3~5人组成,每季度在公开栏中向村民公布村级财务收支情况,每季度组织民主理财小组审查核实并做好记录,使村民明白,让干部清白。

民事调解:民国时期,村民之间发生纠纷,一般请长辈、族长、亲友说合、调停。新中国成立后,民事调解由大小队干部、村干部负责。1978年5月开始,大队成立调解组织。复新村由姚小腊任调解主任,姚银林、姚理生任调解副主任;复利村由马永康任调解主任;复明村由刘友良任调解主任。

调解工作坚持"调防结合、以防为主"的方针,负责调解村民之间有关宅基地、人身财产、权益和日常生活中的婚姻、老人赡养、房屋纠纷等。

治安保卫:新中国成立初50年代由村民兵负责治安保卫工作。60年代和70年代"文化大革命"时期,由大队治保主任负责对四类分子(地、富、反、坏)实行就地监督劳动改造,作为一项重要的治安内容。1983年村委会设治保委员。2005年村设警务室,由保安人员值班。兴复村〔原复新大队(村)、复利大队(村)、复明大队（村）〕，历任治保主任，一般由民兵营长兼任，也有单独配备治保主任人选。

表 10-2-1　　　　　　原复新、复利、复明大队（村）行政领导更迭表

| 行政单位名称 | 职务 | 姓名 | 任期 |
|---|---|---|---|
| 复新高级农业生产合作社社务委员会 1956.08~1958.10 | 社长 | 陈桂林 | 1956.08~1958.10 |
| 复新大队管理委员会 1958.10~1969.04 | 大队长 | 姚银林 | 1958.10~1969.04 |
| | 副大队长 | 盛小木 | 1958.10~1969.04 |
| 复新大队革命委员会 1969.04~1980.01 | 主任 | 姜剑光 | 1969.04~1979.04 |
| | 副主任 | 姚银林 | 1969.04~1971.12 |
| | | 朱道根 | 1969.04~1971.12 |
| | | 姚小腊 | 1975.04~1980.01 |
| 复新大队管理委员会 1980.01~1983.06 | 大队长 | 姚小腊 | 1983.01~1983.08 |
| 复新村村民委员会 1983.06~2001.08 | 主任 | 张引林 | 1983.08~1986.11 |
| | （代主任） | 金惠林 | 1994.06~1996.04 |
| | 主任 | 王　虎 | 1996.04~1997.09 |
| | 主任 | 王祖兴 | 1997.09~1999.02 |
| | 主任 | 顾永根 | 1984.11~1994.06 |
| | 主任兼社长 | 金惠林 | 1999.02~2000.01 |
| | 主任 | 姚云良 | 2000.01~2001.08 |
| | 副主任 | 姚小腊 | 1983.08~1984.11 |
| 复利高级农业生产合作社社务委员会 1956.08~1958.10 | 社长 | 庞士平 | 1956.08~1958.10 |
| 复利大队管理委员会 1958.10~1969.04 | 大队长 | 马永康 | 1962.10~1969.04 |
| | 副大队长 | 庞士平 | 1964.10~1969.04 |
| | | 顾祖甲 | 1966.10~1970 |
| 复利大队革命委员会 1969.04~1980.01 | 主任 | 马永康 | 1969.04~1971.11 |
| | | 许林耀 | 1971.11~1973.04 |
| | | 马永康 | 1973.04~1976.08 |
| | | 许岳林 | 1976.08~1980.01 |
| | 副主任 | 许林耀 | 1969.04~1971.11 |
| | | 马永康 | 1971.11~1973.04 |
| | | 徐林耀 | 1973.04~1980.01 |
| 复利大队管理委员会 1980.01~1983.06 | 大队长 | 顾志义 | 1983.01~1983.08 |

续表

| 行政单位名称 | 职务 | 姓名 | 任期 |
|---|---|---|---|
| 复利村村民委员会 1983.06~2001.08 | 主任 | 顾志义 | 1983.08~1984.11 |
| | 主任 | 马强元 | 1984.11~1986.05 |
| | 主任 | 顾幸福 | 1986.05~1991.05 |
| | 代主任 | 马良明 | 1990.03~1991.06 |
| | 代主任 | 马文青 | 1991.05~1998.04 |
| | 代主任 | 许生明 | 1998.04~1999.02 |
| | 代主任 | 许川芬 | 2000.01~2000.08 |
| 复明高级农业生产合作社社务委员会 1956.08~1958.10 | 社长 | 刘友良 | 1956.08~1958.10 |
| | 副社长 | 顾小苟 | 1956.08~1958.10 |
| 复明大队管理委员会 1958.10~1969.04 | 大队长 | 顾小苟 | 1958.10~1969.04 |
| | 副大队长 | 杨里平 | 1964.10~1969.04 |
| | 副大队长 | 吴林泉 | 1964.10~1969.04 |
| | 副大队长 | 杨进兴 | 1965.10~1969.04 |
| 复明大队革命委员会 1969.04~1980.01 | 主任 | 刘友良 | 1969.04~1971.05 |
| | 主任 | 顾小苟 | 1971.05~1980.01 |
| | 副主任 | 姜坤元 | 1969.04~1980.01 |
| | 副主任 | 吴林泉 | 1969.04~1980.01 |
| | 副主任 | 黄家循 | 1975.05~1980.01 |
| 复明大队管理委员会 1981.01~1983.06 | 大队长 | 姜坤元 | 1983.01~1983.08 |
| 复明村村民委员会 1983.06~2001.08 | 主任 | 黄世良 | 1983.08~1986.12 |
| | 主任 | 顾荣生 | 1987.03~1997.09 |
| | 主任 | 祝耿龙 | 1997.09~2001.08 |
| 兴复村村民委员会 2001.08~2012 | 主任 | 祝耿龙 | 2001.08~2005.09 |
| | 主任 | 黄 珏 | 2007.12~2012.12 |

表 10-2-2　　2012年兴复村历届村民委员会选举情况表　　单位：人

| 届数 | 选举日期 | 选民情况 | | 选举结果 | |
|---|---|---|---|---|---|
| | | 选民总数 | 实际参选人数 | 主任 | 委员 |
| 七 | 2001.09.27 | 1 467 | 1 428 | 祝耿龙 | 刘惠明 姚云良 徐玉新 |
| 八 | 2004.12.02 | 1 472 | 1 468 | 祝耿龙 | 姚云良 徐玉新 |
| 九 | 2007.12.01 | 1 570 | 1 566 | 黄 珏 | 姚云良 徐玉新 |
| 十 | 2011.12.19 | | | 黄 珏 | 姚云良 徐玉新 |

## 第三节 村经济合作社

1983年政社分设,大队改称村,复新村、复利村、复明村设村民委员会、村经济合作社。村经济合作社为村内的经济组织,设社长、副社长、会计等职。村经济合作社承担全村的农业、多种经营、村办工(企)业的生产服务和协调工作,管理村内所有的土地和资产。村级财务坚持民主理财的原则,实行按期公布账目,接受群众监督。

复新村,1954年在4个互助组的基础上,成立复荣初级社,1955年组织复新高级社,1958年人民公社化,政社合一,为复新大队,属淀东公社二大队。1983年政社分设,成立复新村经济合作社以后,至2001年复新村并入兴复村,复新村经济合作社也相应并入兴复村经济合作社。

复利村,1954年在4个互助组的基础上,成立西洋村初级社,1955年成立复利高级社。1958年人民公社化,政社合一,为复利大队,属淀东公社二大队。1983年政社分设,成立复利村经济合作社,至2001年复利村并入兴复村,复利经济合作社也相应并入兴复村经济合作社。

复明村,1954年在6个互助组的基础上,建立了复明、复塘、复平、复东4个初级社。1955年建立复明高级社,1958年人民公社化,政社合一,为复明大队,属淀东公社二大队。1983年政社分设,淀东公社改名淀东乡,成立复明村经济合作社,2001年复明村并入兴复村,复明村经济合作社也相应并入兴复村经济合作社。

2001年,兴复村经济合作社建立,由原复新、复利、复明三个村的经济合作社合并而成。

复新村经济合作社:

历任社长:金惠林、顾永根、姚云良。

副社长:方世豪。

会计:方世豪、朱道根。

复利村经济合作社:

历任社长:马强元、顾幸福、马文青、许生明。

副社长:顾元顺。

会计:许福明、庞志荣。

复明村经济合作社：

历任社长：姜坤元、顾荣生、朱裕林、祝耿龙、陈永兴。

副社长：顾荣生。

会计：蔡进夫、王卫祥、陈永兴。

兴复村经济合作社：

历任社长：姚云良、许永弟、黄珏、黄小明。

会计：许川芬、徐玉新、顾凤鸣。

2005年为使村发展产业，村民持续增收，由村民按照"自愿入股，按股分红，利益共享，风险共担，民主监督，依法经营"的原则，先后组建了土地股份合作社、社区股份合作社和富民合作社，年红利达201万元，人均增收1 000元左右。

一、兴复村土地股份合作社：于2009年5月成立，时入股村民383户，经营土地1 880.85亩，每亩土地收入558元。

二、兴复村富民合作社：于2005年7月成立，时入股现金149.9万元，经营涉及土地2.98亩，建造打工楼2 930平方米，对外出租至2012年，给村民分红每年14.99万元。

三、兴复村社区股份合作社，于2012年3月成立，总入社农户541户，涉及人数2 025人，经营性净资产量化折股到人1 411.425 0万元，2012年人均分红329元，总金额为66.627 5万元。

## 第四节　群众团体

### 一、青年组织（共青团）

中国共产主义青年团，是先进青年的群众组织，是中国共产党的助手和后备军。组织广大青年学习党在各个时期的方针政策。在社会主义现代化建设中发挥青年的带头模范作用，教育青年热爱国家、热爱社会主义、热爱集体，争创集体荣誉为国争光，树立正确的人生观和价值观，做合格的社会主义建设的接班人。

2001年前，复新、复利、复明各分设团支部一个，分别隶属淀东公社团委，或淀东乡团委，或淀东镇团委，或淀山湖镇团委。

2001年复新村、复利村、复明村合并为兴复村，原来复新、复利、复明共青团支

部也相应合并为兴复村共青团支部。

2012年兴复村团支部,由团支部书记1人、团支部委员2人组成,支部共有共青团21人。

复新团支部:

历任团支部书记:张仁青、姚银林、盛小木、徐菊泉、杨桂菊。

副书记:姜阿苟。

复利团支部:

历任团支部书记:许岳林、庞祥其、朱玉芳、马良明、马文青、钟全荣、许川芬。

副书记:钟佰年、顾幸福。

复明团支部:

历任团支部书记:姜进生、吴林泉、周渭源、唐荣生、刘卫明、王伟祥、沈小英、黄红芳。

副书记:史明、沈引芳。

兴复村团支部书记:许川芬、黄珏、顾凤鸣。

## 二、妇代会(妇联)

1951年成立淀东区妇女代表大会(简称妇代会),由专门女干部负责开展工作。

2001年前,原复新村、复利村、复明村各设妇代会,有妇女主任1名,副主任1~2名。

2001年,复新村、复利村、复明村合并为兴复村,三个村的妇代会也相应合并成兴复村妇代会,设立妇女主任1名。

历任妇女主任:

复新村妇女主任:盛彩英、黄小妹、金小妹、杨桂菊。

副主任:王全英、盛彩英。

复利村妇女主任:顾彩英、顾维菊、顾密英、徐玉新。

副主任:陈惠珍、顾彩英。

复明村妇女主任:沈小妹、翁凤珍。

副主任:黄伏宝、倪取英。

兴复村妇女主任:徐玉新、汤婷。

妇代会的工作主要有以下几项:

妇代会为广大妇女的社团组织,联合社会各界力量,配合执法部分对侵犯妇女合法权益的犯罪行为进行打击,增强妇女的法律意识和运用法律武器保护自己的能力。关心维护未成年人的合法权益。

配合计划生育部门做好计划生育工作。深入社区、村组、家庭,深入基层群众之中,及时、及早发现矛盾与纠纷,并随时报告,及时有效地做好说服教育工作,预防矛盾升级。

## 第五节 民兵组织

1952年,区乡普遍建立民兵组织,凡出身好、身体好、政历清白者均可加入民兵组织。

1958实行全民皆兵,公社设民兵团部,团长由公社社长兼任,政委由公社党委书记兼任,下设10个民兵营,生产大队设营部,营长、教导员由大队长和党支部书记兼任。联村设连,由大队干部兼任连长、指导员。生产队设排,由生产队长兼任排长。

1962年,镇设人民武装部,各大队分设民兵营,由专职民兵营长抓民兵工作。

2001年前,复新、复利、复明各设民兵营长1人。2001年,复新村、复利村、复明村合并为兴复村,相应成立兴复村民兵营,由民兵营长负责民兵工作。

原各大队(村)民兵营长:

复新:金根培、王祖兴、谈林根、朱永生、金建平、金祥龙、姚云良。

复利:许金炳、许岳林、许福明、何阿夯、马良明、马文青、钟金荣、徐玉新。

复明:吴林泉、唐夫生、姜坤元、黄世良、刘卫明。

兴复村:许永弟、黄珏。

民兵是中国共产党领导下的不脱离生产的群众武装组织,是中华人民共和国武装力量的组成部分,是中国人民解放军的助手和后备力量。

民兵的任务是,积极参加社会主义现代化建设,带头完成生产和各项任务;担任战备勤务,保卫边疆,维护社会治安;随时准备参军参战,抵抗侵略,保卫祖国。

民兵训练每年利用冬春农闲时间,对武装民兵和基干民兵进行集中训练,训练内容主要为政治教育、国防教育和列队、射击、投弹、战术、刺杀、爆破等军事训练。

## 第六节 其他组织

### 一、残疾人工作小组

村残疾人工作小组,由村主任负责。村组织安排一名村干部负责残疾人工作。2012年,兴复村有残疾人38人,其中肢体残疾17人、精神残疾3人、视力残疾9人、智力残疾7人、听力残疾2人。

### 二、戏曲团队

2007年,兴复村成立戏曲业余团队,开展文艺演出活动,丰富村民的文化娱乐活动。文艺团队的成员:黄家华、唐取珍、夏玲玲、黄承郁、许乃荣、钟正明、徐桂菊、徐玉芳、顾祥妹、庞小青、顾幸福、顾全荣、徐玉新、张星夫。

### 三、老年协会

随着人类社会的不断进步,人的寿命越来越长,我国目前已进入老龄化国家行列,党中央、国务院相当重视老龄工作,成立全国老龄工作委员会,这是加强老龄工作的一项重大举措。淀山湖镇也相应成立老龄委员会,1989~1990年村域内各村也都成立老年协会,设会长1人,理事3~5人。村老协会是老年人自治组织,在村组织领导下开展工作。

2012年年底,兴复村60周岁以上老年人503人,占村总人数的28.97%,其中90周岁以上4人,是淀山湖镇老龄化程度较高的行政村。村级组织重视老龄工作,取得了一定的成效。

表10-6-1　　2000年兴复村(原复新村、复利村、复明村)老年协会成员表

| 村名 | 协会名称 | 委员人数 | 负责人姓名 | 建立时间 |
| --- | --- | --- | --- | --- |
| 复新 | 复新老协会 | 5 | 姚银林 | 1989.08 |
| 复利 | 复利老协会 | 3 | 马永康 | 1989.08 |
| 复明 | 复明老协会 | 3 | 刘友良 | 1990.09 |

表 10-6-2　　　　　　　　　　2012年兴复村老年协会成员表

| 村名 | 协会名称 | 委员人数 | 负责人姓名 | 建立时间 |
|---|---|---|---|---|
| 兴复 | 兴复村老年协会 | 4 | 顾元顺 | 2001 |

老年协会的主要工作：

### 1. 桥梁作用

调查了解老年人的要求以及他们的意见和建议，并及时反映给党支部和村民委员会，成为党和政府密切联系的桥梁。

### 2. 参谋作用

通过调查研究，为党支部和村民委员会提供咨询和建议。

### 3. 组织作用

把老年人组织起来，实行自我管理，实现老有所为，为社会主义两个文明建设继续做贡献。

### 4. 为老年人办实事

每年老年节、春节，对老年人进行慰问，组织老年人进行免费体检，使广大老年人有病及早发现、及早治疗。办好老年人活动室，兴复村共有老年活动室2处，活动设施不断完善，活动内容不断充实。如活动室内配置电视、VCD播放机，连通有线电视，定期更新光碟、各种棋类、麻将桌，开展各种适应老年人身心健康的活动。老年活动室有专人负责，每天定时开门，搞好活动室、厕所的公共卫生，免费供应茶水。

## 第七节　兴复村各类章程、制度、工作职责

### 一、各类章程

**1. 兴复村村民自治章程（第十届村民委员会第一次村民会议审议通过）**

**总则**

第一条　为了尊重和保障村民民主权利，推进我村民主法治建设，促进经济发展，根据《中华人民共和国宪法》和《中华人民共和国村民委员会组织法》，制定本章程。

### 村民

第二条 本章程由全村村民大会通过,报上级党委、政府备案,全村村民共同遵守、执行。

第三条 凡永久居住在本村,拥有本村户口,为本村村民。

第四条 村民享有宪法、法律规定的一切权利,并履行相应的义务,同时拥有本章程赋予的权利及履行相应的义务。

第五条 本村五分之一以上的有选举权的村民联名,可以要求罢免村民委员会成员,罢免村民委员会成员须经有选举权的村民过半数通过。

第六条 村民小组设小组长,小组长由村民小组会议选举产生,可以连选连任。

### 村民会议

第七条 村民会议由年满18周岁以上的村民组成。

第八条 召开村民会议应有全村年满18周岁以上村民的过半数。或者有本村三分之二以上的户的代表参加方可举行。

第九条 村民会议所作决定应当经到会人数的过半数通过,方有效。

第十条 村民会议一般每年召开一次以上,由村民委员会主持召开,有十分之一以上的村民提议,应当召开村民会议。

村民会议职责:

一、制定、修改村民自治章程和村规民约。

二、审议村民委员会年度工作报告,评议村民委员会成员的工作。

三、选举村民委员会主任、副主任、委员。

四、罢免村民委员会成员。

五、决定涉及全村村民的重大事项。

六、授权村代表会议决定的事项。

七、选举村务公开监督小组组成人员。

八、村民会议认为应当或者依法应由村民会议讨论决定的涉及村民的其他事项。

第十一条 召开村会议应当在召开会议前十日将会议内容公告村民,会后公告结果。接受村民监督。

### 村民代表会议

第十二条 本村年满18周岁的村民可参加村民代表的推选,但是依法被剥夺政治权利的人除外。

第十三条  村民代表由村民小组召开本组村民会议推选产生,每个小组推选三名村代表,其中至少有一名女代表。

第十四条  村民代表会议由村民委员会主持召开,村民代表会议召开应有应到会的三分之二代表到会,会议所决定应到会人员半数通过,方有效。

第十五条  村民委员会应在召开会议前十日将会议内容公告村民,会后应公告结果,接受村民监督。

第十六条  村民代表会议的职责:依村民会议授权决定本村重大事项。

第十七条  村民代表出席村民代表会议前应充分征求所在村民小组村民的意见、建议。

## 村民委员会

第十八条  村民委员会是村民自我管理、自我教育、自我服务的基层群众性自治组织,实行民主选举、民主决策、民主管理和民主监督。

第十九条  村民委员会由主任、副主任和委员若干人组成,由本村年满18周岁以上的有选举权的村民担任,村民委员会成员中应有妇女参加,其选举程序严格按照《中华人民共和国村民委员会组织法》规定进行。

第二十条  村民委员会向村民会议负责并报告工作,其成员接受村民会议的评议。

第二十一条  村民委员会的职责:

一、依照宪法和法律,在村党组织的支持和保障下组织村民展开自治活动,直接行使民主权利。

二、办理本村公共事务和公益事业。

三、调解民间纠纷,协助维护社会治安。

四、向上级人民政府反映村民的意见、要求和提出建议。

五、支持和组织村民发展生产,尊重和保障村民的合法权利和权益。

六、管理村级土地和公共财产,保护和改善生态环境。

七、协助有关部门,对被依法剥夺政治权利者进行教育、帮助和监督,对刑释劳教人员进行安置帮教。

八、宣传宪法、法律、法规和国家政策,教育和推动村民履行法定的义务,爱护公共财产,维护村民的合法权益,发展文化教育、普及科技知识,维护民族团结,开展多种形式的社会主义精神文明建设活动。

第二十二条  村民委员会下设人民调解、综合治理、计划生育等委员会,村民应积极支持他们开展工作。对治保委员会做出的治安部署如巡逻防控等,村民要

大力支持。在人民调解委员会组织调解的过程中,双方当事人在合法自愿的基础上达成的协议具有法律约束力,双方当事人应自觉履行。

第二十三条 村干部应自觉带头执行党的路线方针政策,模范遵守国家法律,抓好经济文化、公益事业、社会治安、计划生育、生产安全、依法治理、人民调解等工作。

### 村务公开监督小组和村财务理财小组

第二十四条 村务公升监督小组成员由村民会议或村民代表会议在村民中推选产生,负责监督村务公开制度的落实。村干部及其配偶、直系亲属不得担任村务公开监督小组成员。

第二十五条 村务公开监督小组的职责:

一、向村民会议或村民代表会议报告监督情况。

二、审查村务公开的各项内容是否全面、真实,公开时间是否及时,公开形式是否科学,程序是否规范。

三、听取村民对村务公开的投诉,调查村民反映的问题,确有内容遗漏或者不真实的,应督促村民委员会重新公布,也可以直接向村党组织、村民委员会询问,对村务公开监督小组的询问,村民委员会应在10日内予以解释和答复。

第二十六条 村务公开监督小组成员的罢免有村民会议或村民代表会议决定。

第二十七条 村务公开监督小组成员任期与本届村委会相同。

第二十八条 成立民主理财小组,其成员从村民代表中选举产生,任期与本届村委会相同,其职责是对村财务及村级企业的收支情况进行管理、监督和审核。

第二十九条 村务财务公开,由村民选举产生的村务理财小组负责,每季度上墙公布一次。

### 村务处理程序

第三十条 涉及村民利益的事项遵循以下决策程序:由村党组织、村民委员会、十分之一以上村民联名或五分之一以上村民代表联名提出议案;村党支部统一受理议案,并召集村党组织和村民委员会联席会议,研究提出具体意见或建议;由村民委员会召集村民会议或村民代表会讨论决定;由村党组织、村委会组织实施。

第三十一条 凡提交村民会议或村代表会议讨论决定的事项,会前应向村或村民代表公告,广泛征求意见;会后应及时公布结果;凡决定事项的实施情况,应及时公布,自觉接受监督。

第三十二条 村集体所有的土地开发和发包、村办企业成立或改制,必须经村民会议通过。村民小组的公共财产处理和土地的发包、转包、宅基地的划定,应经本小组村民会议决定。

第三十三条 村级公益事业,由村民会议一事一议,凡通过的,村民应支持和参与。

第三十四条 对村党组织成员、村民委员会成员、会计、出纳实行任期、离任审计,审计工作由村务公开监督小组负责。

**附则**

第三十五条 本章程自公告之日起施行。全村村民应自觉遵守本章程和《村规民约》,依法正确行使权力、切实履行义务,遵纪守法,讲文明、讲礼貌,诚实信用,勤劳致富、科学致富,共同建设一个社会安定、村民和睦、欣欣向荣的社会主义新农村。

2010 年 12 月

## 2. 兴复村(居)老年人协会章程

### 第一章 总则

第一条 老年协会,是在村(居)党组织、村(居)委会领导下的老年人群众团体,是老年人自我管理、自我教育、自我服务的群众性的基层组织。

第二条 本章程所称的老年人,是指年满 60 周岁以上的公民。

第三条 老年协会的宗旨是:拥护党的路线、方针、政策,认真贯彻《老年法》,维护老年人的合法权益;团结教育老年人,关心和安排好老年人的物质和文化娱乐生活,做到老有所养、老有所学、老有所医、老有所乐、老有所教、老有所为,安度晚年,延年益寿。

第四条 老年协会的任务:

1. 组织会员学习党和政府的有关方针政策、保健知识,宣传、贯彻《老年法》,使他们政治坚定,思想常新,心胸开朗,欢度晚年。

2. 协助村(居)党支部、村(居)委会制定敬老爱老的村(居)规民约;及时掌握本村(居)老年人的情况,建立老年人名册。

3. 关心老年人的生活,做好走访慰问工作,帮助解决特困、病残和高龄、空巢老人的具体困难。

4. 认真组织有劳动能力的老年人从事种、养庭院经济和其他力所能及的工作,增加收入,以为促养。

5. 协助村(居)党支部、村(居)民委员会做好民事调解、社会安定、反腐倡廉、婚丧事简办、计划生育、关心教育下一代等方面的工作。

6. 办好老年活动室,有计划地组织老年人开展适合他们身心特点的文娱体育活动。

7. 协助村(居)委员会因地制宜地开展居家养老服务。

8. 完成上级老龄组织交办的其他工作任务。

## 第二章　会员

**第五条**　凡本村(居)年满60周岁以上的老年人,拥护中国共产党,坚持四项基本原则,承认本会章程,均可自愿报名加入协会。

**第六条**　会员的权利:

1. 有选举权和被选举权。

2. 有参加协会活动的权利。

3. 有对协会领导和工作提出批评和建议的权利。

4. 当本人合法权益受到侵犯时,有享受协会的伸张和保护的权利。

5. 有自由退会的权利。

**第七条**　会员的义务:

1. 遵守国家的法律、法规,遵守协会的章程,执行协会的决议。

2. 积极完成协会委托的各种任务,参加协会举办的各项活动,不搞迷信和赌博活动。

3. 认真执行村(居)规民约,维护社会公德,创建"文明家庭"。

4. 教育子女遵纪守法、努力学习、勤奋工作,并力所能及地支持家庭勤劳致富。

5. 在条件许可的情况下,为社会公益事业做出贡献。

## 第三章　组织制度

**第八条**　老年协会的组织原则是民主集中制,最高权力机构是老年协会全体会员大会。

**第九条**　老年协会的领导机构是老年协会理事会。实行会长负责制,设会长一人,理事若干人。

**第十条**　理事会组成人员由老年协会代表大会或全体会员大会民主选举产生,任期三年。

## 第四章　附则

**第十一条**　老年协会的活动经费,原则上由村(居)委会负责解决。全体会员也可自愿缴纳一定的会费,以保证协会工作的顺利开展。

第十二条 本章程经协会会员代表大会或协会会员大会通过之日起生效。

2010 年 12 月 10 日

### 3. 昆山市淀山湖镇兴复富民合作社章程

#### 第一章 总则

第一条 为确定本合作社的法律地位,保证社员的合法权益,规范、约束本社的组织和行为,促进本社的发展,根据国家有关法律、法规和政策规定,特制定本章程。

第二条 本社以社员自愿组合,以货币为股份投入,在财产共同所有和按股份共有的基础上,实行利益共享、风险共担、民主管理、按股分红。

第三条 本社是自主经营、自负盈亏、自我发展、自我约束、依法经营、照章纳税的独立法人,以其全部资产承担民事责任,出资人以出资额为限对债务承担责任。

第四条 本社的宗旨是充分发挥地域优势,利用民间资本,发展农村经济,增加社员收入,促进村级集体经济的进一步壮大。

第五条 合作社法定注册名称:昆山市淀山湖镇兴复富民合作社。

第六条 合作社法定地址:昆山市淀山湖镇兴复村。

第七条 合作社注册资金 185 万元人民币。

第八条 合作社经营范围:自有房屋租赁。

#### 第二章 股份设置及股份构成

第九条 经研究,决定设置本村社员个人股份、兴复村集体股份,社员和集体以现金向合作社投资,社员持有 100% 股权。

第十条 合作社总股份为 950 股,每股金额 2 000 元,股本金额总额为人民币 185 万元。

#### 第三章 股份管理

第十一条 本社在入股自愿的基础上,应按规定以现金出资认购个人股,股金一次交纳。

第十二条 在合作社存续期间社员转让退股自由,每年年底变动一次,如入股者发生意外出现重大问题可另行考虑。

1. 社员个人股在一年后根据社员本人意愿转让、馈赠、抵押和继承,但合作社法定代表人及中层以上管理者在任职期间和离开本社的会计年度内,其所持股份不得转让和退股。

2. 社员死亡时,经董事会同意,其持有的股份可由合作社收购,合作社收购的

股份,可以出售给集体和其他社员。

第十三条 社员个人股份在合作社收购时,一律以股权证上的股金值结算。

第十四条 合作社收购的股份转让、社员新入股或增减股份的手续在当年度年终结算后30天内办理。

第十五条 出资者缴纳股金后,合作社对出资者签发由市统一印制的股权证,采取记名形式,作为股份持有者的资产证明和分红依据。

第十六条 为了加强合作社内部股权管理,合作社专设财务部门负责股份管理,负责发放内部记名股权证,建立社员名册和股金档案,对社员及其持股额、红利、收益等情况进行登记,处理股权转移及变动等服务,并定期向社员代表大会公布股本变动和收益情况。

## 第四章 收益分配办法

第十七条 合作社财务部门在每一会计年度终了时编制财务会计报表,并于社员代表大会前二十日备置于合作社,供全体社员查阅及依法上报有关部门。

第十八条 合作社的税后利润应按下列分配:

1. 经社员代表大会提取一定比例的管理费。

2. 经社员代表大会提取一定比例的公益金、公积金、风险基金。

3. 经社员代表大会提取分红基金,按股分红。

第十九条 合作社的公益金主要用于社员福利。

第二十条 合作社分配在第一会计年度结束三个月内进行。

第二十一条 合作社按国家规定实行社会保险制度,缴纳有关社会保险费。

第二十二条 合作社在发生经营性亏损无法弥补时,其亏损额由社员按股份比例承担。

## 第五章 社员的权利和义务

第二十三条 凡持有合作社股份,承认并遵守本章程者为本社社员。

第二十四条 社员的权利:

1. 出席社员代表大会并按章程规定行使表决权。

2. 查询合作社章程、社员名册、社员代表大会记录和合作社财务会计报表,提出建议或质询。

3. 依照章程规定的其他权利、转让股份。

4. 合作社章程规定的其他权利。

第二十五条 社员的义务:

1. 遵守本社章程。

2. 按规定缴纳认购的股金,以其出资额为限对本社承担责任。

3. 执行社员代表大会的决议,维护合作社形象,积极为合作社发展尽职,不做任何有损于合作社利益的活动。

4. 合作社章程规定的其他义务。

## 第六章　社员代表大会

第二十六条　合作社实行社员代表大会制度,社员代表大会是合作社的最高权力机构,行使下列职权:

1. 决定经营方针和投资计划。

2. 选举和更换合作社法定代表人或者董事,并决定其报酬事项。

3. 选举和更换由社员代表出任的监事,并决定其报酬事项。

4. 审议批准董事会或者合作社法人代表的报告。

5. 审议批准监事会的报告。

6. 审议批准合作社的年度财务预算方案、决算方案。

7. 审议批准合作社的利润分配方案。

8. 对合作社增加、减少注册资本,以及合并、分立、破产、解散、清算等事项做出决议。

9. 修改合作社章程。

10. 对其他重要事项做出决定。

第二十七条　社员代表大会的召开由法定代表人召集。合作社法定代表人应当在召开社员代表大会15日以前负责将召开代表大会的有关事项通知全体社员。

社员代表大会分为定期和临时两种。定期社员代表大会应在每一会计年度结束后三个月内举行。如遇下列情况,应当召开临时社员代表大会:(1)持有10%以上股份的社员请求时;(2)合作社法定代表人认为必要时;(3)监事会提议召开时。

社员有权查询社员代表大会的会议记录。

第二十八条　社员代表大会的表决方式。

社员代表大会的表决采用一人一票的方式。做出的决议,必须经过出席社员代表大会的社员半数以上通过。

## 第七章　董事会

第二十九条　合作社董事会是合作社的经营决策机构,对社员代表大会负责,并行使下列职权:

1. 决定召开社员代表大会,并向社员代表大会报告工作,执行社员代表大会的决议。

2. 审议合作社发展计划和年度经营计划。

3. 审定合作社年度计划执行情况和财务报告。

4. 制订合作社利润分配方案或弥补亏损方案。

5. 制订合作社增、减股份方案及奖配股方案。

6. 制订合作社分设、合并或终止方案。

7. 决定合作社经营管理机构的设置。

8. 任免财务主管人员,决定其报酬和支付方式。

9. 提出合作社章程的修改方案。

10. 社员代表大会授予的其他职责。

第三十条　董事会由5名董事组成,任期3年,董事会成员人选按股权构成状况推荐,由社员代表大会选举产生,可连选连任。董事长由董事会以全体董事的过半数选举产生。

第三十一条　董事会至少每半年召开一次董事会议,会议由董事长主持,董事长因故不能出席时,可委托其他董事召集主持。董事因故不能出席会议时,可书面委托代表出席,并应在委托书上载明委托权限。不出席会议也未委托代表出席的董事,对董事会会议决定不免除责任。

三分之二以上董事认为必要时,可提议召开特别董事会。

第三十二条　董事会议应有详细会议记录或会议纪要,并须有全体出席会议的董事(或代表)签字,董事会议记录和会议纪要,均需归档。

第三十三条　董事长是合作社法定代表人,其主要职权为:

1. 主持召开社员代表大会和董事会议。

2. 签署合作社的股权证。

3. 检查董事会议执行情况并向社员代表大会报告。

4. 决定和处理合作社日常重大事务。

5. 合作社章程、社员代表大会或董事会决定授予的其他职权。

### 第八章　监事

第三十四条　合作社设立执行监事3人,对合作社实施监督职能,对董事会及其成员、财务主管及其管理人员行使监督职能,其职权主要有:

1. 列席董事会议。

2. 监事董事有无违反法律、法规、章程及社员代表大会,董事会议决议的行为。

3. 检查合作社的经营和财务状况并有权要求报告合作社的经营业务活动情况。

4. 有权核对向社员代表大会提交的财务部门、会计报表、有关的经营业务统计报表,必要时可委托专门部门进行审计。

5. 有权建议召开临时社员代表大会。

6. 向社员代表大会报告工作。

第三十五条 监事在行使上述职权时发生的费用由合作社承担。

第三十六条 监事不得由董事或其他管理人员兼任。

## 第九章 合作社的成立、变更、终止和清算

第三十七条 合作社经市体改委和市委农村工作办公室批准,工商行政管理部门登记注册后宣告成立。

第三十八条 合作社的合并与分立由社员代表大会做出决议。

第三十九条 合作社的合并与分立均需处理好债权、债务,各方签订好协议,并经工商行政管理部门核准登记注册。

第四十条 合作社因不可抗力连年亏损,无法继续经营时,经社员代表大会决议,可宣布终止、解散。

第四十一条 合作社决定解散时,由董事会提出清算程序和原因,确定清算人员,组成清算小组对合作社财产进行清算。

第四十二条 合作社清算小组如发现合作社财产不足以清偿债务时,应停止清算,并代表合作社依法向当地人民法院提出破产申请。

第四十三条 清算结束,清算小组应提出清算报告并经审计验证主管部门批准后,向工商部门和税务登记机关办理注销登记,公告企业终止、解散。

## 第十章 附则

第四十四条 本章程的有关实施细则,由董事会制定公布。

第四十五条 本章程凡与国家现行法律、法规、政策、规定不相一致时,由董事会负责提出修正意见,提请社员代表大会审议通过。

第四十六条 本章程的解释权归董事会。

第四十七条 本章程经社员代表大会通过,并报市委农村工作办公室批准后实施。

2006 年 2 月 22 日

## 4. 昆山市淀山湖镇兴复村土地股份合作社章程

### 第一章 总则

第一条 名称：昆山市淀山湖镇兴复村土地股份合作社（以下简称本合作社）。

第二条 地址：昆山市淀山湖镇兴复村。

第三条 本社宗旨：积极探索农村承包土地经营流转机制，促逆土地资源的优化配置，提高土地使用价值和经济效益，保护农民利益，增加农民收入，维护农民稳定。

第四条 本合作社严格遵守国家法律、法规和政策，依法接受管理部门的监督检查。

### 第二章 经济性质、经营范围和期限

第五条 本合作社以农户土地资源入股经营，是实行"民投资、民管理、民受益"和"利益共享、风险共担、民主管理、按股分红"的农民合作经济组织，经济性质为集体所有制（股份合作制）。

第六条 本合作社报上级有关部门审核并进行工商登记后，依法对农民入股土地进行生产经营活动，努力提高经济效益，向入股农民结付股金红利。

第七条 本合作社经营范围：种植、销售农产品或土地资产经营管理。

第八条 本合作社经营期限与二轮确权承包期限相一致。

### 第三章 社员和股权设置

第九条 承认本章程，按本章程规定，将土地承包经营权入股的村民均为本合作社的社员。

第十条 本合作社股权以土地承包经营权为依据设置。入股农户以户为单位，每亩土地为一股，股权在确权发证承包期内可以继承、馈赠，经本合作社和村委会同意可以转让。本合作社入社土地2 096.91亩，设置总股份2 096.91股（经全体成员共同商定，农村土地承包经营权每亩作价3 000元，核定注册资金6 290 730元）。土地入股时，发给由本合作社董事长签字的股权证书。社员的土地承包经营权不得抵押和为他人提供担保或买卖。

### 第四章 社员权利和义务

第十一条 社员享有以下权利：

1. 有权参加本社的社员会议，并享有选举权和被选举权。

2. 有权按土地入股份额享受红利分配。

3. 有权对本社的土地使用用途及经营活动提出意见和建议。

4. 有权对本社工作人员违纪行为向上反映或举报。

第十二条 社员应履行下列义务：

1. 遵守本社章程。

2. 支持本社土地流转、开发、储备和管理。

3. 社员入股自愿，退社自由，但退出土地必须统一规划，服从统一调整。

4. 以土地承包经营权出资的社员退社以及合作社清算或者破产时，其土地承包经营权不得用于清偿债务或者作为偿还债务后的剩余财产进行分配，应由该社员收回，其应分摊的偿债份额按比例以其作价出资的土地承包经营权的等额货币为限对本社承担责任。

## 第五章 组织机构和职权

第十三条 建立社员代表大会制度。入股土地满10亩以上的每户推荐一人为社员代表。社员代表大会是本社的最高权力机构。

社员代表大会每年至少召开一次。遇有特殊情况或半数社员代表提议，可以召开临时社员代表大会。社员代表大会必须有三分之二的代表出席方可举行，形成的决议、决定经半数以上到会代表同意方为有效，在选举和表决时实行一户（人）一票。

社员代表大会行使以下职权：

1. 通过和修改章程。

2. 选举或罢免董事会、监事会成员。

3. 听取董事会、监事会的工作报告。

4. 审议和批准合作社发展规划、财务分配方案。

第十四条 董事会。董事会是合作社社员代表大会的常设机构。董事会由5人组成，董事由社员代表推荐，经社员代表大会选举产生，每届任期3年，可以连选连任。董事会设董事长1名，董事长由董事会推选。董事长为本合作社的法定代表人。

董事会在社员代表大会闭会期间行使下列职权：

1. 执行社员代表大会决议。

2. 聘任、解聘本合作社所属部门的专职、兼职负责人。

3. 负责召开社员代表大会，并报告工作。

4. 制订本合作社发展计划和投资方案、年度分配方案，并实施社员代表大会批准的各类方案。

5. 制定本合作社的管理制度。董事会议每半年至少召开一次，由董事长召

集。董事会决议、决定须经半数以上通过方为有效。董事会实行一人一票。

第十五条 监事会。监事会是本合作社的监察机构;监事会由4人组成,监事由社员代表大会选举产生,监事会设监事长1名,由监事会选举产生。监事每届任期3年,可以连选连任。监事会成员不得由董事和财务负责人兼任。

监事会行使下列职权:

1. 检查本合作社社务、财务,并在社员代表大会上公布结果。

2. 当董事会损害本合作社利益时,要求予以纠正。

3. 派员列席董事会议。

第十六条 本合作社实行董事会领导下法人负责制,可由董事长兼任,对董事会负责。本合作社设经理1名。

### 第六章 财务制度和收益分配

第十七条 本合作社按《江苏省农村合作社会计核算管理办法(试行)》的有关规定进行核算,健全财务制度。

第十八条 本合作社的收益主要来源于土地经营收入,本合作社的可分配收益,是指当年的各项收入,减去各项费用、成本后的净收益。各项费用、成本的核算按财务制度,年初进行预算、年末进行决算,经社员代表大会表决通过后实施。

第十九条 考虑到目前农民风险意识不强等因素,为维护农民利益,调动农民股份合作的积极性,本合作社实行保底分配和红利分配相结合的分配办法。

1. 保底分配。入股土地分配,每亩保底分红。

2. 红利分配。保底分配后的利润部分,在提取一定比例的公积金公益金后,按土地权同比例分配,并由董事会提出经社员代表大会三分之二代表同意通过。

第二十条 本合作社红利分配每年一次,在每年年终结算后兑现,社员凭《股权证》领取。

### 第七章 附则

第二十一条 本章程如与国家法律、法规相抵触时,按国家法律、法规执行。

第二十二条 本章程未尽事宜或遇有不可抗力,经董事会提议,社员代表大会讨论通过后决定。

第二十三条 本章程经第一届社员代表大会通过后生效,由董事会负责解释。本章程涉及股权变动等事项,经社员代表大会讨论通过后每五年调整一次。

2010年12月1日

## 5. 昆山市淀山湖镇兴复村农村社区股份专业合作社章程

### 第一章 总则

第一条 为规范本农民专业合作社(以下简称本合作社)活动行为,保护成员的合法权益,增加成员收入,促进本合作社发展,依照《中华人民共和国农民专业合作社法》及有关法律、法规和政策,制定本章程。

第二条 名称和住所

本合作社名称为:昆山市淀山湖镇兴复村农村社区股份专业合作社。

本合作社住所为:昆山市淀山湖镇兴复村。

第三条 本合作社按照"民办、民管、民受益"的原则,以服务成员、谋求全体成员的共同利益为宗旨,实行自主经营,民主管理,盈余返还。成员地位平等,加入自愿,退出自由,利益共享,风险共担。

第四条 本合作社业务范围为:集体资产的投资、经营和管理(以登记机关登记的为准)。

第五条 本合作社由成员共同出资。成员出资总额725.01万元。成员的出资方式和出资额具体为:见附件。

本合作社存续期间由公共积累形成的财产,由国家财政直接补助、他人捐赠所形成的财产,平均量化为每个成员所有的份额。

本合作社成员以其账户内记载的出资额或公积金份额为限对合作社承担责任。

第六条 本合作社以自身全部资产对债务承担责任。

第七条 经成员大会讨论通过,本合作社可以独资兴办或者与其他企业合资兴办与本合作社业务内容相关的加工、流通等经济实体;可以向政府有关部门申请或接受政府有关部门委托,组织实施有关农业项目建设;可以按决定的数额和方式参加社会公益捐赠,办理成员的文化、福利等事业。

### 第二章 成员和股权设置

第八条 成员。截止于2011年12月31日(以下简称截止日)。享受(征)使用土地补偿人员,承认本章程,取得基本股股权的,均为本社成员。

第九条 股权。本社只设个人分配股,其所有权均归本社集体,个人取得的股权只享有分配权。股权不得继承、转让,不得买卖、抵押,不得退股提现。

第十条 股权设置。

(一)个人分配股设定:

享受(征)使用土地补偿人员给予"基本股"(标准每人1股)。

兴复村志

(1) 基本人员——确权人员。

(2) 土地工未安置人员。

(3) 买户口。

(4) 农迁农。

(5) 政策照顾人员。

(6) 大中专生。

(7) 现服义务兵役人员。

(8) 在押人员。

(9) 当年度新出生人员的在次年享受同等"基本股"。

(10) 对死亡人员在次年取消享受的"基本股"。

(二) 未经董事会决定,不得任意增减股数或资本金。

### 第三章 股份与管理

第十一条 股份。本社总股份只由个人分配股构成。总股份以截止于2011年12月31日,经淀山湖镇经济服务中心组成的民主理财小组内部审计的村级集体经营性资产净值为基准。

净资产总值为725.01万元;总股份2 100股,每股为3 452元。

第十二条 对村级集体所有的农业用地、河塘等资源性资产、非经营性资产、文化卫生等福利设施以及无形资产暂不折股,这些资产由本社统一管理或发包、发租。今后国家征用土地,除地面青苗费归经营者外,其他补偿一律属本社所有。

第十三条 本社负责经营和管理上述资产、股权,并受国家法律保护,任何单位和个人不得侵犯。

### 第四章 权利和义务

第十四条 成员有选举权和被选举权。

第十五条 凡拥有本社股权的人员,有下列权利:

(一) 有权对本社的各项工作提出意见和建议,对财务、资产运行情况进行民主监督。

(二) 有承包、租赁、购买集体资产和受聘的优先权。

(三) 享受本社提供的生产、生活服务和集体福利。

(四) 有权对本社工作人员违法违纪行为向上级反映或举报。

第十六条 凡拥有本社股权的人员,应履行下列义务:

(一) 执行党和国家的方针、政策和法律、法规,遵守本章程、《市民守则》和《村规民约》的各项规定。

（二）积极参加社区各项社会公益活动。

（三）履行国家法律、法规规定的相应义务。

## 第五章　组织和机构

第十七条　成员代表大会，是本社的最高权力机构。本届社员代表共36名，成员代表由社区（村）党组织提名，公开征求意见后产生。成员代表每届任期5年，可连选连任。

成员代表大会每年至少召开一次，遇有特殊情况或半数以上成员代表提议，可以召开成员代表临时会议。

成员代表大会行使以下权力：

（一）通过和修改章程。

（二）选举和罢免董事会、监事会成员。

（三）审议和批准本社发展规划、年度计划、财务预（决）算和分配方案。

（四）听取董事会、监事会的工作报告。

（五）讨论和通过董事会提议的其他事项。

第十八条　董事会

董事会是成员代表大会选举产生的常设执行机构。董事会由5人组成，每届任期5年，可以连选连任。董事长和副董事长由董事会推选。董事长为本社的法定代表人。

董事会在成员代表大会闭会期间行使下列职权：

（一）执行社员代表大会决议。

（二）聘任、解聘本社所属部门的负责人。

（三）负责召开社员代表大会，并报告工作。

（四）决定发展计划、经营方针和投资方案，制定年度财务预算和决算，审批下年度计划和财务预（决）算及分配方案。

（五）决定本社内部机构的设置。

（六）制定本社的管理制度。

第十九条　监事会

监事会由成员代表大会选举产生。监事会由3名成员组成，任期5年，可以连选连任。监事会人员不得由董事、财务负责人兼任。

监事会行使下列职权：

（一）决定民主理财小组检查本社财务，并定期公布。

（二）对董事成员、董事长执行社务监督，对董事会人员有违反法律、法规和

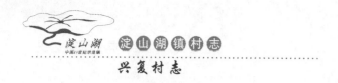

章程的行为,要予以纠正。

（三）提议召开董事会、临时成员代表大会。

（四）列席董事会会议。

#### 第六章 财务与管理

第二十条 本社执行财政部、农业部颁布的村经济合作组织财务制度(试行),实行民主理财和监督。财务收支情况和资产营运情况,向成员公布,实行社务公开。

本社的财务部门,负责对下属企业实施财务指导、检查和监督。

第二十一条 本社所有的财产,必须登记造册,建立台账。固定资产必须按规定提取折旧。

第二十二条 本社贯彻勤俭办社、民主理财的方针,开支要有预算,严格审批制度,正确处理国家、集体、社员三者关系,严格控制非生产性开支,杜绝铺张浪费。

#### 第七章 收益与分配

第二十三条 本社的收益主要来源于资产发包、出租、转让的增值部分和其他相关的经营性收入。本社的可分配收益,是指当年的各项收入,减各项支出(包括社务支出),减应缴纳的税金。对土地等资源性资产的转让、征用等收入,暂以集体积累的形式扩充发展基金,经社员代表大会、董事会商定,也可提取一定份额参加分配。

第二十四条 股红分配顺序:本社当年可分配收益中,(1)弥补上年度经营亏损;(2)提取20%公积金(发展基金);(3)提取20%公益金;(4)提取20%的公益事业建设基金(用于住宅小区改造、绿化、卫生等设施建设);(5)剩余部分(不低于30%)按股分红。

第二十五条 本社的股红分配,严格遵循股权平等、同股同利的原则,每年一次。在每年年终结算后于春节前兑现,凭股权证书领取。股权证书仅作领取红利的凭证,不作其他使用。

股权证书遗失时要向本社报失,申请办理补发手续。

本社为了发展需要,经社员代表大会讨论通过,可适当调整当年提留和分红的比例。

第二十六条 本社遇不可抗拒的自然灾害和不可预料的自然、市场变故而造成减收或亏损,可减发或停发当年红利,且第二年不再补发。

### 第八章 附则

第二十七条 本章程如与国家法律、法规相抵触时,按国家法律、法规执行。

第二十八条 本章程经第一届第二次社员代表大会通过后生效,由董事会负责解释。

第二十九条 本章程有效期限暂定 5 年,本着"大稳定、小调整"的原则,5 年后再作修改、调整。

2012 年 12 月 24 日

## 二、各类制度

### 1. 兴复村村规民约

为加快实现"两个率先",加强三个文明建设,切实保障本村村民依法自治,按照《中华人民共和国村民委员会组织法》和国家法律法规及政策的有关精神,结合我村的实际情况,特制定如下村规民约:

一、文明礼貌。村民要语言文明,礼貌待人,邻里乡亲要和睦相处,相互帮扶,强不欺弱,富不欺贫,不打架斗殴,不损人骂人。

二、讲究卫生。村民要养成良好卫生习惯,场前屋后保持整洁,走访亲友衣着干净;房屋出租管好环境卫生,粪便垃圾严禁乱倒乱堆。

三、家庭和谐。村民要赡养老人,自觉投保维护老人权益;夫妻相处互敬互爱,家庭纠纷相互体谅;要教育子女勤奋学习,遵章守纪。

四、勤奋致富。村民要热爱劳动,学习技术;有劳动能力的主动就业,不拈轻怕重;有能力的积极创业,带领群众致富;勤劳致富光荣,懒惰贫穷可耻。

五、关心集体。村民要自觉参加会议和选举,行使好民主权利;要关心村级集体经济和社会事业发展,积极对村里工作献计献策,提出批评和建议。

六、遵守法纪。村民要遵守国家法律、法规,不违法犯罪;不参与迷信、赌博和邪教等活动;不随意挖土、乱设摊点、侵占道路、毁坏绿化;不违反计划生育。

七、服从领导。村民要服从经民主选举产生的村干部的领导,不故意刁难,不无理取闹;在动拆迁、土地流转等重大问题上信守合同,支持政府搞发展;干部要关心村利益,办事公正、公道、公开。

八、调解矛盾。村民要协商解决矛盾纠纷,矛盾调处按程序逐级调解,不随意越级信访、上访、群访;不无事生非、造谣惑众、煽动群众闹事。

九、村务公开,村委会每月一次,村务公开,公开的内容:(1)财务收支;(2)婚姻和计划生育情况;(3)土地征用;(4)集体经济项目承包、经营情况;(5)村干部

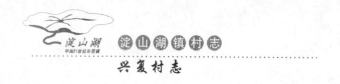

工作责任目标。

十、民主理财。每季度进行一次民主理财活动:(1)监督村民委员会的财务收支和宏观工作;(2)监督核查村财务制度、财务计划、承包合同及经济合同的执行和实施情况;(3)审核财务账目;(4)监督财务公开情况;(5)年终总结民主理财工作,并向村民会议或者村民代表会议报告;(6)对离任的村干部进行财务审计。

十一、以上《村规民约》经村民代表大会讨论通过后实施,入住本村的外来人员要承诺遵守村规民约,出租户负责宣传解释。

2011 年 12 月 1 日

**2. 兴复村村务公开制度**

第一条 村务公开内容包括政务公开、财务公开、资产资源公开和村民自治公开四大内容。

(一)政务公开包括:计划生育、宅基地审批、土地征用补偿、救灾救济款物发放、招工征兵、优抚五保、水电费代收代缴、粮食补贴、教育补贴、兴修水利、人畜饮水补助等。

(二)财务公开包括:村民委员会(含村办企业)的年度财务计划、各项收入、各项支出、各项财产、债权债务和收益分配等,财务公开项目中不允许出现"其他支出"等含糊语句,所有收支情况都要逐笔逐项明确说明。

(三)资产资源公开包括:村集体拥有或以投资、贷款和劳动积累形成的建筑物、农业机械、机电设备、交通工具、通信工具、林木、果园、农田水利设施、乡村道路和教育、文化、卫生、体育设施,村集体投资兴办的企业及其收益形成的资产情况;村集体拥有的土地、林场、荒田水面、滩涂等资源情况。

(四)村民自治公开包括:村享受误工补贴的人数及补贴标准、村集体经济项目的立项承包方案、村公益福利事业建设、村干部年度工作目标和工作安排以及民主评议方案、村土地承包经营方案及土地流转情况、村干部及村民的社会保险等。

第二条 公开形式。村务公开主要采取公开栏的形式;各村公开栏要实现"三固定",即固定的公开栏、固定的防雨设施和固定的意见箱,公开栏要有专人管理、时时维护。公开的格式要严格按照有关部门统一规定格式进行栏目设计。公开的形式要坚持实际、实用、实效的原则,既按标准严要求,又因地、因村、因事制宜;既要充分利用现代科学技术,不断创新村务公开的有效形式,又要采取群众喜闻乐见的方式,使公开既"见栏"又"见面"。

第三条 公开时间。一般的村务事项每季度公开一次,每季度首月 15 日前公开上季度情况;财务收支、水电费代收代缴等情况每月公布一次,每月 15 日前公布;征用土地和宅基地审批、救灾救济款物发放、招商引资、公益事业建设、资产资源变动等涉及农民利益的重大问题以及群众关心的事项要及时公开。

第四条 公开程序。按照以下五个步骤进行:

(一)由村委会提出公开内容。

(二)由村务公开监督小组、民主理财小组审核把关,对公开内容进行补充完善。

(三)提交村两委联席会议讨论确定。

(四)向村民公开。

(五)村民委员会应在 10 日内对村民提出的意见与建议给予解释和答复。

第五条 认真听取和处理群众意见。村民对公布的内容有疑问的,可以口头或书面形式向村务公开监督小组投诉,村务公开监督小组对村民反映的问题应当及时进行调查,确有内容遗漏或者不真实的,应督促村委会重新公布;也可以直接向村党总支、村委会询问,村委会应在 10 日内予以解释和答复。村委会要对村务公开资料进行整理归档并妥善保管。

村民对村务不公开或者公开不及时、弄虚作假等问题,有权向上级党组织、上级政府及有关主管部门反映。有关部门接到反映后要及时进行调查核实,经查证属实的,要追究有关人员的责任。

2010 年 12 月 1 日

**3.兴复村财务公开制度**

一、村集体财务活动情况向村民公开。

二、村财务定期在固定的公开栏内公开,财务公开栏设置在村民容易看到、方便阅览的地方。

三、村财务公开严格按照"五规范、一满意"的要求进行。

四、村财务公开按季节进行,每季度公布本季度收支明细和有关会计账目,年终公布各项财产、债权债务、收益分配、专项资金筹集和使用情况。

五、健全村务公开审查制度,每期公开的资料,先经民主理财小组审核,由村民理财小组签章确认后公布。

六、财务公开的内容,是村级财务活动情况及有关账目,包括:财务计划,各项收入和支出、财产物资、债权债务、代收代缴费用、各项补贴,集体资产处理和经营情况、土地等生产资料和各业生产经营承包方案及承包费的收缴情况,征占用土地及其补偿费、安置补助费,村干部报酬、招待费,群众要求公开的其他财务事项。

七、涉及群众切身利益的重大事项实行随时专项公开,重点解释。因特殊原因不能公开的,要事前公示,向村民说明原因和确定应于公开的时间。

八、根据村经济发展情况,及时调整和拓展财务公开的内容。

九、每次公开后,及时召开党员会议、村民会议或村民代表会议,广泛听取村民的意见和建议。

十、财务公开的档案资料,由民主理财小组收集整理,交村会计立卷归档、妥善保存。

2010 年 12 月 1 日

**4. 兴复村财务管理制度**

(一)规范财务收支预决算。村经济合作社应当在每年年初认真测算和编制好当年村财务收入、支出预算,经镇经管站审核报政府批准后执行。做到预算收支平衡、略有节余。年中、年末应把财务执行情况向全体村民张榜公布,向支部大会及村民代表大会详细公布。

(二)健全财务审批手续。村合作经济组织的各项经济收支严格实行一支笔审批,对手续不完善的各种收据、白条等不合理的支出凭证不得入账,做到先理财后报账、先集中会审再登记入账,真正起到民主理财会审的事前监督作用。

(三)严格控制非生产性开支。一是搞好兼职减员,兼业创收:行政村管理和服务体系事项要定工定补总额承包,逐步走自己的路子。二是对管理费用非经营性开支实行总额控制、不得超支。(1)招待费用总额承包,全奖全赔;(2)干部报酬总额承包;(3)严格控制其他非经营性支出,严格审批公款保险,制止公款购买摩托车等。

(四)切实加强现金管理。村的经营收入及租赁企事业等承包上缴的现金,要实行账款分管,非出纳人员不得经管现金,做到管账不管钱,管钱不用钱。

(五)认真做好财务报表上报工作。村级财务要做到日清月结,按时向镇经管站和有关部门报送各类财务报表。

(六)搞好财务档案管理。对会计凭证、会计账簿、会计报表和其他材料等,必须按要求进行管理,按年、月立卷归档。实行专人负责、妥善保管,调阅和销毁要符合规定手续。

2010 年 12 月

**5. 兴复村民主选举制度**

为了保障村民依法行使民主权利,实行村民自治,根据《中华人民共和国村民委员会组织法》,结合本村实际,制定本制度。

一、民主选举村民委员会,由镇统一部署,在镇选举工作指导小组的指导下,在村党组织的领导下进行。

二、村民委员会由村主任、副主任和委员组成,职数报上级党组织批准确定,村委会应当有1名妇女委员。

三、村民委员会换届时,由村委会牵头,依法成立村民选举委员会。

四、村民选举委员会主持本村村委会的选举工作,其主要职责是:(1)宣传选举的目的、意义和有关法律、法规,解答选民提出的有关选举的问题;(2)制订本村选举工作实施方案,报上级组织换届选举工作指导小组备案;(3)公布选举日程安排选举日,准备村委会成员候选人提名票和其他表格;(4)确定和培训选举工作人员;(5)登记并公布选民名单、受理村民对选民名单有不同意见的申诉;(6)组织选举确定监票人、计票人、唱票人及代写人;(7)组织选民提名候选人,依法确定、公布候选人名单,组织、监督候选人或其他选民的竞选活动;(8)组织投票选举,公布选举结果,并报上级组织换届选举工作指导小组备案;(9)总结和上报选举工作情况,建立选举工作档案。

五、选民登记:年满18周岁的村民,不分民族、种族、性别、职业、家庭出身、宗教信仰、教育程度、财产状况、居住期限,都有选举权和被选举权,但依法被剥夺政治权利的人除外。凡具有选民资格的村民应在居住的自然村进行选民登记,计算年龄的时间以选举日为准,村民出生日期以身份证为准。无法行使选举权利的精神病患者(在发病期间)和智力残疾者,经村民选举委员会确认,不列入选民名单。

六、村民委员会成员候选人由本村选民直接提名,候选人名单由村民选举委员会依法审查后,按得票多少的顺序确定,于选举日的5天前公布。

七、投票选举时,举行选举大会,设立中心投票站,根据本村实际也可分设若干投票站,以无记名投票由村民直接民主选举。每个投票点必须指定3名以上监督人员。选举结束当天计票,当场公布。

八、村委会成员每届任期3年,可以连选连任。

2010年12月1日

**6. 兴复村民主决策制度**

一、凡本村重大村务都要进行民主决策,村民代表会议是村民决策的权力机构,是民主决策的主要形式。

二、村民代表由本村村民推荐产生,代表任期与村委会相同,每届任期3年,可以连任。

三、村民代表议事内容:(1)讨论制订本村经济建设、社会事业发展规划和年

度计划;(2)讨论审议本村财务预决算、发展规划、公益事业、新建项目;(3)改变或撤销村委会的不合适的决定;(4)审议村委会工作报告;(5)讨论决定其他涉及村民利益的重大问题。

四、村民代表会议的议程和规则:由村委会根据工作需要和三分之一以上村民代表的提议,确定会议议题,书面通知村民代表,村民代表征求村民意见后,召开代表会议讨论并做出决定。

五、村民代表会议由村委会召集和主持,每年至少举行两次,有三分之一以上村民代表提议,应及时召开。村民代表会议,必须有三分之二以上代表参加,形成的决定、决议应当经到会人员过半数通过,方能生效。

六、村民代表会议讨论的内容不得与法律、法规、政策以及村民的根本利益相抵触。

2010年12月1日

**7. 兴复村民主理财制度**

村民主理财小组在村党组织的领导下,行使监督权、审核权,督促纠正权、向上级反映问题等权力。按规定定期召开理财会议,检查账目和集体资产管理情况,参与集体的重大经营决策,征求居民意见和要求。村所有开支票据必须签(盖)经办人、证明人、审核人、村民主理财小组公章,方能审核报账。

一、民主理财小组的产生

民主理财小组由5~7人组成,其中群众代表数量要占成员总数的三分之二以上,成员由居民会议或居民代表会议选举产生,报上级纪委审核,并进行政策和业务知识培训合格后由村居民委员会聘用。民主理财小组成员每3年进行一次选举。民主理财小组成员报酬实行误工补贴的办法,具体标准根据本村的经济水平确定,报上级纪委批准。

二、民主理财小组成员条件

1. 熟悉有关农村政策和一般的农村财务知识。

2. 为人正派,坚持原则,秉公办事,有一定的参政议政能力,威信高,身体健康,工作积极。

3. 忠于职守,能认真履行职权和义务,确保村财务管理程序化、规范化。

4. 村干部及其直系亲属不得担任民主理财小组成员。

三、民主理财小组职责

1. 监督本村财务制度的实施。

2. 检查本村现金、银行存款、物资、固定资产的库存情况。

3. 检查会计账目及其他会计资料。

4. 每季度初集中对本村上季度的全部收支单据、财务报表进行审核,对不符合规定的予以退回,对符合规定的签章确认,并以村务公开的形式公布。

5. 审核本村年终的收益分配方案。

6. 发现违规违约现象后及时向村民代表议事会或上级有关部门报告,请求查处。

7. 配合上级农经、财政、审计等部门进行管理监督工作。

8. 受理村民意见,向村两委报告,向群众宣传有关财经政策。参与群众对财务管理信访问题的调查、反映、解释。

9. 村财务审核专用章由村民主理财小组组长掌管,不得委托其他组织或个人保管。

2010 年 12 月 1 日

## 三、群众团体工作职责

**1. 兴复村共青团工作职责**

一、根据镇党委和上级团组织的工作要求,制订共青团年度工作计划,定期召开团支部会议,传达上级指示,布置团的工作,做出团的决议等。

二、组织开展全村团员的思想教育,带领和引导团员青年认真学习马列主义、毛泽东思想和建设有中国特色社会主义理论。加强形势教育,掌握和研究团员青年的基本情况和思想动态,定期向组织作系统汇报。

三、抓好团的自身建设。建立健全团的各项规章制度,按照《团章》的要求定期进行团的换届工作,开展团的活动,积极开展创先争优活动,做好团员的按期接纳和离开的组织关系接转手续,整理保管团的工作档案,定期开展团员教育和民主评议活动,负责对违纪团员的教育和处分。

四、引导和带领青年积极投身经济建设主战场,提高青少年一代的科学文化水平和综合素质,充分发挥青年的生力军和突击队作用。

五、代表、维护和关心青年的正当权益,负责向有关部门及时反映青年在工作、学习、生活等方面的意见和要求,并配合学校有关部门加以改进。

六、组织青年开展有益身心健康的文化娱乐活动和服务于社会的志愿者活动,指导青少年活动阵地和青少年服务机构,为青少年的成长创造良好的社会环境。

七、搞好团的宣传工作。认真办好广播、宣传栏、黑板报。通过各种形式、不

同渠道来宣传团的工作。

八、帮助学校团委开展各项工作。负责新入团团员的教育和培养。

九、负责团费的收缴、管理和使用,以及活动经费的使用和审核等工作,并不断增加团的活动自筹经费的来源。

十、完成上级交办的其他工作。

2010 年 12 月 1 日

### 2. 兴复村民兵营工作职责

(一)在上级党组织、人武部和村两委领导下,组织实施《民兵工作条例》,负责民兵组织建设,承办一年一度的民兵整组和兵役工作。

(二)加强民兵政治思想工作,协助搞好民兵政审工作,落实民兵四课政治教育,增强民兵国防意识和战备观念。

(三)充分发挥民兵队伍的骨干和带头作用,积极组织民兵参加文明建设。

(四)协助民政部门做好退伍军人的安置工作和军烈属的优抚工作。

(五)负责民兵营长的选拔、调配、教育、管理工作。

(六)配合上级组织民兵开展各项突击活动,完成各项应急任务。

2010 年 12 月

### 3. 兴复村妇代会工作职责

一、认真完成本村党组织和上级妇代会安排部署的各项工作。

二、教育引导本村妇女发扬自尊、自信、自立、自强精神,开展"争创文明五好家庭""双学双比""巾帼建功""和谐家庭"创建等活动,推动经济发展,促进社会和谐。

三、代表和维护妇女儿童合法权利,反映妇女的意见、建议和要求,代表妇女在基层政权建设中发挥民主参与、民主管理、民主监督作用,推进基层民主建设。

四、大力实施"巾帼维稳"机制,开展"四零村"创建活动,宣传、普及有关妇女儿童的法律和法规知识,预防和制止家庭暴力,维护本村稳定。

五、成立本村巾帼志愿者服务队,为本村群众提供科技教育、文艺宣传、普法教育、维护权益、扶贫济困等方面的服务。

六、加强村妇代会自身建设,建立和完善各项工作制度,提升服务水平和能力。

2010 年 12 月 1 日

### 4. 兴复村五好文明家庭条件

1. 爱国守法,热心公益。家庭成员爱党、爱国、爱集体、爱家乡,政治觉悟高;

热心公益,关心集体,助人为乐,思想品德好;自觉遵守国家和地方的法律、法规,依法办事,政治意识强,自觉维护国家、集体利益,全局观念好。

2. 学习进步,爱岗敬业。家庭成员学文化、学技术,钻研业务,进取精神好;岗位成才,争当先进,对国家贡献大;家庭要求做到有书橱、订阅报刊、有藏书(1个书橱、2份报刊、300本书)。

3. 男女平等,尊老爱幼。家庭成员能做到夫妻平等,相敬相爱;尊敬长辈,善待老人;培育后代,教子有方;互帮互助,邻里团结。

4. 移风易俗,优生优育。家庭成员自觉抵制迷信、赌博、吸毒行为,提倡文明、科学新风尚;实行晚婚晚育和计划生育,做到优生优育,健康成长。

5. 勤俭持家,保护环境。家庭成员能勤俭节约,科学理家。家庭环境整治优美,自觉参与公共场所清扫,美化家园。

# 第十一章 人物

## 第一节 兴复村古代望族

　　源远流长的历史文化滋养着一个伟大的中华民族,培育了一门勤劳、勇敢、仁爱、智慧的王氏家族,兴复村原潭西村王家(王鉴一家)是淀山湖地区的名门望族。

　　王家故居度城潭北潭西村,系北宋山西太原三槐堂后人,始祖北宋人王祐,莘县人,字景叔。自幼聪慧过人,年轻时曾任魏县、南乐二县县令。晚年被封为兵部侍郎,上任后数月过世,享年64岁,葬陕西华川安丰里,追封晋国公。

　　相传,古代宫廷外种槐树三棵、荆棘九株。百官朝见皇上时,三公面对槐树而立,九卿面对荆棘而立,后世便以三槐代指三公官职,九棘代指九卿官职。王祐亲手在庭院中栽了三棵槐树,希望借三槐的寓意勉励后人。后来,次子王旦果然当了宰相,孙子王素又做了宋仁宗时的工部尚书,王氏族人遂称这支王氏宗族为三槐王氏,将宗族祠堂命名为三槐堂。王祐曾孙王巩,文采出众,与苏轼为友,苏轼为之作《三槐堂铭》,从此三槐堂名扬天下。到了南宋末期,王祐的三槐堂后人,一支搬至昆山度城,居度城潭西村。后世王家人在度城潭北造德丰桥、忠孝堂、王家祖坟、德丰庵等建筑,传播忠孝节义。

## 第二节 人物传

### 一、兴复村古代名人录

1. 茅子元(1096—1166年),法名慈照,号万事休,宋朝人,居度城。母柴氏,夜梦金身古佛进屋,第二天就生下了茅子元,因名"佛来"。父母早亡,早年投延祥寺为僧,礼志通为师,日读《法华经》,习止观禅法。一天他在禅定中,忽闻鸦声而悟道,誓言"大地人等普、觉、妙、道",每以四字为定名之宗。于南宋绍兴年间在淀山湖创建净土宗系的新教门,称白莲宗,即后来的白莲教,从此宗风远振,遐迩尊仰。

白莲教后被朱元璋等利用,成为反元建明的工具。

白莲教在淀山湖一带活动,基地在度城,白莲教宗风有五戒"一不杀,二不盗,三不淫,四不妄,五不酒",门徒不必出家,可以娶妻生子,这样使白莲教迅速扩大。随着教徒的剧增,戒律逐渐松弛,造成地方混乱,威胁到封建统治秩序,于是官府将茅子元流放到江州(今江西九江),茅子元在那里仍秘密传教。绍兴三年(1133年)茅子元被赦。乾道二年(1166年),孝宗皇帝在德寿殿召见他,要他演说净土教义,并赐他"劝修净业莲宗导师慈照宗主"称号。三月二十三日,茅子元在度城倪普建宅圆寂,二十七日荼毗。茅子元著《莲宗晨朝忏仪》《净土十门告诫》《弥陀节要》《西行集》《风月集》等行于世。

2. 王鉴(1429—1478年),明朝人,进士,字豫修,号复斋,祖籍太原,家居度城(潭西)。少年时为县学生,明天顺六年(1462年)以《诗经》领先乡里,被荐举人(乡进士)。好读《尚书》,认为二帝三王之道在此。王鉴生平举止方严、清修高洁,效法圣贤。他说:"要行其所学,见之实践,切勿空谈。"他出资建忠孝堂、德丰安桥和德丰庵。他积极推行忠孝文化,亲笔写下"忠孝"两个大字,制成大匾额悬挂堂壁中央,匾额边上作序说:"古来忠孝事,道大属天伦。我书忠孝字,所志在君亲。一以自期待,一以勉后人。子孙须努力,我先修其身。"昆山先贤归有光写了《王氏忠孝堂记》,以表赞赏。

王鉴一生注重宣传忠孝思想,著有《孝行录》《贤阁录》若干卷。明成化十四年(1478年)染病,死后以古《尚书》殓(陪葬)。王鉴生有王漳、王淇、王汶三子,均载入《苏州府志》。

3. 王继孝,字子忠,号岷源,明朝人,世居度城。王鉴曾孙,嘉靖二十八年(1549年)举人,官至江西赣州府龙南县知县。他为官清廉,深入山区农村,了解百姓疾苦,为民除害,深受百姓拥护,后调任宁都知府,政绩颇著,给当地百姓留下了深刻的印象。

4. 王文昌,字允庆,号心逊,又号螺汀,明朝人。世代家居度城(潭西),为王鉴后裔,官至浙江开化县令。王文昌为官清正廉洁,刚正不阿,为人们所传颂。

5. 何英,字本初,号文水,明朝人,世居度城。年少时少文化,仗义执言,广交四方豪强,好打抱不平。成年后改变志向,立志善举,建善渡桥,官至云南黑盐井提举司提举,未赴,卒。

## 二、现代英雄录

革命烈士黄佩林,又名备林、培林,男,1931年生于淀山湖镇潭西村。1950年应征入伍,在中国人民志愿军一八九师五五六团七连服役。翌年10月,加入共青团,1952年6月12日在朝鲜一二三二高地上,用炸弹绑扎在自己身上,跳到美军坦克上,与美军同归于尽,光荣献身。

英雄人物倪再青,男,1906年生,在抗日战争中抢渡新四军。

英雄人物倪小苟,为倪再青儿子,1928年生,在抗日战争中抢渡新四军。

1944年9月,新四军淞沪支队黄山部队百名战士分别在彭安泾、南枉泾宿营。杨湘泾日寇获奸细密报,倾巢而出,分乘三条啪啪船(日军简易机动船,因行驶时发动机发出"啪啪"声而得名)经度城村出淀山湖,绕道神童泾,企图包抄新四军在彭安泾的营地。抗日地方情报员夏小仁发现敌情,飞速赶至新四军宿营地,报告敌情。驻军领导分析了当时敌我力量后,决定向西撤离至大市镇清水湾。河面宽阔的朝山港,阻挡了西撤的新四军,情况紧急。夏小仁带领倪再青、倪小苟每人分别摇一条船,抢渡新四军。三人在密集的枪声中,不顾个人安危,沉着挥篙撑船,直至把最后一批战士渡过了河,使这批新四军得以顺利西撤,没有受到损失,他们三人为革命立了功。

## 第三节 人物简介

### 一、黄家征

黄家征，淀山湖镇兴复村碛碘塘村人，男，1942年生。1962年9月毕业于江苏省昆山中学，1962年7月考入北京大学数学力学系计算机专业，1967年本科毕业。1968年分配到南京炼油厂工作，历任食堂会计、仪表车间主任，后调到金陵石化公司任信息中心主任（正处级），高级工程师，享受国务院特殊津贴。2005年退休，被中国石化总公司（北京）返聘至专家组工作。

### 二、朱金泉

朱金泉，淀山湖镇兴复村东洋村人，男，1948年生。1965年被推选为大队保健员，在复明大队合作医疗站当"赤脚医生"。70年代初，他开始研究中草药，专治慢性胃炎、胃出血、胃溃疡、慢性浅表性胃炎等各类胃病。在远近有一定的知名度，退休后仍从事各类胃病的诊治。

# 第十二章 荣誉

## 第一节 集体荣誉

表12-1-1　　　　　　　　　先进集体荣誉一览表

| 年度 | 获奖单位 | 荣誉名称 | 授予单位 | 级别 |
|---|---|---|---|---|
| 2005 | 兴复村 | 江苏省卫生村 | 江苏省爱国卫生运动委员会 | 省级 |
| 2005 | 兴复村 | 苏州市创建整治村 | 苏州市建设局 | 苏州市级 |
| 2006 | 兴复村 | "全民亿万农民健康促进行动"苏州市先进村 | 苏州市"行动"领导小组 | 苏州市级 |
| 2008 | 兴复村 | 2007年度苏州市建设健康城市先进村 | 苏州市建设健康城市领导小组 | 苏州市级 |
| 2009 | 兴复村 | 苏州市生态村 | 苏州市生态建设领导小组办公室 | 苏州市级 |
| 2011 | 兴复村 | 苏州市建设社会主义新农村示范村 | 中共苏州市委、苏州市人民政府 | 苏州市级 |
| 2011 | 兴复村 | 苏州市"民主法治"示范村 | 苏州市依法治市领导小组办公室　苏州市司法局　苏州市民政局 | 苏州市级 |
| 1990 | 复利村 | 1990年度人均售粮先进村 | 昆山市委、市政府 | 昆山市级 |

续表

| 年度 | 获奖单位 | 荣誉名称 | 授予单位 | 级别 |
|---|---|---|---|---|
| 1991 | 复利村 | 1991年度人均售粮油先进村 | 昆山市委、市政府 | 昆山市级 |
| 1997~1992 | 复新村 | 昆山市社会治安综合治理先进集体 | 昆山市委、市政府 | 昆山市级 |
| 1992 | 复利村 | 昆山市计划生育先进村 | 昆山市委、市政府 | 昆山市级 |
| 1992 | 复明村 | 昆山市计划生育先进村 | 昆山市委、市政府 | 昆山市级 |
| 2000 | 兴复村 | 昆山市村民自治模范村 | 昆山市民政局 | 昆山市级 |
| 2003 | 兴复村 | 昆山市人民调解工作先进单位 | 昆山市司法局 | 昆山市级 |
| 2008 | 兴复村 | 昆山市"民主法治示范村" | 昆山市依法治市领导小组办公室 | 昆山市级 |
| 2009 | 兴复村 | 昆山市农村精神文明建设特色村 | 昆山市精神文明建设委员会 | 昆山市级 |
| 2009 | 兴复村 | 2008—2009年度老龄工作先进集体 | 昆山市老龄工作委员会 | 昆山市级 |
| 2009 | 兴复村 | 昆山市十佳卫生村 | 昆山市爱国卫生运动委员会 | 昆山市级 |
| 2010 | 兴复村 | "参与绿色行动、共创绿色家庭"绿色行动示范村 | 昆山市妇女联合会、昆山市农业委员会 | 昆山市级 |
| 2005 | 兴复村 | 2005年度社会治安综合治理先进单位 | 淀山湖镇人民政府 | 镇级 |
| 2008 | 兴复村 | 2007年度社会治安综合治理先进单位 | 中共淀山湖镇委员会、淀山湖镇人民政府 | 镇级 |
| 2008~2009 | 兴复村 | 2008—2009年度老年文明活动室 | 淀山湖镇人民政府 | 镇级 |
| 2009 | 兴复村 | 先进党组织 | 中共淀山湖镇委员会 | 镇级 |

## 第二节 个人荣誉

表12-2-1　　　　　　　　　　兴复村籍个人荣誉一览表

| 年度 | 姓名 | 单位 | 荣誉称号 | 授予单位 | 级别 |
|---|---|---|---|---|---|
| 1996 | 周渭源 | 工业公司 | 第三次全国工业普查先进工作者 | 第三次全工普查 | 国家 |
| 1997 | 周渭源 | 工业公司 | 江苏省首次统计行政登记工作省级先进 | 江苏省统计局 | 省级 |
| 1997 | 钟菊茂 | 统计站 | 第一次全国农业普查工作先进个人 | 江苏省农业普查领导小组 | 省级 |

续表

| 年度 | 姓名 | 单位 | 荣誉称号 | 授予单位 | 级别 |
|---|---|---|---|---|---|
| 2003~2004 | 钟金荣 | 镇政府 | 苏州市爱国卫生先进个人 | 苏州市爱卫会、人事局 | 苏州市级 |
| 1998~1999 | 钟菊茂 | 统计站 | 1998—1999年度苏州市统计系统先进工作者 | 苏州市人事局、统计局 | 苏州市级 |
| 1999~2000 | 马强元 | 爱卫办 | 苏州市爱国卫生先进个人(记三等功) | 苏州市爱卫会 | 苏州市级 |
| 1994 | 周渭源 | 工业公司 | 苏州市乡镇统计先进工作者 | 苏州市统计局 | 苏州市级 |
| 1992~1993 | 钟菊茂 | 统计站 | 苏州市统计系统先进工作者(记功一次) | 苏州市人事局、统计局 | 苏州市级 |
| 1994 | 钟菊茂 | 统计站 | 首次全国第三产业普查苏州市级先进工作者 | 苏州市第三产业普查协调小组 | 苏州市级 |
| 1987 | 杨桂娟 | 复新大队 | 昆山县计生先进个人 | 昆山县委、县政府 | 昆山市级 |

# 索 引

## B

保洁队伍建设 …………（90）

## C

残疾人工作小组 ………（256）
常见动物物候 …………（45）
常见植物 ………………（41）
畜禽管理 ………………（90）
畜禽养殖 ………………（162）
传说 ……………………（221）
传统少年儿童游戏活动 …（202）
创建卫生村 ……………（92）
村（大队）办企业 ………（168）
村级经济 ………………（95）
村经济合作社 …………（252）
村民公共记忆的大事 ……（212）
村民日常生活 …………（174）
村民委员会 ……………（246）
村民习俗 ………………（227）
村民忆事 ………………（212）
村庄建设 ………………（79）
村庄整治改造 …………（92）

## D

大队管理委员会、革命委员会
　和村民委员会 ………（248）
大事记 …………………（5）
道路、桥梁建设 …………（82）
地理 ……………………（16）
地貌 ……………………（30）
东洋村 …………………（22）
动迁安置 ………………（185）
度城潭 …………………（221）
多种经营 ………………（145）

## F

方言俗语 ………………（233）
房地产开发 ……………（89）
防洪抗旱 ………………（166）
分配管理 ………………（117）
风 ………………………（40）
妇代会（妇联）…………（254）

## G

改水 ……………………（90）
概述 ……………………（1）
高举"总路线、大跃进、人民公社"
　"三面红旗" …………（217）
各类章程 ………………（257）
各类制度 ………………（275）

个人荣誉 ………………（289）
公共服务建设 …………（ 86 ）
工业 ……………………（168）
供电 ……………………（ 84 ）
供水 ……………………（ 86 ）
古迹 ……………………（210）
瓜类种植 ………………（145）
规模经营 ………………（103）

## H

河道建设 ………………（165）
河流 ……………………（ 34 ）
河流湖泊 ………………（ 31 ）
后记 ……………………（296）
湖泊 ……………………（ 31 ）
环境保护 ………………（ 90 ）
环境整治 ………………（ 92 ）
环卫设施建设 …………（ 91 ）
黄家征 …………………（287）

## J

基层组织 ………………（239）
基础设施建设 …………（ 80 ）
集体荣誉 ………………（288）
家庭联产承包责任制 …（103）
建置区域 ………………（ 16 ）
建置沿革 ………………（ 17 ）
健康教育 ………………（ 93 ）
降水、湿度 ……………（ 39 ）

## K

抗美援朝 保家卫国 ……（214）
昆山、杨湘泾地区解放 …（212）

## L

粮食统购统销 …………（214）
老年活动室 ……………（ 89 ）
老年协会 ………………（256）
雷、霜、雪 ……………（ 40 ）
礼仪习俗 ………………（229）
林业绿化 ………………（163）
绿化清淤 ………………（ 90 ）

## M

民兵组织 ………………（255）
民营企业 ………………（169）
民族 ……………………（ 57 ）
母子龙与白龙桥 ………（223）

## N

南柱泾村 ………………（ 23 ）
年龄 ……………………（ 58 ）
农村社会主义教育运动（"四清"
　　运动）………………（219）
农村体育 ………………（202）
农房建设 ………………（ 80 ）
农机农具 ………………（137）
农田水利 ………………（165）
农业合作化 ……………（ 98 ）
农业合作化运动 ………（214）
农业科技 ………………（145）
"农业学大寨"运动 ……（217）

## P

品种改良 ………………（114）

## Q

其他经济作物 …………… （146）

其他组织 ………………… （256）

气候 ……………………… （ 38 ）

气温 ……………………… （ 39 ）

碛碯塘村 ………………… （ 24 ）

青年组织（共青团）……… （253）

区划 ……………………… （ 18 ）

缺指阿狗 ………………… （222）

群众团体 ………………… （253）

群众团体工作职责 ……… （281）

## R

人口 ……………………… （ 46 ）

人口变动 ………………… （ 49 ）

人口构成 ………………… （ 57 ）

人口控制 ………………… （ 76 ）

人口迁移 ………………… （ 49 ）

人口总量 ………………… （ 47 ）

人民公社 ………………… （100）

人物 ……………………… （284）

人物简介 ………………… （287）

人物传 …………………… （285）

日照 ……………………… （ 39 ）

荣誉 ……………………… （288）

## S

桑蚕生产 ………………… （145）

商贸集市 ………………… （ 87 ）

商业 ……………………… （171）

社区医疗服务站 ………… （ 87 ）

神秘的度城潭 …………… （224）

生产关系变革 …………… （ 96 ）

生产经营管理 …………… （110）

生活保障 ………………… （173）

生活习俗 ………………… （230）

食 ………………………… （174）

食品卫生 ………………… （ 94 ）

适宜养殖的动物 ………… （ 42 ）

树木发育、生长期 ……… （ 45 ）

水产养殖 ………………… （147）

水灾 ……………………… （ 40 ）

四季特征 ………………… （ 38 ）

岁时习俗 ………………… （227）

## T

潭西村 …………………… （ 19 ）

潭西村沉船事故 ………… （220）

潭西姚家的传说 ………… （225）

土地补偿 ………………… （183）

土地改革 ………………… （ 98 ）

土地改革 ………………… （213）

土地私有制 ……………… （ 96 ）

土壤结构 ………………… （ 37 ）

## W

圩堤建设 ………………… （165）

卫生管理 ………………… （ 93 ）

卫生室建设 ……………… （ 94 ）

文化程度 ………………… （ 63 ）

文化体育 ………………… （200）

文体活动设施 …………… （ 87 ）

文体卫生 ………………… （191）

物候 ……………………… （ 41 ）

## X

西洋村 …………………… （ 27 ）

| | |
|---|---|
| 戏曲团队 …………… (256) | 幼托 ………………… (191) |
| 现代英雄录 ………… (286) | 幼托 小学 ………… (191) |
| 消灭蚊、蝇、鼠等害虫 …… ( 93 ) | 语言 ………………… (233) |
| 消灭血吸虫病 ………… (194) | |
| 小学 ………………… (192) | **Z** |
| 歇后语 ……………… (238) | 整治小化工厂 ……… ( 92 ) |
| 兴复村村民委员会 ……… (249) | 知识青年上山下乡运动 … (219) |
| 兴复村各类章程、制度、工作 | 职业（劳动力）……… ( 70 ) |
| 　　职责 …………… (257) | 中共复利联合村支部委员会 |
| 兴复村古代名人录 ……… (285) | 　　………………… (241) |
| 兴复村古代望族 ………… (284) | 中共复新村、复利村、复明村 |
| 《兴复村志》修编人员名录 | 　　支部委员会 ………… (241) |
| 　　………………… (295) | 中共复新大队、复利大队、复明 |
| 行 …………………… (176) | 　　大队支部委员会 …… (240) |
| 行政村和自然村 ………… (247) | 中共复新、复利、复明高级农业 |
| 性别 ………………… ( 58 ) | 　　生产合作社支部委员会 |
| 姓氏 ………………… ( 61 ) | 　　………………… (240) |
| 学习毛主席著作群众运动 | 中共兴复村支部委员会 … (241) |
| 　　………………… (218) | 中共兴复村总支委员会 … (242) |
| 学校 ………………… ( 86 ) | 中国共产党兴复村基层组织 |
| | 　　………………… (240) |
| **Y** | 朱金泉 ……………… (287) |
| 谚语 ………………… (236) | 住 …………………… (174) |
| 养老保险 …………… (181) | 自然村落 …………… ( 19 ) |
| 姚阿毛智退清兵 ……… (222) | 自然环境 …………… ( 30 ) |
| 衣 …………………… (174) | 自然增长 …………… ( 55 ) |
| 医疗 ………………… (193) | 租地入驻企业 ……… (171) |
| 医疗保险 …………… (183) | 作物栽培与管理 ……… (110) |

# 《兴复村志》修编人员名录

## 《兴复村志》编纂委员会

(2013年3月)

主　　任：许永弟

副 主 任：黄　珏

委　　员：姚云良　黄小明　顾凤鸣　汤　婷　王洁慧
　　　　　倪军涛　黄家复　夏小棣

## 《兴复村志》编纂委员会征编办公室

主　　任：黄　珏

副 主 任：姚云良

主　　编：黄家复

摄　　影：黄　珏　汤　婷　倪军涛

采编成员：许永弟　黄　珏　顾德华　黄小明　顾凤鸣
　　　　　汤　婷　王洁慧　倪军涛　徐玉新　周渭元
　　　　　姚小腊　盛玉峰　沈引芳　倪福生　许生明
　　　　　顾元顺　黄家复　夏小棣

## 《兴复村志》审稿人员

徐敏中　李　晖　张晓东　顾　剑　吕善新
吴新兴　蔡坤泉　郭秧全　徐秋明　沈　明
朱玉英　管文茜　张品荣　夏小棣　陈海萍
许永弟　黄　珏　顾德华　钟金荣　许川芬
姚云良　黄小明　顾凤鸣　黄家复　顾元顺

# 后 记

《兴复村志》的编写工作，从2013年3月开始筹划，至今历时三年，终于脱稿，即将付印，这是兴复村历史上的一件大喜事。《兴复村志》源于兴复人。

修志修史，历来是一大文化工程，需要众人的配合，以几人之力，想完成一段历史或记录一个村庄的前世今生，几乎很难做到。今天之所以能够交出这份薄薄的村志，当然离不开众人的积极配合、支持和帮助，对于他们的配合和无私的帮助，我们表示衷心感谢。

首先，感谢上级镇党委、镇政府、兴复村党总支、村委会领导，他们为资料的收集，组织人员，召开座谈会，走访，查阅资料，提供了大力支持和指导。

其次，感谢淀山湖镇镇志村志办公室的同志，在百忙之中给予的指导和支持。

同时，感谢村内几位信息员同志，百忙之中，串村走户，采集资料，为补充资料付出了辛勤的劳动。

最后，感谢其他兄弟村村志编写组的同志们，互相交流经验，解决编写过程中遇到的疑难和提供克服困难的方法。

客观地说，限于资料的短缺和详尽程度，以及我们自身的学识和能力有限，虽竭尽心力，村志仍显得粗糙，有很多不够完善的地方，甚至有遗漏和错误之处，敬请读者指正。本志只能留待日后修订中加以不断完善。虽难免有遗憾之处，但毕竟全方位地记录了本村历史，给村民留下了一个较为清晰的本村发展脉络。

《兴复村志》编委会

2016年6月

图书在版编目(CIP)数据

兴复村志/黄家复主编;《兴复村志》编委会编
. —苏州:苏州大学出版社,2017.9
(淀山湖镇村志)
ISBN 978-7-5672-2187-1

Ⅰ.①兴… Ⅱ.①黄… ②兴… Ⅲ.①村史－昆山
Ⅳ.①K295.35

中国版本图书馆CIP数据核字(2017)第170537号

| 书　　名 | ：兴复村志 |
|---|---|
| 主　　编 | ：黄家复 |
| 责任编辑 | ：许周鹣 |
| 装帧设计 | ：吴　钰 |
| 出版发行 | ：苏州大学出版社(Soochow University Press) |
| 社　　址 | ：苏州市十梓街1号　邮编：215006 |
| 印　　装 | ：南通印刷总厂有限公司 |
| 网　　址 | ：www.sudapress.com |
| 邮购热线 | ：0512-67480030 |
| 销售热线 | ：0512-65225020 |
| 开　　本 | ：889mm×1194mm　1/16　印张：19.5　插页：12　字数：371千 |
| 版　　次 | ：2017年9月第1版 |
| 印　　次 | ：2017年9月第1次印刷 |
| 书　　号 | ：ISBN 978-7-5672-2187-1 |
| 定　　价 | ：150.00元 |

凡购本社图书发现印装错误,请与本社联系调换。服务热线:0512-65225020